COURS

DE LÉGISLATION & D'ADMINISTRATION

ANNAMITES

Beaugency. — Imp. J. Laffray.

ANNAM & TONKIN

COURS

DE

LÉGISLATION & D'ADMINISTRATION

ANNAMITES

PAR

E. SOMBSTHAY

VICE-RÉSIDENT, CHARGÉ DE COURS A L'ÉCOLE COLONIALE

PARIS

LIBRAIRIE AFRICAINE & COLONIALE

JOSEPH ANDRÉ ET C^io

27, RUE BONAPARTE, 27

1898

COURS

DE LÉGISLATION ET D'ADMINISTRATION

ANNAMITES

AVANT-PROPOS

Un proverbe annamite, connu dans toutes les provinces de l'Annam, au Tonkin comme en Cochinchine, s'exprime ainsi : « *Nhập giang tuy khúc, nhập gia tuy tục,* « ce qui signifie : *Quand on entre dans un fleuve, il faut « en suivre les détours, quand on entre dans une maison il « faut en suivre les usages.* »

Ce proverbe qui sert d'épigraphe à mon cours, résume la science administrative à appliquer en Indo-Chine. Mais pour « suivre les usages » d'une maison, il faut les faire connaître à ceux qui ont la mission d'y entrer.

C'est dans ce but que j'ai pris la résolution de faire imprimer le cours de Législation annamite dont j'ai été chargé à l'École coloniale en 1896.

Il est universellement reconnu, aujourd'hui, qu'il est de toute nécessité pour un fonctionnaire politique de connaître la législation spéciale du pays qu'il doit administrer, le mécanisme de son administration et le jeu de ses institutions. Il devrait même connaître la langue de ses administrés, car les différents décrets organiques du personnel politique de l'Indo-Chine font mention expresse de l'obligation de cette connaissance qui n'a, d'ailleurs jamais été imposée.

En Cochinchine, sous le gouvernement des amiraux, les examens étaient très sévères et tous les avancements dans le personnel des Administrateurs avaient lieu au concours. Cette façon de procéder avait l'avantage de stimuler l'émulation des fonctionnaires pendant toute leur carrière en basant l'avancement uniquement sur le mérite.

Peut-être est-il permis de regretter que cette tradition ait été complètement abandonnée !

Dans un pays dont le climat amollit et émousse les facultés intellectuelles, le travail seul peut conjurer les dangers de l'oisiveté.

A un autre point de vue, celui de notre influence sur le peuple annamite, nous nous trouvons en présence d'un peuple qui ne reconnaît d'autre supériorité que celle de l'esprit, de la culture intellectuelle ; un fonctionnaire ne peut donc obtenir le respect de l'indigène que par la connaissance de la langue et de la législation. Un lettré est seul, aux yeux de la population un homme supérieur et digne de commander.

C'est là tout le secret de l'influence des missionnaires dans leurs chrétientés et du respect qu'ils obtiennent de tous les indigènes.

Il serait à souhaiter que l'étude de la langue fût encouragée sérieusement et surtout que l'accès aux fonctions administratives fût interdit effectivement à quiconque n'aurait pas justifié par un examen sévère de réelles connaissances tant en matière de langue écrite et parlée qu'en matière de législation.

Nous sommes toujours obligés de recourir, dans les questions coloniales, à l'exemple des autres puissances, principalement des Anglais et des Hollandais.

C'est grâce aux connaissances spéciales des Administrateurs civils que les colonies étrangères, l'Inde et Java, jouissent de la paix et d'une prospérité si remarquable tout en n'employant qu'un personnel très restreint.

CHAPITRE Ier.

Le peuple annamite. — Organisation sociale. — Organisation politique. — Mandarinat. — Gouvernement.

Le peuple annamite n'est pas une agglomération de sauvages. Il forme une nation très homogène et remarquable par son intelligence et ses aptitudes. Une civilisation propre, spéciale à la race, immuable dans ses principes depuis plus de soixante siècles atteste la force et la vitalité du peuple annamite qui paraît n'être, par sa civilisation, qu'un rameau de la race chinoise.

L'histoire témoigne d'un passé glorieux et de rares qualités d'expansion. Nous ne sommes pas en présence d'une tribu fixe ou errante comme cela se rencontre en Afrique, mais d'un peuple organisé ayant ses lois, son administration et ses traditions.

La famille est la base de tout l'édifice social, aussi les Annamites ont-ils souvent désigné leur pays sous

le nom des « Cent familles ». Le régime patriarcal
paraît avoir été la forme primitive de la société, composée à l'origine d'un nombre assez restreint de
familles qui se sont multipliées d'une façon prodigieuse. Il serait difficile, en effet, de trouver dans tout
l'Annam plus de 50 noms de famille. Une douzaine
de noms forment l'immense majorité des habitants.
Ce sont les *Nguyễn*, les *Lễ*, les *Trần*, les *Triêu*, les
Trịnh, les *Lý*, les *Vũ*, les *Tạ*, les *Phạm*, les *Phan*, les
Đô, les *Mai*.

La famille formait une unité dont le chef était
investi d'un pouvoir absolu sur tous les membres; il
disposait de leur travail, de leur liberté et de leur vie
même.

L'évolution des mœurs s'est faite inconsciemment
avec une lenteur telle que ce n'est qu'après plusieurs
siècles que l'on peut constater une modification, un
progrès dans les institutions regardées comme immo-
biles.

Le régime patriarcal s'est peu à peu, par suite de
la multiplication des familles, transformé, modifié,
par la réunion en communes de plusieurs familles.
Chaque groupe de dix familles avait son chef. L'autorité du chef de famille s'est aussi amoindrie et il
devint nécessaire de régler par des lois les droits de
ce dernier. Aussi, actuellement, le pouvoir du chef de
famille est limité par la loi. Il n'a plus le droit de
disposer de la vie ni même de la liberté des membres
de sa famille.

L'égalité sociale n'existe pas chez les Annamites;

elle est considérée comme un contre-sens, comme une dérogation aux lois de la nature et de l'harmonie universelle. De même qu'il n'existe pas deux êtres absolument semblables physiquement ni moralement, de même les Annamites ne sauraient admettre que deux individus puissent être égaux dans la société. De deux individus quelconques, l'un est toujours ou plus âgé, ou plus instruit ou plus riche que l'autre et celui-ci cédera toujours le pas ou marchera derrière le premier. Les appellatifs qui remplacent les pronoms personnels, changent suivant l'âge ou la qualité des personnes, on emploie suivant le cas l'appellatif

anh	frère aîné.
chú	oncle.
thày	maître.
ông	monsieur.
lão	vieillard.

etc., etc...

Le tutoiement ne s'applique qu'aux serviteurs et aux soldats.

La loi assigne à la femme un rôle inférieur; cependant on peut constater qu'en réalité la femme joue un rôle considérable dans la société annamite. Elle est la ménagère, mais aussi l'économe, la caissière de la communauté. L'importance de son rôle apparaît surtout dans les transactions immobilières. Le mari chef légal de la famille, soit qu'il achète, soit qu'il vende, soit qu'il emprunte, est toujours accompagné de sa femme dans la rédaction d'un acte de cette nature.

La polygamie existe-t-elle en Annam? Oui, au sens étroit, absolu, du mot, tel que nous le comprenons en Europe. Non, au sens réel qu'y attachent les peuples d'Extrême-Orient. Il n'y a, en effet, dans la famille qu'une seule épouse « légitime », les autres sont des « concubines » et non des femmes « de second rang ».

L'Annamite a la faculté de prendre autant de concubines que sa fortune lui permet d'en entretenir; elles sont généralement choisies avec l'agrément de l'épouse, à qui elles doivent déférence et soumission.

Cette polygamie, qui choque nos idées européennes repose sur une conception morale de la famille; elle a pour but de retenir l'époux à son foyer tout en évitant la satiété physiologique.

Au point de vue politique, la société annamite forme une monarchie pure. Le souverain s'intitule comme l'empereur de Chine « Fils du Ciel ». Il est le Souverain Pontife, le Juge Suprème, le Père et la Mère du peuple. Il incarne l'autorité surnaturelle, céleste. Il s'attribue la prospérité comme les malheurs du peuple car il a, seul, le mandat du ciel.

Au-dessous du roi, il y a le peuple *thiên hạ*, au-desous du ciel. Il n'existe aucune aristocratie, aucune caste intermédiaire. L'égalité politique est absolue; il n'y a de distinctions que celles que donne le mérite. Les fonctions publiqnes sont accessibles à tous par la voie unique et rigoureuse du concours. Les plus hauts dignitaires sont souvent issus des familles les plus obscures et ne doivent leur situation qu'à leur intelligence, à leurs aptitudes personnelles.

On appelle mandarinat le corps des fonctionnaires civils et militaires de l'Empire d'Annam.

Mandarinat civil. — Le mandarinat civil se compose de fonctionnaires choisis parmi les *lettrés*, c'est-à-dire parmi les étudiants ayant subi avec succès les examens triennaux conférant les diplômes de Bachelier, *Tú tài*, et Licencié *cú nhon*.

Le mandarin militaire est toujours sous les ordres d'un mandarin civil; il est peu estimé à cause de son ignorance. D'ailleurs le service militaire répugne aux peuples extrême-orientaux qui placent avant tout la culture intellectuelle c'est-à-dire l'étude des caractères.

La hiérarchie du mandarinat comprend 9 degrés divisés chacun en deux classes; il y a donc deux hiérarchies : celle du mandarinat civil *văn giai* et celle du mandarinat militaire *võ giai*.

Voici la nomenclature des grades correspondant à chaque degré du mandarinat civil.

Mandarinat civil. — *Văn giai.*

1er degré ou nhứt phẩm

1re classe ou chánh nhứt

Tôn nhơn phủ. . . . . Service de la famille royale.
Tả tôn chánh. . . . . Président de gauche.
Hữu tôn chánh . . . . Président de droite.
Thiểu sư
Thiểu phó } . . . . Précepteurs adjoints (3 rangs).
Thiểu bảo

Cần-chánh-điện đại học sĩ
Văn-minh-điện đại học sĩ
Võ-hiển-điện đại học sĩ } . . . . . . Grands censeurs ayant le titre de Colonnes de l'Empire
Đông-các-điện đại học sĩ
(il ne peut y avoir plus d'un titulaire de chacun de ces 4 grades).

2e classe ou tùng nhứt

Hiệp biện đại học sĩ. . . . . Grand censeur 5e colonne de l'Empire.

nhì phẩm

1re classe ou chánh nhì

Lục-Bộ thượng thơ . . . . Chacun des 6 ministres appelés thóưng thơ.
Đô-sát viện { *Tả Đô ngự sử*. . . . . Corps des inspecteurs{ Insp[r] gén[l] de gauche.
Hữu Đô ngự. sử . . . . généraux. . . .{ Insp[r] gén[l] de droite.
Tổng đốc. . . . . Gouverneurs des provinces.

2ᵉ degré ou	2ᵉ classe ou tùng nhi	Lục Bộ	Tả Tham tri.	6 Ministères	Conseillers de gauche.
			Hửu Tham tri		Conseillers de droite.
		Đô-sát viện	Tả Phó đô ngụ sử.	Corps des inspectᵣˢ généraux. . .	Inspʳ adjoint de gauche.
			Hửu Phó đô ngụ sử		Inspʳ adjoint de droite.
		Tuần phủ.		Gouverneurs des provinces secondaires.	
3ᵉ degré ou tam phầm	1ʳᵉ classe ou chánh tam	Lục Bộ	Tả Thị lang.	6 Ministères	Assesseurs de gauche.
			Hửu Thị lang.		Assesseurs de droite.
		Hàn-lâm viện chưởng viện học sĩ.		Académie (nom du grade).	
		Hàn-lâm viện trực học sĩ.		dᵒ dᵒ	
		Thông-chánh-sứ-ti, thông chánh sứ		Secrétariat royal (nom du grade).	
		Thái-thưởng, tự khanh.		Service rituel des sacrifices. Grade de tự khanh.	
		Đại lý, tự khanh.		Chambre de justice (nom du grade).	
		Phủ-Doãn, Thừa-thiên.		Préfet dans la province de Thừa Thiên (Hué).	
		Bố chánh sứ.		Vulgairement quan bố, Administrateur de province.	
		Tuyên phủ sứ.		Administrateur des rivages maritimes.	
	2ᵉ classe ou tùng tam	Quang lộc tự khanh.		Service d'organisation des sacrifices (nom du grade).	
		Thông-chánh-sứ-ti, thông chánh phó sứ.		Secrétariat royal.	
		Thái bộc, tự khanh.		Service des sacrifices.	

4ᵉ degré ou tứ phẩm	1ʳᵉ classe ou chánh tứ	*Lục Bộ, Lang trung.*	6 Ministères, directeurs.
		Thái-thường-tự, thiều khanh.	Chambre rituelle des sacrifices. Grade de Thiều khanh.
		Đại-lý-tự, thiều khanh.	Chambre de justice.
		Quốc-tử-giám, tế-tửu	Collège royal (nom du grade).
		Hồng lô, tự khanh	Sacrifices } noms de grade.
		Hàn-lâm-viện, thị đọc học sĩ.	Académie }
		Thái-y-viện, viện sứ.	Service médical dᵒ
		An sát sứ.	Vulgairement *quan án*, juge provincial.
	2ᵉ classe ou tùng tứ	*Quang lộc tự thiều khanh*	Sacrifices } noms de grade.
		Thái bộc tự thiều khanh.	dᵒ }
		Quốc tử giám tư nghiệp.	Collège royal }
		Hàn lâm viện thị giảng học sĩ.	Académie.
		Quản đạo.	Chef d'une marche appelé *đạo*.
ou ngũ phẩm	1ʳᵉ classe ou chánh ngũ	*Lục Bộ, Viện ngoại lang*	Délégués des ministères.
		Hàn-lâm-viện, thị độc.	Académie } noms de grade.
		Hồng lô, tự thiều khanh	Sacrifices }
		Đốc Học.	Directeur provincial de l'enseignement.
		Thái-y-viện, ngự y.	Service médical.
		Khâm thiên giám, giám chánh	Service du calendrier.
		Tào-chánh-ti, phó sứ	Service des transports par barques des objets ou impôts destinés à la capitale.

5e degré — 2e classe ou tùng ngũ	*Hàn-lâm-viện, thừa chỉ*	Académie.
	Hàn-lâm-viện, thị giảng	d°
	Khâm-thiên-giám, giám phó	Service du calendrier.
	Thái-y-viện, phó ngự y	Service médical.
	Tri-phủ	Administrateur d'une circonscription appelée Phủ.
6e degré ou lục phẩm — 1re classe ou chánh lục	*Lục Bộ, Chủ sự*	Chefs de bureau des ministères.
	Hàn-lâm-viện, trước tác	Académie.
	Khâm thiên giám, ngũ quan	Service du calendrier.
	Thái-y-viện, tả viện phán	Service médical.
	Đồng tri phủ	Administrateur d'un phần phủ.
6e degré ou lục phẩm — 2e classe ou tùng lục	*Hàn lâm viện, tu soạn*	Académie.
	Quốc tử giám, học chánh	Collège royal.
	Thái-y-viện, hữu viện phán	Service médical.
	Thông phán	Chef de bureau provincial.
	Tri huyện	Administrateur d'une circonscription appelée Huyện.
	Tri châu	Administrateur d'une circonscription appelée Châu.

Degré	Classe		
7e degré ou thất phẩm	1re classe ou chánh thất	*Lục Bộ, Tự vụ*	Sous-chefs de bureau des ministères.
		Hàn-lâm-viện, Biên-tu.	Académie.
		Đô sát viện, lục sự	Inspection générale. Greffier.
		Quốc tử giám, giám thừa	Collège royal.
		Khâm-thiên-giám, linh-đài-lang.	Service du calendrier.
		Kinh lịch.	Sous-chef de bureau provincial.
		Giáo thụ.	Directeur de l'enseignement dans un Phủ.
	2e classe ou tùng thất	*Hàn-lâm-viện kiểm thảo.*	Académie.
		Thái-y-viện, y chánh	Service médical.
		Tri huyện ou *Tri châu* dans les pays *Thổ* .	Administrateur d'un huyên chez les Thổ.
8e degré ou bát phẩm	1re classe ou chánh bát	*Thái-y-viện, ngoại khoa y chánh.*	Service médical.
		Hành-nhơ'n-ti, Hàng nhơ'n.	Bureau des interprètes.
		Huấn đạo.	Directeur de l'enseignement dans un huyên.
		Thơ' lại	Secrétairé.
	2e classe ou tùng bát	*Hàn-lâm-viện, Điển bạ*	Académie.
		Thái y viện, y phó.	Service médical.
		Điển ba, quốc tử giám.	Collège royal.
		Tự thừa văn miêu.	Gardiens des temples confuciques.
		Thơ' lại.	Secrétaires.

9e degré ou cửu phẩm			
	1re classe ou cháuh cửu	Hàn-lâm-viện, cung phụng.	Académie.
		Hành-nho'n-ti, Hành nhón (cửu phẩm).	Bureau des interprètes.
		Thái y viện, y sanh.	Service médical.
		Lại mục (des phủ et des phân-phủ).	Chef de bureau.
		Tứ thừa (des provinces).	Gardien du camp des lettrés.
		Thơ' lại	Secrétaire.
	2e classe ou tùng cửu	Hàn-lâm-viện, đại-chiều	Académie.
		Tướng y ti, y sanh.	Service médical.
		Thơ' lại	Secrétaire.
		Lại mục (des huyện)	Chef de bureau.
		Cai tổng	Chef de canton.

Tous les grades des principaux fonctionnaires sont compris dans ce tableau.

Mandarinat militaire ou Vô giai. — L'armée annamite ayant disparu depuis l'établissement du Protectorat, il paraît inutile de donner la nomenclature complète des grades de la hiérarchie militaire.

Il convient simplement de noter les grades honorifiques de *Bá Hộ* (9e et 8e degrés) et de *Thiện hộ* (7e degré) compris dans le mandarinat militaire. Ces grades confèrent l'exemption d'impôt et de corvées, mais ils sont recherchés surtout à cause du prestige attaché à un Brevet royal.

Sous les anciennes dynasties ces titres pouvaient s'acheter moyennant une somme suffisante pour entretenir soit cent familles, soit mille familles. *Bá hộ,* signifie en effet cent familles et *Thiện hộ* dix mille familles.

Réglementairement les brevets de cette nature pouvaient être distribués, à titre provisoire, par les gouverneurs de provinces. Ils en ont abusé lorsqu'ils se sont aperçus de l'indifférence, à cet égard, du Gouvernement du Protectorat.

D'un autre côté les fonctionnaires et les officiers français ont trop souvent fait accorder cette distinction en récompense de services publics ou privés. Il est résulté de ces abus une notable diminution du nombre des indigènes soumis à l'impôt et aux corvées.

Il paraît utile aussi de faire connaître les principaux grades du mandarinat militaire subsistant encore, mais appelés à disparaître dans un avenir prochain.

Ce sont les suivants :

	Degré	Classe	
Đề đốc	2e	1re	Généraux.
Lãnh binh.	3e	1re	
Phó lãnh binh	3e	2e	
Quản cơ'	4e	1re	Colonel.
Phó quản	4e	2e	Lieut^t-colonel.
Hiệp quản	5e	1re	Commandant.
Cai-đội.	5e	2e	Capitaine.
Chánh đội trưởng suất đội	6e	2e	Capitaine en 2^d
Đội trưởng.	7e	2e	Chef de section.

Il y avait des « *đội trưởng* », du 8e et même du 9e degré. Dans le mandarinat militaire figuraient également les chefs et sous-chefs des relais de *trạm* ou poste, savoir :

Dịch thừa trạm.	7e degré	2e classe.
Dịch mục trạm.	8e —	1re —

Les chefs d'escorte de satellites des *phủ* ou « *Lệ mục* » étaient du 9e degré 1re classe.

Les chefs d'escorte de satellites des *Huyện* sont du 9e degré 2e classe.

En dehors du mandarinat, il existe une sorte de noblesse comprenant 5 rangs, savoir :

1er rang *Công* subdivisé en 4 degrés :

    1. Quốc công.
    2. Quận công.
    3. Huyện công.
    4. Hương công.

2ᵉ rang *Hậu* subdivisé en 5 degrés :

    1. Huyện hậu.

    2. Hướng hậu.

    3. Kỉ nội hậu.

    4. Kỉ ngoại hậu.

    5. Đỉnh hậu.

3ᵉ rang *Bá* subdivisé en 3 degrés :

    1. Trọ quốc khanh.

    2. Tả quốc khanh.

    3. Phụng quốc khanh.

4ᵉ rang *Tử* subdivisé en 3 degrés :

    1. Trọ quốc hủy.

    2. Tả quốc hủy.

    3. Phụng quốc hủy.

5ᵉ rang *Nam* subdivisé en 3 degrés :

    1. Trọ quốc lang.

    2. Tả quốc lang.

    3. Phụng quốc lang.

Ces rangs de noblesse s'appellent : *tước*.

Ils peuvent être décernés à toute personne même ne possédant aucun grade dans le mandarinat, pour récompenser des faits héroïques ou glorieux ou d'éminents services à la patrie. Le titre de noblesse est héréditaire ; il se transmet par ordre de primogéniture en diminuant d'un rang par génération.

Nous venons de présenter le tableau de la hiérarchie des fonctionnaires annamites. Nous allons décrire, à présent le fonctionnement des organes administratifs de l'Empire, étudier ces organes en commençant par le Gouvernement lui-même.

Gouvernement. — Le roi gouverne son peuple à l'aide de 6 ministères : *Lục Bộ*, savoir :

Bộ	*lại*	Intérieur.
Bộ	*Hộ*	Finances.
Bộ	*Lễ*	Rites.
Bộ	*Hình*	Justice.
Bộ	*Binh*	Guerre.
Bộ	*công*	Travaux publics.

Les relations extérieures ressortaient au *Bộ Hộ*.

Chaque ministère a, à sa tête un *Thượng thơ*, mandarin du 2e degré 1re classe. Ainsi le Ministre de l'Intérieur s'appelle *Lại Bộ Thượng Thơ*.

Le ministre ne décide pas seul des affaires ressortissant à son département. Il est président d'un conseil dans lequel siègent comme membres :

1° Deux *Tham tri* de gauche et de droite appelés *Tả Tham tri*. (La gauche est la place d'honneur).
Hữu Tham tri.

Ces deux conseillers de ministère sont mandarins du 2e degré 2e classe.

2° Deux *Thị-lang*, de gauche et de droite, c'est-à-dire :

Tả thị lang.
Hữu thị lang.

Ces deux assesseurs sont mandarins du 3e degré 1re classe,

Chaque ministère comprend un certain nombre de Directions divisées elles-mêmes en Bureaux.

Les Directions ont à leur tête des *Lang trung*, mandarins du 4e degré 1re classe, assistés chacun d'un *Viên ngoại lang* du 5e degré 1re classe.

Les Bureaux sont dirigés par des *Chủ sự'*, mandarins du 6e degré 1re classe, ayant comme sous-chefs des *Tự' vụ* du 7e degré 1re classe.

Le personnel des Bureaux comprend : deux ou trois secrétaires du 8e degré 1re classe : *chánh bát phẩm thợ lại;*

Deux ou trois secrétaires du 9e degré 1re classe : *chánh cửu phẩm thợ lại;*

Enfin un grand nombre de secrétaires stagiaires : *Vị nhập lưu thợ lại.* (Non encore entrés dans le courant.)

Les Ministères centralisent les affaires de tout l'Empire et les soumettent à la sanction du souverain.

Cơ Mật ou Conseil d'Etat. — Au-dessus des Ministères se trouve le *Cơ Mật* ou Conseil d'Etat, appelé aussi Conseil Secret. Il est composé de quatre fonctionnaires pris parmi les mandarins du 1er et du 2e degré.

Le Secrétariat du Conseil d'Etat est composé de huit fonctionnaires, savoir :

> 2 du 5e degré,
> 2 du 6e degré,
> Et 4 du 7e degré.

Le *Cơ mật* délibère de toutes les affaires importantes n'ayant pas un caractère purement administratif.

Nội Các ou **Conseil aulique.** — Le Secrétariat royal ou Conseil aulique, placé à côté du Souverain s'appelle le *Nội Các.* Il a dans ses attributions les notes du Personnel de l'administration. Il est l'intermédiaire obligé entre la Cour et le Roi.

Le *Nội Các* se compose de quatre fonctionnaires du 3ᵉ ou du 4ᵉ degré. Le personnel du Secrétariat est réparti entre six sections correspondant aux six ministères.

Viện Đô Sát ou **Corps des Inspecteurs généraux.** — Il existe un corps d'inspecteurs généraux appelé *Viện đô Sát.* Les Inspecteurs généraux sont mandarins du 2ᵉ degré. Ils s'appellent *Đô ngũ Sự'* ou *phó đô ngũ Sú* Inspecteur général ou inspecteur général adjoint.

Ces Inspecteurs sont envoyés périodiquement en mission dans les provinces pour vérifier soit les magasins à riz, les trésors provinciaux, soit les prisons, soit les travaux. Leur compétence est illimitée.

Les Ministères ainsi que les Conseils dont il vient d'être question sont à la capitale *Kinh đô,* c'est-à-dire à *Huế.*

CHAPITRE II.

Divisions territoriales. — Administration provinciale. — Organisation actuelle.

Le territoire de l'Empire se divisait en provinces d'inégale importance, dont voici la nomenclature en commençant par le nord :

<table>
<tr><td>1.</td><td>Cao Bang</td><td rowspan="16">Provinces du Nord
ou
Bắc Kỳ
(Tonkin).</td></tr>
<tr><td>2.</td><td>Lạng Sơn</td></tr>
<tr><td>3.</td><td>Thái nguyên</td></tr>
<tr><td>4.</td><td>Tuyên Quang</td></tr>
<tr><td>5.</td><td>Hưng Hoá</td></tr>
<tr><td>6.</td><td>Sơn tây</td></tr>
<tr><td>7.</td><td>Bắc ninh</td></tr>
<tr><td>8.</td><td>Hà nội</td></tr>
<tr><td>9.</td><td>Hưng Yên</td></tr>
<tr><td>10.</td><td>Hãi Dương</td></tr>
<tr><td>11.</td><td>Quang Yên</td></tr>
<tr><td>12.</td><td>Nam định</td></tr>
<tr><td>13.</td><td>Ninh binh</td></tr>
<tr><td>14.</td><td>Thanh Hoá</td></tr>
<tr><td>15.</td><td>Nghệ an</td></tr>
<tr><td>16.</td><td>Ha tinh</td></tr>
</table>

17.	Quang binh	⎫ Provinces de gauche
18.	Quang trị	⎭ ou *Tả Kỳ*

19. Quang Đức *ou* Thừa Thiên, *province de la capitale.*

20.	Quang nam	
21.	Quang ngãi	
22.	Binh đinh	
23.	Phủ Yên	Provinces de droite
24.	Khánh Hoà	ou
25.	Binh Thuận	*Hữu Kỳ*
26.	Biên Hoà	
27.	Gia định	
28.	Đinh tướng	Provinces du Sud
29.	Vinh Long	ou
30.	An giang	*Nam Kỳ*
31.	Hà tiên	(Cochinchine).

L'Empire d'Annam exerçait également son protectorat sur le Cambodge dont deux provinces avaient déjà reçu une organisation annamite : c'étaient les provinces de *Nam Vang* (Phnom penh) et *Gó Sát* (Pursát). Il était également suzerain des différents peuples de la vallée du Mékong qui apportaient à Huề le tribut de vassalité.

Les six provinces de la Cochinchine sont devenues, en 1860 et 1867, la colonie de là Cochinchine française.

Par le traité du 6 juin 1884, le protectorat français

a été imposé à l'Empire d'Annam, mais ce protectorat n'est pas le même dans les provinces du Tonkin que dans celles de l'Annam.

Dans ces dernières, le protectorat est purement nominal, tandis qu'au Tonkin il est effectif, autrement dit, la France est simplement représentée dans les provinces de l'Annam sans s'immiscer dans l'administration du pays, tandis qu'au Tonkin, les finances sont entre nos mains et que l'administration indigène est étroitement contrôlée par les agents du Protectorat.

Le traité de 1884 a, malheurement, distrait du Tonkin, pour les laisser sous l'hégémonie de la cour de Huê, les trois belles provinces de Thanh Hoá, Nghê An et Ha-tinh. Aussi ces provinces sont-elles devenues le foyer de toutes les rébellions et de toutes les conspirations.

Les provinces du Tonkin réduites à 13 par le traité de 1884 ont, depuis cette époque, subi plusieurs remaniements.

En premier lieu, la province de *Nam dịnh*, qui comptait plus de deux millions d'habitants, a été divisée en deux ; la nouvelle province dont le chef-lieu a été établi au phủ de *Kiên Xương* a été appelée province de *Thái Bình*.

La province de *Hải Dương* a abandonné plusieurs circonscriptions maritimes pour former la province de *Hải Phong*.

La province de *Hà nội* a été amputée de sa partie

méridionale qui est devenue la province de *Hà nam*, chef-lieu *Phủ Lý*.

Enfin la province de *Bắc ninh* a donné naissance à la province de *Bắc giang*, chef-lieu *Phủ Lạng Thương*.

Les provinces de *Lạng Sơn, Cao Bang Thái nguyên, Tuyên Quang* et *Hưng Hoá*, ainsi que le đạo de *Hải ninh* (province de *Quang Yên*), ont été constituées en 1892 en territoires militaires. La pacification de ces régions a permis de rendre partiellement les provinces de *Thái nguyên* et de *Hung Hoá* à l'autorité civile. Le reste du pays montagneux, encore entre les mains de l'autorité militaire, ne saurait tarder à être replacé sous le régime normal, la pacification étant un fait accompli ainsi qu'il résulte des rapports des commandants de territoire depuis le commencement de l'année 1896.

En récapitulant, nous avons, au Tonkin, les provinces suivantes :

1. Cao Bang, actuel^t encore ter^{re}mil^{re}.
2. Lạng Sơn, d⁰
3. Thái Nguyên.
4. Tuyên Quang, act^t encore ter^{re} mil^{re}.
5. Hưng Hoá.
6. Sơn tây.
7. Bắc ninh.
8. Bắc giang.
9. Hà nội.
10. Hà nam.
11. Hưng Yên.

12. Hải dủóng.
13. Hải phong.
14. Quang Yên.
15. Nam Định.
16. Thái binh.
17. Ninh binh.

A cette liste, il convient d'ajouter les pays *mủóngs* qui forment deux circonscriptions ayant chacune à leur tête un Commissaire du Gouvernement; la première est celle de *Chợ Bờ'*, sur la Rivière Noire, et la seconde celle de *Văn Bu*, au nord de la précédente. On a éliminé de ces pays l'autorité annamite impopulaire et détestée et on a réorganisé la confédération des tribus muongs dirigées par des chefs héréditaires aborigènes.

Le *đạo* (Marche) de *Hải ninh*, dépendant autrefois de la province de Quang Yên et le đạo de *Bao thắng* (Lao Kai), dépendant autrefois de la province de Hung Hỏa sont encore compris dans les territoires militaires.

Les provinces d'Annam étaient considérés comme grandes provinces, provinces secondaires ou petites provinces.

Les grandes provinces étaient :

   Hà nội.
   Bắc ninh.
   Sơn tây.
   Nam định.
  et Hải Dủóng.

Les provinces secondaires :

    Hưng Yên, dépᵗ de Hànội.
    Thái nguyên, dépᵗ de Bắc ninh.
    Lạng Sơn,   dᵒ
    Hưng Hoá, dépᵗ de Sontây.
    Tuyen Quang,   dᵒ
    Ninh binh, dépᵗ de Nam dinh.

Les petites provinces :

    Cao Bang.
    Quang Yèn.

Toutes les provinces relevaient directement du gouvernement de Huờ, mais les gouverneurs des grandes provinces avaient sous leur autorité *nominale* les provinces secondaires. Ainsi le Gouverneur de Hà nội s'intitulait : *Hà-Yên Tổng đốc* : Gouverneur de *Hà* nội et de *Hứng Yên*, celui de Sớntây était : *Sớn, Hứng, Tuyên, Tổng đốc*. Gouverneur de *Sớn* táy, *Hứng* hoá, *Tuyên* quang, etc.

Administration provinciale. — La province forme une entité administrative. A la tète des grandes provinces est placé un *Tổng đốc* ou Gouverneur, mandarin du 2ᵒ degré 1ʳᵉ classe ayant rang de ministre et d'Excellence *đại thân*. Ce haut fonctionnaire est le délégué de l'autorité royale. Il concentre tous les pouvoirs; tous les actes administratifs sont rédigés en son nom, mais il n'a pas de Bureaux.

Le *Tổng đốc* a sous ses ordres directs :

1ᵒ Le *Bớ chánh* ou *Quan Bớ*, chef du service administratif chargé de l'impôt, du recrutement des *linh* ou soldats et en général de l'administration de la province. Il est mandarin du 3ᵉ degré 1ʳᵉ classe.

2° L'*an sát* ou *quan án*, chef du service judiciaire au criminel (les affaires civiles concernant la propriété foncière sont du ressort du *Quan bô*). Il est mandarin du 4ᵉ degré 1ʳᵉ classe.

3° Le *Ðôc Học*, chef du service de l'enseignement. Il est mandarin du 5ᵉ degré 1ʳᵉ classe.

Ces quatre mandarins sont appelés *Quan linh* mandarins provinciaux; ils ont droit au titre de *Quan lớn* « grand mandarin. »

Le *Quan bô* a cinq Bureaux appelés *Phiên ti*. Ces cinq Bureaux correspondent aux cinq ministères, hormis celui de la Justice. Le chef des Bureaux ou Secrétaire général est le *thông phán*, du 6ᵉ degré 2ᵉ classe. Il est assisté d'un *Kinh lịch*, du 7ᵉ degré 1ʳᵉ classe. Les employés sont des *thơ lại*, du 8ᵉ degré, du 9ᵉ degré ou des stagiaires, *vị nhập lưu thơ lại*. Chaque bureau du *Phiên ti*, s'appelle *Phong*. Nous avons donc le *Phong lại*, — *Phong bộ*, — *Phong lễ*, — *Phong binh*, — *Phong công*.

Un employé de l'un de ces bureaux s'appelle *Phiên ti thơ lại*. S'il est du 8ᵉ degré, on dira: *Phiên ti bát phẩm thơ lại*.

Le *Quan án* a un Bureau appelé *Niệt ti*. Il est dirigé par un *Kinh lịch* (7ᵉ degré 1ʳᵉ classe), ayant sous ses ordres, en nombre variable des secrétaires *thơ lại*. —

du 8ᵉ ou du 9ᵉ degré et des stagiaires. Un secrétaire du 8ᵉ degré est donc appelé : *Niệt ti bát phẩm thơ lại*.

Le *Quan án*, quoique d'un degré inférieur comme grade de mandarinat au *quan bố*, n'est pas placé sous ses ordres ; il relève directement du *Tổng đốc*.

Le *Đốc Học* est le directeur provincial de l'Enseignement. Il est assisté d'un *Lễ Sanh* ou répétiteur (9ᵉ degré 2ᵉ classe). Le *đốc học* tient école au chef-lieu de la province ; il prépare les lettrés, déjà pourvus de diplômes, aux grands examens de la cour pour l'obtention du diplôme de *Tiến Sĩ*, docteur.

L'usage de la signature n'existe pas, en Annam, pour les pièces officielles. Elles sont revêtues du sceau de la fonction.

Chaque mandarin provincial est pourvu d'un grand sceau rectangulaire et d'un petit sceau carré ; le premier est apposé sur la date à la fin de la pièce, le second est apposé sur tous les passages essentiels du corps de la pièce. L'empreinte est rouge et seuls les mandarins provinciaux ont le droit d'employer cette couleur pour leurs cachets. Les fonctionnaires inférieurs ne peuvent se servir que d'encre noire pour sceller leurs documents.

Dans les provinces secondaires, le Gouverneur s'appelle *Tuần phủ*. Il est mandarin du 2ᵉ degré, 2ᵉ classe.

Il a sous ses ordres un *Quan án* ayant son bureau ou *Niệt ti*, comme dans une grande province.

Quant au *phiên ti*, il est placé sous les ordres

du *Tuần phủ* qui fait ainsi fonctions de *Quan bố*.

Il est à remarquer qu'en Annam, un fonctionnaire peut faire fonctions d'un grade inférieur aussi bien que d'un grade supérieur.

Le *Đốc Học* n'existe que dans les provinces secondaires où il y a beaucoup d'étudiants.

Il n'y a donc généralement dans ces provinces comme mandarins provinciaux que le *Tuần phủ* et le *Quan án*.

Dans les petites provinces, il n'y a ni *Tổng đốc* ni ni *Tuần phủ*. Il y a alors un *Bố chánh* et un *An sát*.

Les rapports au Ministère portent les sceaux des deux fonctionnaires juxtaposés. C'est un duumvirat.

Magasins provinciaux. — Il existait dans chaque province des Magasins provinciaux destinés à recevoir l'impôt en nature. Dans le même bâtiment, en général, se trouvait le Trésor provincial.

Ce service, dont la haute direction appartenait au *Quan bố* était dirigé effectivement par un *giam thủ* ou *Chủ thủ thượng*, c'est-à-dire chef des magasins, ayant sous ses ordres un *đội* appelé *điển thủ*. Ces deux fonctionnaires étaient responsables de toutes les recettes en argent et en nature.

Ainsi, le *Quan bố* établit les rôles, ordonnance les recettes et les dépenses, mais ce n'est pas lui qui perçoit. Il est le chef du Trésorier ou *Giam thủ*, mais ce dernier seul est responsable; il ne reçoit rien et ne délivre rien sans l'ordre écrit du *Quan bố*. S'il s'agit d'impôt en argent ou en nature le Trésorier opère la recette, en vertu d'un rôle rendu exécutoire. S'il s'agit de tout autre versement, la partie versante présente sa pétition visée par le *Quan bŏ* : Bon à recevoir : le versement effectué, la partie versante signe au Registre à souche avec l'employé qui a fait la recette et tire reçu de ce dernier. S'il s'agit de paiement, la partie prenante présente au Trésorier sa pétition visée par le *Quan bŏ* : Vu Bon à payer. Cette pièce servait au Trésorier de mandat de paiement ou d'ordre de délivrance suivant qu'il s'agissait d'argent ou de riz.

Il y avait là, ainsi que l'on peut s'en rendre compte un jeu de trésorerie tout à fait analogue à ce qui se passe chez nous, ordre de recettes, mandat de paiement, ordre de délivrance.

Ces pièces, au lieu d'être des formules officielles, sont, comme il est d'habitude en Annam, des demandes faites par les intéressés, en double expédition, dont l'une restait aux archives du *Phong Hộ* (Bureau des finances du *Quan bŏ*) et servait à contrôler la gestion du Trésorier.

Ajoutons enfin que quand il s'agissait de la solde du *Quan bŏ*, le Bon à payer était donné soit par le *Tŏng dŏc*, soit par le *Quan án*.

La loi prévoit et punit les cas de déficit dans les magasins ; elle interdit les virements dans les recettes et les dépenses ; elle punit toutes les irrégularités commises dans ce service.

Tous les détails qui précèdent indiquent que la comptabilité publique était, en somme, très bien tenue. Outre les vérifications inopinées que pouvait

faire le *Tông đốc*, il y avait les tournées périodiques
des Inspecteurs généraux, *Đô ngụ sử*. Le vol des
deniers de l'État était donc très difficile et très rare,
et c'est un grave préjugé d'accuser l'administration
de prévarications constantes et d'immoralité tradi-
tionnelle.

Les magasins provinciaux ont été supprimés en
même temps que l'impôt en nature par le Gouvernement du Protectorat français.

Subdivisions de la Province. — Chaque province est divisée en préfectures appelées *Phủ*.

Le *Phủ* est lui-même composé de plusieurs sous-
préfectures appelées *Huyện*.

Le *Huyện* a dans son ressort un certain nombre de
cantons ou *tổng*, composés eux-mêmes de plusieurs
communes *làng* ou *xã*.

A la tête de chaque *Phủ* est placé un administrateur
appelé *tri phủ* ou *quan phủ*. A la tête de chaque *Huyện*
est placé un *tri huyện* ou *quan huyện*.

En principe, le *Quan huyện* dépend du *Quan phủ*,
mais dans la pratique, toutes les circonscriptions de
phủ ou de *huyện* relèvent directement des mandarins
provinciaux *Quan bố* et *Quan án*.

Le *Quan phủ* est, nous le savons, mandarin du
5ᵉ degré 2ᵉ classe ; le *Quan huyện* est du 6ᵉ degré
2ᵉ classe.

Certaines circonscriptions sont dirigées par un
fonctionnaire du 6ᵉ degré 1ʳᵉ classe, grade intermédiaire entre celui du *Quan huyện* et celui du *Quan phủ* :

ces circonscriptions s'appellent *phân phû* et l'administrateur s'appelle *đồng tri phû*.

Une province se compose donc de *phû*, de *phân phû* et de *huyện* ou simplement de *phû* et de *huyện*. Ces circonscriptions sont, en réalité, indépendantes les unes des autres.

Le *Quan phû* et le *Quan huyện* sont les administrateurs placés auprès des populations; ils sont en même temps les juges au 2e degré; les notables des communes et les chefs de canton étant les juges au 1er degré, c'est-à-dire en conciliation.

Chaque *Quan phû* a un bureau dirigé par un *đề lại* ou *Lại mục*, Secrétaire du 9e degré 1re classe. Les trois ou quatre employés de ce bureau s'appellent *thông lại* et n'ont aucun grade de mandarinat.

Il en est de même pour chaque *Quan huyện*, mais le đề lại ou lại mục du huyện n'est que du 9e degré 2e classe.

Les bureaux des *Quan phû* et des *Quan huyện* s'appellent *nha phû* et *nha huyện*.

Lorsqu'il y a lieu de placer dans les *phû* un fonctionnaire du service de l'enseignement, ce fonctionnaire a le titre de *Giáo thụ*; il est mandarin du 7e degré 1re classe. Dans les *huyện* le Directeur de l'enseignement est le *Huấn đạo*, mandarin du 8e degré 1re classe.

Ces fonctionnaires suppléent, au besoin, les *Quan huyện* et les *Quan phû* et les remplacent en cas d'absence. Ce sont généralement des hommes mûrs ou des vieillards recommandables par la dignité de leur vie privée et leur érudition.

Ici s'arrête la nomenclature des fonctionnaires du gouvernement, des détenteurs de l'autorité royale.

Tous ces fonctionnaires existent encore dans l'organisation actuelle, sauf ceux des magasins provinciaux, dont la suppression a entraîné le licenciement du personnel.

Le personnel de l'Administration indigène est sous les ordres du *Kinh luoc*, haut mandarin du 1er degré 1re classe, délégué de la cour de Húê pour l'administration du Tonkin. Sa résidence est à Hànội.

Lính cơ. — L'armée annamite, qui avait entièrement disparu avec l'établissement du protectorat, a été partiellement rétablie en 1892. Chaque province a été autorisée à lever une compagnie de *lính có* (prononcez ligne-queue), dont l'effectif a été fixé par un arrêté de M. de Lanessan, Gouverneur général de l'Indo-Chine. L'effectif total a atteint 6,000 hommes.

Ces compagnies sont commandées par des cadres indigènes.

L'habillement, l'équipement et l'armement leur sont fournis par le Protectorat, ainsi que la solde; l'instruction militaire leur est donnée par les gardes principaux de la Garde indigène, dont il sera parlé plus loin, mais cette troupe est complètement à la disposition des mandarins provinciaux.

Lính lệ. — Une autre catégorie d'indigènes sont levés au même titre que les autres soldats. Ce sont les *Linh lệ* ou satellites attachés à la personne des fonctionnaires indigènes, comme porteurs d'attributs, porteurs de parasols, porteurs de boîtes contenant les cachets, les papiers et les chiques de bétel, porteurs de pipes, etc. Chaque groupe de satellites est commandé par un *Lệ mục*, du 9e degré 2e classe militaire.

Organisation actuelle. — Il nous reste à examiner les modifications survenues depuis l'établissement du Protectorat. Au Tonkin, il a été placé dans chaque province un Résident ou Vice-Résident, chargé de contrôler l'administration et la justice indigènes, de faire établir, de concert avec les mandarins provinciaux les rôles d'impôts, de faire verser les impôts à la Résidence et d'assurer la sécurité du territoire au moyen d'une brigade de garde indigène dont l'effectif est fixé par le Gouverneur général.

Chaque Résident a sous ses ordres : un chancelier de Résidence ou chancelier stagiaire et deux, trois ou quatre commis de Résidence, dont l'un est chargé de la perception de l'impôt. En outre il a, dans ses bureaux, un certain nombre d'interprètes et de lettrés indigènes pour la traduction en français des pièces en caractères chinois, et l'expédition des pièces en français.

La garde indigène est une force de police, instruite militairement par des gradés européens appelés gardes principaux et inspecteurs.

Les gardes indigènes sont recrutés dans la province au moyen d'engagements volontaires. Ils ne doivent servir que dans leur province, appelés, par conséquent, à combattre *pro aris et focis*.

Les gardes principaux sont recrutés parmi les sous-officiers ou anciens sous-officiers des régiments français. Les inspecteurs proviennent soit d'anciens officiers, soit des gardes principaux de 1re classe. Ils sont de trois classes; les brigades sont habituellement commandées par un inspecteur de 1re classe.

Au point de vue militaire, la France entretient au Tonkin :

Un régiment d'infanterie de marine;

Trois régiments de tirailleurs tonkinois;

Quatre bataillons de légion étrangère ;

Quatre batteries d'artillerie;

Une compagnie mixte de conducteurs;

Un détachement d'ouvriers d'artillerie ;

Une section de génie pontonniers.

en Annam :

Un régiment d'infanterie de marine;

Une batterie d'artillerie.

Le commandement des troupes était exercé depuis l'expédition du Tonkin par un général de brigade.

Depuis 1896, c'est un général de division, en résidence à Hànõi, qui a le commandement en chef.

CHAPITRE III.

La famille. — La commune. — Le canton.

Nous avons sommairement étudié l'organisation des pouvoirs publics et du fonctionnarisme ainsi que les divisions territoriales et les circonscriptions administratives. Nous avons à nous occuper maintenant de la population.

Nous savons que la famille est l'unité sociale. C'était également l'unité politique dans l'origine, et nous trouvons encore dans le Code certains articles où il est question du chef de famille au lieu du chef de village.

Pour étudier la société annamite, il faut donc examiner la base de cette société, c'est-à-dire la famille.

Les philosophes chinois enseignent qu'il y a trois grands liens sociaux. Ce sont : 1° les liens entre le souverain et ses sujets; 2° les liens entre les parents et leurs enfants ; 3º les liens entre l'époux et l'épouse.

Si donc, comme nous l'avons vu, le souverain est le chef temporel et religieux de tous ses sujets, le chef de famille est dans le même ordre d'idées investi d'un pouvoir illimité sur tous les membres de sa famille. Il en était ainsi, du temps où la société annamite vivait à l'état patriarcal.

Il semble que l'état patriarcal étant l'état primitif de toutes les sociétés, la transformation qui s'est peu à peu opérée a amené le régime collectiviste. C'est ainsi que sous la dynastie des *Châu*, les terres furent divisées en carrés d'une superficie totale égale à 900 arpents ou *mẫu*. Chacun de ces carrés fut divisé en 9 lots égaux, comportant pour chaque lot une surface de 100 arpents destinée à une famille.

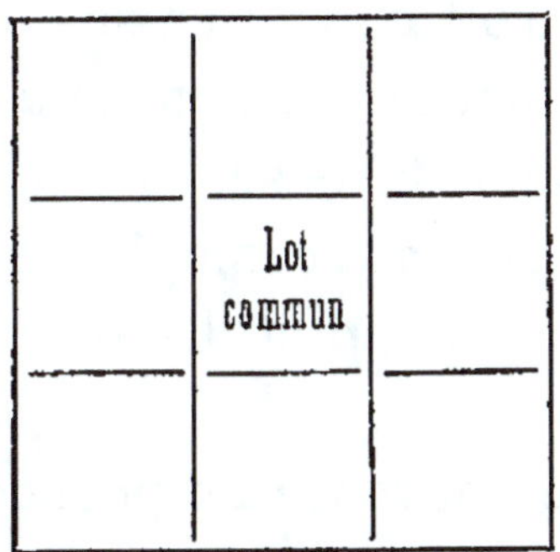

Le lot central appartenait en commun aux 8 familles formant une petite commune et les produits étaient affectés à l'intérêt public et général de la petite commune.

Cette organisation se retrouve dans la commune annamite dont nous parlerons tout à l'heure.

L'évolution des mœurs, de la civilisation, entraîne la société vers l'individualisme communautaire qui est la forme des sociétés européennes. Cette dernière n'est-elle pas elle-même appelée à se modifier et à tendre vers l'individualisme anglo-saxon et américain une sorte d'égoïsme ou égotisme dans l'acception littérale du mot? Quoi qu'il en soit, la société annamite n'est pas encore individualiste, elle n'est plus entièrement collectiviste. L'autorité du père de famille est limitée par la loi. Il n'a plus droit de vie et de mort sur ses enfants, il n'a plus le droit de les vendre, ni de les mettre en servitude.

Si la loi interdit aux femmes et aux enfants de porter plainte contre leur mari ou leur père, elle permet aux parents de rang prééminent de saisir la justice des différends qui s'élèvent dans une famille.

Le père a le droit de marier ses enfants et ceux-ci ne peuvent se soustraire à son autorité qu'en fuyant la maison paternelle. S'ils se marient à l'insu de leurs parents, ils ne peuvent accomplir les rites prescrits et tombent sous le coup de la loi « *hoà giàn* » union frauduleuse.

Les enfants ne peuvent rien posséder personnellement du vivant de leurs parents et ce n'est qu'après la période de deuil qui est de trois ans qu'ils peuvent procéder au partage du patrimoine.

Nous étudierons plus loin, dans la question du Droit civil, les différentes dispositions légales relatives au mariage, aux successions et aux testaments.

Nous avons vu comment s'étaient formées, sous la dynastie des *Châu*, les agglomérations de famille constituant la commune. Combien de temps dura ce système collectiviste? On ne saurait le préciser. Nous trouvons dans le Code chinois un article, non reproduit dans le Code annamite, établissant que pour cent familles on nomme un *lý trưởng* et pour chaque groupe de dix familles un *ấp trưởng*.

En Annam, la commune était composée d'un groupe de familles dont les chefs formaient une oligarchie dirigeante. De là est née l'institution du Conseil des notables, administrant la commune sans l'intervention d'aucun agent du pouvoir.

Actuellement encore, la commune annamite est juridiquement, personne morale ; s'administrant elle-même, au moyen du Conseil des notables.

Les notables se recrutent eux-mêmes par l'adjonction des lettrés diplômés, des habitants ayant obtenu un brevet de mandarinat civil ou militaire et des agents communaux ayant rempli pendant un an au moins les fonctions de *lý trưởng* ou maire.

Il est donc inexact de prétendre, comme certains auteurs l'ont écrit, que les notables sont élus par les habitants (1).

---

(1) Il paraît également inutile de relever toutes les hérésies, toutes les erreurs accumulées dans un ouvrage récent sur la « Commune annamite ».

Il semble, en effet, indispensable, pour traiter cette ques-

Le Conseil des notables — *hương dịch* — s'adjoint pour la discussion des affaires commerciales les vieillards âgés de plus 60 ans — *kỳ laõ* — qui, tous, sont membres de droit de l'assemblée communale.

L'agent d'exécution des décisions de l'assemblée communale est le *lý trưởng*. Il est admis au Conseil des notables mais il est le dernier venu. Il est chargé de représenter la commune auprès de l'administration.

En principe, le *lý trưởng* est le dernier des notables et le bouc émissaire de l'administration, mais il arrive souvent qu'il devienne le personnage le plus influent de la commune par suite de ses fréquentes relations avec l'administration lorsqu'il est assez intrigant pour en tirer auprès de ses concitoyens des avantages moraux et matériels.

Le *lý trưởng* détient le cachet de la commune. Ce cachet est en bois, de forme rectangulaire et porte le nom de la commune, composé généralement de deux caractères.

Il n'existe pas, comme en Cochinchine, de notables majeurs ou mineurs pas plus que de notables ayant chacun un titre particulier tiré des fonctions qu'il exerce dans le conseil. C'est une oligarchie anonyme représentée par le *lý trưởng*.

---

tion et l'émailler de termes soi-disant techniques, de connaître la langue annamite afin de savoir la valeur des expressions employées.

La commune est généralement divisée en un certain nombre de hameaux qui, suivant leur importance, s'appellent *giáp, ấp* ou *thôn* ayant, soit des noms particuliers, soit des noms dérivés de leur situation géographique, Nord, Sud, Est et Ouest, soit des numéros.

Par exemple : *giáp nhi, giáp tam, giáp tư*, hameau 2, hameau 3, hameau 4, ou bien : *thôn bắc, thôn nam*, hameau du Nord, hameau du Sud.

Le *lý trưởng* est aidé, dans ses fonctions par des agents, choisis par le Conseil des notables, ils prennent le nom de *giáp trưởng* et *ấp trưởng* ; ils sont spécialement chargés de la police.

Pour la collecte de l'impôt, le Conseil désigne dans chaque quartier un *khán thủ* ou percepteur chargé de percevoir les impôts et de les remettre au *lý trưởng*, responsable vis-à-vis de l'administration.

Le nombre des notables n'est pas limité ; les usages locaux sont la seule règle suivie, l'administration n'intervenant en aucune façon dans les affaires communales, sauf pour ratifier la nomination du *lý trưởng*.

Le *lý trưởng* doit remplir ses fonctions au moins pendant un an ; il devient après la nomination de son successeur, *lý trưởng cựu* — ancien *lý trưởng* — et à ce titre fait partie du Conseil des notables.

La population s'appelle *dân* (prononcez yan-ne) ; elle se divise en deux parties : les *dân bộ* ou inscrits au *Bộ* (registre) et les *dân lậu* ou dissimulés, c'est-à-dire non inscrits au *Bộ*. Ces derniers sont ceux qui ne possédant rien ne peuvent contribuer aux charges publiques.

La loi exige que tous les hommes de 18 à 60 ans soient inscrits, mais la coutume est plus forte que la loi, et les *dân lậu* sont officiellement admis. Il existe même parmi les non inscrits des habitants parfaitement capables de payer l'impôt, possédant même des propriétés. La commune ne les inscrit pas pour éviter le paiement de l'impôt. Il est donc très difficile d'établir le rapport entre les inscrits et la population, d'autant plus difficile que l'état civil n'existe pas.

En principe, le nombre des inscrits présenté par l'autorité communale, une fois accepté par l'Administration ne peut jamais diminuer. Les morts, les disparus, les fugitifs sont remplacés par les jeunes gens arrivés à l'âge de dix-huit ans. Au point de vue de l'impôt, la population est donc stable, ce qui est une profonde hérésie dans un pays où la natalité est tellement considérable que la population s'accroît dans des proportions inconnues en Europe.

Les mandarins annamites estiment que sur 25 personnes de tout âge et des deux sexes, on compte, en moyenne 5 hommes sur lesquels 2 sont inscrits.

Cette proportion étant acceptée, on évalue à plus d'un tiers le nombre des inscrits dissimulés par les villages.

La réunion de plusieurs communes forment un canton portant généralement le nom du village le plus important. Cette unité politique ne comporte aucun fonctionnaire, mais un chef élu par les notables des différentes communes du canton.

Le chef de canton, *Chánh tổng*, est le représentant des populations auprès de l'administration. Il a pour mission de défendre les intérêts des communes de son canton contre les agissements des agents de l'autorité, de signaler à l'administration les vœux et les doléances du peuple, de faire régner la paix dans les villages. Enfin, il est le juge en conciliation des petits litiges entre les habitants de son canton.

C'est par une fausse conception du rôle de ce mandataire du peuple qu'il a été considéré par nous comme un agent responsable de la sécurité publique. Sa fonction a été méconnue et ce rouage important de la société annamite a été vicié, à tel point que la situation de chef de canton s'est dépréciée parmi le peuple et que cette situation n'est briguée aujourd'hui que par des ambitieux, des intrigants et des gens tarés.

L'élection du chef de canton a lieu dans la pagode communale *dinh* (prononcer digne) d'une des communes du canton. Les notables, réunis au jour fixé par l'administrateur de la circonscription : *phủ* ou *huyện*, rédigent un procès-verbal dans lequel ils déclarent choisir un tel pour chef de canton; ils apposent leur signature. Les dissidents s'abstiennent de signer. Ce procès-verbal est remis entre les mains du *Quan huyện* ou *Quan phủ* qui le transmet au *Quan bố*. Ce dernier après avoir pris l'avis du *Quan án*, à l'effet de connaître si l'élu n'a pas subi une condamnation ce qui entraînerait l'annulation de son élection établit au nom du *Tổng đốc* un brevet de nomination ou « *Bang cấp*, de *thừ sai chánh tổng* » ou chef de canton stagiaire.

Au bout de 3 ans, si le chef de canton n'a mérité aucun reproche de la part de l'administration il peut être titularisé : *chánh tổng* et un brevet royal est demandé pour lui au Ministère.

Ce brevet lui confère le 9e degré du mandarinat civil. Dans la pratique, il est rare de voir un chef de canton titularisé avant six ans de service. Plus tard, il peut, après vingt ans de service, obtenir la distinction honorifique de *Bá Hộ* et même de *Thiện Hộ*.

Le chef de canton est généralement, un notable influent par sa fortune, son mérite, sa droiture, son habileté. C'est le personnage le plus écouté, le plus respecté et le mieux placé pour interpréter aux populations les actes de l'administration.

« Ce chef de canton, dit Luro, était le *défensor po-* « *puli*, dans la plus belle acception du mot. Qu'est « devenue, ajoute-t-il, cette institution entre nos « mains, il est bien difficile de le dire. »

A mon avis, il est difficile de le dire parce qu'il est pénible d'en faire l'aveu. Comme fonctionnaire, le professeur ne pouvait critiquer les actes de ses chefs et comme Français il craignait la comparaison entre le régime actuel et le régime annamite.

Il est facile, en effet, de constater qu'en Cochinchine cette institution a été complètement faussée; de mandataires du peuple, les chefs de canton sont devenus des fonctionnaires, c'est-à-dire des ennemis du peuple. Ils ont reçu des insignes, ont été rangés en trois classes et appointés par le gouvernement. Ce ne sont donc plus que des fonctionnaires.

Il est d'une très grande importance de ne pas commettre les mêmes erreurs au Tonkin. C'est par le chef de canton que nous sommes en contact avec la population. C'est par lui que nous devons arriver à faire comprendre au peuple le but de notre occupation.

Paul Bert qui avait compris la nécessité de nous attirer les sympathies du peuple avait résolu de l'intéresser à nos travaux et pour lui expliquer notre mission avait voulu obtenir un conseil composé de notables élus par la population. Cette tentative devait fatalement échouer.

Les méfiances de la population, pourvue en tout temps de mandataires naturels, l'hostilité des mandarins firent avorter ce projet qui témoignait surtout aux indigènes de l'ignorance dans laquelle sont nos gouverneurs de l'organisation politique et sociale des Annamites.

Il faut bien se rendre compte que dans cette monarchie absolue, le peuple est une véritable démocratie ayant des franchises communales et ses représentants : les chefs de canton. Ceux-ci n'ont pas d'assemblées délibérantes c'est vrai, mais ils n'en sont pas moins forts, investis qu'ils sont de toute la confiance des villages ; aussi la façon dont l'administration traite le chef de canton se répercute sur la population directement et on ne saurait trop le répéter : c'est par le chef de canton que se fait la conquête morale de la population annamite.

Cette question est donc la plus importante pour les futurs Résidents. Attachez-vous essentiellement à témoigner aux chefs de canton, une sollicitude éclairée et ininterrompue. Au lieu de les surcharger de fonctions administratives et de les mander au chef-lieu à tout propos, allez à eux; montrez-leur une grande bienveillance; prouvez-leur que vous vous intéressez par dessus tout aux besoins des populations. Mais, que votre bienveillance, votre urbanité ne se confonde pas avec la familiarité égalitaire à laquelle le Français est si enclin, ni avec la hauteur solennelle et humiliante qui est l'excès contraire. N'intervenez jamais dans les élections cantonales; évitez de protéger et d'indiquer un candidat aux populations. Si le choix est bon, vous en profiterez et s'il est mauvais, les villages ne pourront vous maudire, étant resté étranger à l'élection.

Si vous dénaturez les fonctions du chef de canton, vous semez l'intrigue dans la population, et celle-ci ayant une défiance instinctive à l'égard du fonctionnaire ne reconnaîtra plus le chef de canton comme son représentant, mais comme un ennemi, à épier, à éviter. Ces sentiments n'ont d'ailleurs rien de particulier à l'Indo-Chine; il en est de même dans nos campagnes en France.

Rappelez-vous toujours que ce n'est pas par les fonctionnaires que l'on gagne l'affection du peuple, mais bien par les mandataires librement élus de la population, par ceux qui jouissent de son estime et de sa confiance.

Il importe donc essentiellement de renoncer aux pratiques maladroites dont vous trouvez malheureusement trop d'exemples chez vos anciens qui considèrent le chef de canton comme un *lý trưởng* ou comme un agent chargé de la répression du brigandage, de la levée des impôts et de la réquisition des coolies.

En un mot n'oubliez jamais que cet humble cultivateur est le représentant élu des populations dont vous êtes le protecteur.

Le chef de canton est nommé pour une durée illimitée; il ne perd sa charge que volontairement en donnant sa démission ou par suite de condamnation. Il est muni d'un sceau en bois rectangulaire portant le nom de son canton.

Dans les cantons d'une population supérieure à 5,000 habitants, le chef de canton est assisté d'un sous-chef de canton, *phó tổng*, élu par les municipes de la même façon que le chef de canton.

CHAPITRE IV.

De l'enseignement. — Examens.

L'enseignement littéraire seul est en honneur dans tous les pays d'Extrême-Orient. L'enseignement scientifique n'existe pas, à part quelques notions d'astronomie, privilège d'un nombre très restreint, d'un petit nombre de fonctionnaires de la Cour.

L'enseignement littéraire comporte l'étude des caractères chinois, des livres canoniques et la littérature chinoise.

Il y a en Annam, deux langues : 1º la langue écrite, officielle qui n'est autre chose que la langue chinoise, c'est-à-dire les caractères chinois « *chữ nhu* » ; 2º la langue parlée qui exige pour être écrite, l'emploi de caractères chinois, radicaux et phonétiques combinés. Ces caractères sont appelés « démotiques, » *chữ nôm.* Ils sont naturellement variables et ne peuvent présenter aucune règle, aucune uniformité. Pour les former on exprime l'idée au moyen d'un radical chi-

nois auquel on accole une phonétique correspondante.

— La civilisation annamite repose entièrement sur
la connaissance des caractères chinois, de la littérature et de la poésie. Et ce n'est pas seulement la
supériorité intellectuelle qui fait le fond de cette
civilisation spéciale, mais aussi et en même temps la
supériorité morale. En effet, l'étude de la morale est
inséparable de l'étude de la littérature. On étudie non
pas seulement pour devenir lettré, mais pour devenir sage et pratiquer les doctrines philosophiques de
Confucius et des Sages de l'antiquité. L'étude fortifie
l'esprit et élève le cœur. Il s'ensuit que l'instruction
et l'éducation s'acquièrent en même temps et que ces
deux termes sont inséparables.

On pourrait dire que l'étude des caractères est en
même temps l'étude de la doctrine et même que :
apprendre la littérature c'est apprendre la religion
philosophique rationaliste des Chinois, la seule qui
soit pratiquée par les lettrés.

Cette conception de l'étude bornée à la contempla-
tion de l'idéal philosophique des anciens Sages est
la cause de l'immobilité séculaire des peuples de race
chinoise. Elle est un des aspects originaux de cette
civilisation particulière si peu connue en Europe.

L'enseignement est complètement libre en Annam.
Chaque famille pourvoit, comme il lui convient à
l'instruction de ses enfants. En général, dans le
peuple, les filles ne reçoivent aucune instruction;

seules les familles riches instruisent les enfants des deux sexes. Dans les villages, plusieurs familles se réunissent ordinairement pour confier leurs enfants à un maître qui donne ses leçons dans un local appartenant à l'une d'elles. Maître et élèves sont assis à la turque sur un plancher élevé de 10 à 15 centimètres au-dessus du sol. Une natte est réservée au maître. Les élèves débutants sont munis d'une planchette recouverte de vase molle dans laquelle ils gravent les caractères au moyen d'un bâtonnet. Plus tard ils calquent les caractères sur du papier au moyen d'un pinceau. En même temps ils apprennent par cœur de courtes phrases qu'ils chantent tous ensemble.

Les maîtres ne perçoivent d'autre rétribution que de modestes cadeaux. Dans les hameaux où les familles ont fait choix d'un seul maître, il est alloué à ce dernier un champ communal pour subvenir à son existence. Les maîtres sont choisis librement par les villages ou les familles sans avoir à justifier de diplôme. L'Etat n'intervient nullement dans l'instruction du peuple.

Il choisit ses fonctionnaires parmi les plus méritants. Pour stimuler le zèle des étudiants, l'Etat entretient un corps enseignant qui se compose d'un *Dốc Học*, directeur des études provincial. De plus il existe dans chaque chef-lieu de phủ un *Giáo thụ* et dans chaque chef-lieu de huyện un *Huấn đạo* qui tiennent école ouverte, accessible à tout étudiant. Nul n'est d'ailleurs obligé à suivre les cours officiels pour se présenter aux examens.

Il est peu d'Annamites qui n'étudient pendant huit ou dix ans pour être à même de lire les livres chinois, de rédiger un acte et prendre part aux affaires communales. Un grand nombre sont étudiants par profession jusqu'à l'âge de 45 ou 50 ans. Ceux qui ne briguent pas les carrières administratives, se contentent de passer les examens bisannuels qui les dispensent de la corvée et du service militaire, ou bien ils se présentent aux examens triennaux pour obtenir le diplôme de bachelier — *tú tài* — qui les exempte de toutes charges personnelles et leur donne une place prépondérante au conseil des notables.

Examens : 1° Examens semestriels. — Les études sont sanctionnées par des examens officiels. Les examens bis-annuels sont passés dans toutes les provinces par le *đốc Học* ou un *giáo thọ* désigné par le *quan bố*. Ces examens ne confèrent aucun diplôme, mais ils dispensent de la corvée et de la milice ceux qui les subissent avec succès. Ces examens semestriels s'appellent *Khoá*. Ils ont lieu le 15e jour du 2e mois et le 15e jour du 8e mois et les épreuves ne durent qu'un jour.

2° Examens triennaux. — Les examens triennaux sont entourés d'une grande solennité. Ils ont lieu, pour les provinces du Tonkin, soit à Hànội, soit à Nam định. Cette dernière est toujours choisie actuellement parce que seule elle possède encore l'enceinte réservée aux examens que nous appelons : Camp des lettrés.

Les candidats, au nombre de plusieurs milliers, sont d'abord examinés par le fonctionnaire chargé de l'enseignement dans leurs circonscriptions respectives. Ceux d'entre eux qui sont reconnus aptes à concourir remettent un cahier blanc sur la première page duquel ils écrivent leur nom, leur âge et leur village. Les cahiers sont centralisés dans chaque province par le *Dŏc Học* et tiennent lieu de liste d'inscription.

L'examen est fixé généralement au 15 du 8ᵉ mois. La veille tous les candidats sont arrivés à *Nam định* et se rendent au « camp des lettrés » pour répondre à l'appel et recevoir leurs cahiers dans lesquels ils feront leurs compositions. En même temps, ils sont répartis en quatre groupes, chaque groupe devant pénétrer dans l'enceinte du camp par une porte existant sur chacune des quatre faces du mur d'enceinte.

Les examinateurs sont désignés par le Ministère des Rites. La commission se compose d'un Président appelé *Chánh chủ khảo* (khảo, signifie corriger), d'un Vice-Président *Phó chủ khảo* pris parmi les hauts fonctionnaires de la capitale, de deux *so' khảo* et de deux *phúc khảo*, pris parmi les fonctionnaires de l'enseignement des provinces : *dŏc học, giáo thụ, huấn đạo*.

Le Président est accompagné d'un *phân khảo*, et il est adjoint à la commission un examinateur du même grade que le *phân khảo* qui se nomme le *giám thí* ; il a le droit de reprendre les compositions écartées par les *so' khảo* et les *phúc khảo* et de les soumettre à l'appréciation des chefs de la commission.

Un certain nombre de *lễ sanh* sont adjoints à la commission pour le travail matériel.

La surveillance est exercée par quatre mandarins militaires appelés *Thể sát* et *Mật sát* qui veillent à ce que les candidats ne puissent communiquer avec l'extérieur.

Enfin la commission est toujours accompagnée d'un haut mandarin ayant le titre de *ngũ-sử-giám, sát trường vu*. Inspecteur chargé d'examiner les écoles. Il suit les opérations de la commission pour veiller à l'application des règlements par les membres de la commission.

Le jour de l'ouverture des examens, les candidats se présentent aux quatre portes de l'enceinte et avant d'entrer, sont fouillés par un mandarin militaire pour s'assurer qu'ils ne portent sur eux aucun livre. Ils installent leur tente portative en natte et bambous, puis ils se rangent pour rendre les honneurs à la Commission. Cette opération terminée, les examinateurs accompagnés des mandarins provinciaux de Nam Dinh se rendent tous, en tenue de cérémonie, accompagnées de troupes à pied et à cheval, au camp des lettrés. Les mandarins provinciaux se retirent ensuite et laissent des sentinelles aux quatre portes du camp avec consigne d'empêcher toute communication.

Dans l'intérieur du camp une affiche indique les jours des compositions espacées de quelques jours. Le nombre des compositions est de quatre. La première est une dissertation philosophico-politique dont le sujet est donné par le Ministère.

La deuxième et la troisième sont des compositions poétiques.

La quatrième est le développement d'un texte tiré des cinq livres chinois.

Les compositions se font de six heures du matin à minuit.

Les compositions terminées sont remises à un *lễ sanh*. Celui-ci les remet à un mandarin appelé *đề-điệu*, chargé de faire sur les étiquettes un signe dont la moitié reste sur la couverture tandis que le nom du candidat est découpé, de façon à ce que les examinateurs corrigent sans connaître les auteurs.

Les compositions sont ensuite remises aux *Sơ Khảo* et *phúc khảo* qui pointent chaque caractère et donnent une des quatre notes *ưu, bình, thứ, liệt*, c'est-à-dire *parfaitement, bien, passable, mauvais*; la note *liệt* fait exclure immédiatement le candidat.

A la fin des examens, a lieu la grande cérémonie de l'appel des lauréats. Les candidats qui, aux quatre compositions, ont mérité la note *ưu* sont proclamés *cử nhon, licenciés*: ceux qui ont obtenu les notes *bình* ou *thứ* sont proclamés *tú tài*, bacheliers. La note *liệt* à l'une quelconque des compositions entraîne le refus du candidat.

Les examens triennaux s'appellent *hương thi* : examens régionaux. Sur les quelques milliers de candidats qui se présentent d'ordinaire aux examens régionaux, il ne sort en moyenne que 30 à 50 licenciés et 150 à 250 bacheliers.

Examens de la capitale Hội thi'. — Ceux des lauréats qui ont obtenu le diplôme de *cư nhơn* peuvent alors se préparer aux épreuves du Doctorat qui ont lieu à *Huê* et qu'on appelle *Hội thi*.

Les examens de la capitale ou *hội thi'* ont lieu au Ministère des Rites. Les compositions achevées sont recopiées par des copistes pour empêcher les examinateurs de reconnaître l'écriture des candidats.

Les compositions sont les mêmes, mais les sujets sont plus difficiles. Les notes sont données de 1 à 20.

Les lauréats reçoivent les titres de :

1° *Tiên sĩ cập dệ xuât thân*

2° *Tiên sĩ xuât thân*   du 3° degré, *tam giáp.*

3° *Đông tiện sĩ xuât thân*

Ceux qui n'ont pas mérité le titre de *tiên sĩ* : docteur, mais que l'on ne saurait cependant refuser, reçoivent la mention de *phó băng,* c'est-à-dire inscrits sur la 2° tablette.

Examens de la cour, Thi' Đình. — Les *tiên sĩ* sont admis aux examens supérieurs de la cour, *thi'-đình.*

Ces examens ont lieu dans l'enceinte même du palais royal et se font en une seule séance. Le roi donne lui-même le sujet de la composition. Le premier reçu obtient le titre de *Trạng nguyên :* le deuxième, celui de *Băng nhăn :* le troisième, celui de *Thám hoa.*

Tous trois sont docteurs du 1er degré : *dệ nhứt giáp tiên sĩ.*

Les suivants sont classés : *Hoàng giáp*, docteurs du 2° degré, *dệ nhị giáp tiên sĩ.*

Enfin les plus faibles obtiennent simplement le titre de *Đông tiên sĩ đệ nhị giáp*, docteurs adjoint du second degré.

Les examens n'ont pas pour unique but de fournir des candidats aux fonctions publiques. Il ne faudrait pas croire non plus que les étudiants qui poussent leurs études jusqu'au doctorat n'ambitionnent que le mandarinat. Ce serait une grave erreur et il suffit pour le constater de savoir que douze seulement, sur quarante-six *Trạng nguyên* nommés jusqu'à ce jour, ont accepté des fonctions dans un Ministère ou à la Cour. Le goût de l'étude est très répandu dans le peuple annamite et dans certaines provinces, notamment Hà nội, Hải dương, Nam định on trouve de nombreux villages où vivent paisiblement des lauréats des examens provinciaux ou des grands examens, n'ayant d'autre ambition que celle d'orner leur esprit sans aucune fonction administrative.

Ces dispositions à l'étude sont dignes d'être remarquées et pourraient être un élément précieux de progrès si elles étaient bien dirigées. Il n'en a pas été malheureusement ainsi jusqu'à ce jour. Il suffirait pourtant d'avoir simplement un peu de suite dans les idées, un tact qui ne s'acquiert que par la connaissance du pays pour modifier progressivement les programmes d'examen et faire tourner à notre profit les heureuses aptitudes de ce peuple.

Dans l'enseignement, comme dans l'administration, il faut savoir se servir des organes et des principes indigènes, au lieu d'importer nos méthodes et nos institutions. Si j'insiste sur cette question, c'est qu'elle parait une des plus importantes pour la conquête morale du pays que nous nous sommes donné la mission de protéger. Saura-t-on éviter les fautes irréparables commises en Cochinchine? Dans cette colonie, nous avons tout détruit sans rien édifier que des écoles françaises, ne produisant que des déclassés. Au Tonkin, on a créé, prématurément, à mon avis, un service de l'enseignement que les ressources du budget ne permettent pas, fort heureusement, de doter richement. Quels sont les résultats? Ils fournissent de mauvais interprètes à l'administration et au commerce et c'est tout. L'organisation de ces écoles est due à une généreuse conception. On a même ouvert des écoles de filles. Ces écoles sont fatalement destinées à un résultat négatif, mais elles paraissent, jusqu'ici, avoir plutôt pour but d'assurer des situations budgétaires à des femmes de petits employés ou à des veuves infortunées. Cette question de sentiment sur laquelle on a édifié le service de l'enseignement au Tonkin est fort respectable en soi, mais elle ne saurait justifier par la pratique, l'hérésie du principe.

Nous avons laissé subsister au Tonkin l'enseignement annamite, mais nous l'avons abandonné à lui-même et nous avons créé une concurrence malheureuse qui témoigne de notre faiblesse et de notre impuissance. Au lieu de perfectionner l'instrument annamite fort remarquable, nous avons apporté notre système scolaire déjà condamné par l'expérience de

Cochinchine. Cette malheureuse tentative n'est-elle pas suffisante pour décider le gouvernement à y renoncer résolument? L'école officielle française est une source de dépenses et de déceptions. L'école libre seule peut lutter dans les villes, et par école libre j'entends les écoles de caractères où l'on enseignera le français. L'Alliance française est assez puissamment organisée au Tonkin pour répandre le goût de l'étude du français. Quant au service annamite de l'enseignement, il faudrait s'y intéresser davantage en chargeant un fonctionnaire français possédant parfaitement les caractères chinois, de s'occuper spécialement de cette question, de modifier les examens triennaux avec beaucoup de prudence, en commençant par y adjoindre la connaissance des caractères français. Les examens semestriels devraient aussi être l'objet de notre sollicitude. Actuellement ce n'est plus qu'une question d'exemption d'impôt. On accorde annuellement à chaque province un certain nombre d'exonérations d'impôt, représentant le contingent, par abonnement, des étudiants reçus à des examens qui généralement n'ont plus lieu nulle part, ce qui est fort regrettable et qui anéantira, à bref délai, le goût des études dont j'ai parlé plus haut.

Nous ne saurions avoir la prétention de substituer la langue française à la langue annamite, mais nous devons en généraliser l'usage dans les centres. Pour arriver à ce but, il faut encourager l'initiative privée, s'adresser aux familles aisées, aux mandarins, plutôt qu'au peuple. Si l'exemple ne vient pas d'en haut, nous manquons notre but. Le peuple apprendra un *Sabir* dont l'étude répugnera à la bourgeoisie, qui ne voudra pas être confondue avec nos boys.

C'est une œuvre de longue haleine et qui demande beaucoup de tact et de prudence, mais le plus sûr moyen d'y arriver est, à mon avis, d'exiger de tous nos fonctionnaires de l'ordre politique la parfaite connaissance de la langue annamite. En relations constantes avec les mandarins et la partie la plus honorable de la société, ces fonctionnaires étendront le cercle des connaissances des Annamites et exciteront leur curiosité. Naturellement studieux, les indigènes voudront connaître notre langue pour augmenter leur supériorité intellectuelle sur le peuple, et par esprit d'imitation ou par vanité, celui-ci s'empressera de l'apprendre lui aussi. Si, au contraire, nous nous adressons au bas peuple, nous excitons la méfiance de la classe saine, intelligente et déjà instruite, et nous l'éloignons de nous.

Je suis persuadé que plus nous saurons l'annamite, plus les Annamites sauront le français. Il serait donc à souhaiter que l'étude de la langue annamite fût fortement encouragée, non par une prime dérisoire de de 100 piastres par an, mais par un système d'examen à deux degrés. Un premier examen sur la langue parlée donnerait droit à une prime de 30 piastres par mois et un deuxième examen sur la connaissance des caractères chinois, donnant droit à 40 piastres par mois, et à l'avancement d'une classe. Ce n'est pas par des décrets ou des arrêtés que l'on impose l'étude d'une langue étrangère à un peuple de 15 millions d'individus, mais on peut, par ces moyens, obliger des fonctionnaires à devenir les artisans de l'évolution désirée. La puissance morale des missionnaires catholiques n'a pas d'autre secret.

CHAPITRE V.

Administration indigène. — Armée indigène.

Les finances du Tonkin étant entre les mains du Protectorat, les fonctionnaires de l'administration indigène sont payés par le Trésor français. Il a donc été nécessaire de réglementer et de fixer l'effectif du personnel quoique relevant du Gouvernement annamite, au point de vue des nominations, avancements, mutations, etc.

Les cadres de l'administration indigène du Tonkin ont été fixés par l'arrêté du 24 juillet 1889, après entente avec l'autorité supérieure indigène. Le même arrêté détermine la solde attribuée désormais à tous les fonctionnaires, employés et agents de cette administration, ainsi qu'il est indiqué ci-après.

1º Grandes Provinces.

Bắc ninh. — Nam định. — Hai dúóng. — Sontây.
— Hànội.

1 Tổng đốc . . . . 800 ligatures par mois.

1 Interprète.	3o ligatures par mois.

Satellites { 2 Lộ Mục. . . 13 —
{ 13 Linh lộ. . . 10 —

1 Quan bổ	5oo ligatures par mois.

— *Phiên ti* —

1 Thông phán.	16o	—
1 Kinh lịch.	14o	—
1 Secrétaire du 8ᵉ degré 1ʳᵉ.	40	—
1 — 8ᵉ — 2ᵉ.	3o	—
4 — 9ᵉ — 1ʳᵉ.	25	—
2 — 9ᵉ — 2ᵉ.	20	—
12 Secrétaires stagiaires. .	15	—

1 Quan án	400 ligatures par mois.

— *Nịệt ti* —

1 Kinh lịch.	14o	—
1 Secrétaire du 8ᵉ degré 1ʳᵉ.	40	—
1 — 8ᵒ — 2ᵉ.	3o	—
1 — 9ᵉ — 1ʳᵉ.	25	—
1 — 9ᵉ — 2ᵉ.	20	—
8 — stagiaires . .	15	—

Le Quan bổ a 1 lộ mục et 7 linh lộ.
Le Quan án a 1 lộ mục et 5 linh lộ.

— *Enseignement et Rites* —

1 Đốc học.	8oo ligatures par mois.
2 Lê sinh	45 —

1 Tự thừa . . . . 25 ligatures par mois.
Le đốc học a 3 linh lộ.

— Service médical —

1 Y sinh . . . . 20 ligatures par mois.
1 Y thuốc. 15   —

2° Provinces secondaires.

*Hung yên. — Ninh bình. — Lạng Sơn. — Hung Hoá.
— Thái nguyện.*

1 Tuần phủ. . . . . . . 600 ligatures par mois.
1 Interprète. 30   —
1 Lệ mục. 18   —
11 Linh lộ. 10   —

— Phiên ti —
(Le Tuần Phủ fait fonctions de Quan Bố).

1 Thông phán 160   —
1 Secrétaire du 8ᵉ degré 1ʳᵉ. 40   —
1   —   8° — 2ᵉ. 30   —
1   —   9ᵉ — 1ʳᵉ. 25   —
1   —   9ᵉ — 2ᵉ. 20   —
8   —   stagiaires . . 15   —

1 Quan án . . . . 400 ligatures par mois.

— Niệt ti —

1 Kinh lịch.
1 Secrétaire du 8° degré 1ʳᵉ.
1   —   9ᵉ — 2ᵉ.
5   —   stagiaires.

— Enseignement et Rites —

1 Tự' thừa.
1 Lê sinh.

— Service médical —

1 Y sinh.

3º Petites Provinces.

Quang yên. — Tuyên quang. — Cao bằng.

1 Quan bố.

— Phiên ti —

1 Kinh lịch.
1 Secrétaire du 8ᵉ degré.
1   —   9ᵉ —
5   —   stagiaires.

1 Quan án.

— Niệt ti —

1 Secrétaire du 9ᵉ degré.
3   —   stagiaires.

Administration intérieure.

Phủ. — Huyện, — Châu.

1 Tri phủ . . . . 220 ligatures par mois.
1 Dông tri phủ. 200   —
1 Lai mục 20   —

3 thông lại . . . . . . 15 ligatures par mois.
1 Lê mục.
9 Linh lê.
1 Giáo thọ 140   —

1 Tri huyện ou tri châu. . 160   —
1 Lại mục 20   —
2 Thông lị 15   —
1 Lệ mục.
7 Linh lệ.
1 Huấn đạo 40   —

Tels sont les effectifs des fonctionnaires indigènes qui constituent dans chaque circonscription territoriale les cadres de l'administration indigène.

Un arrêté du 4 janvier 1892 rétablit une catégorie de fonctionnaires stagiaires dits : *Hậu bộ*, à la suite.

Les *hậu bộ* sont recrutés parmi les lauréats des concours triennaux qui désirent entrer dans l'administration et parmi les *ấm sinh* ou fils de mandarins ayant passé leurs examens.

Ils sont placés au chef-lieu de chaque province, à raison de 7 par grande province et 5 par province secondaire.

Ils travaillent soit dans le *Phiên li*, soit dans le *Niệt li*, ou bien ils sont adjoints aux *phủ* et *huyện* pour les seconder et les remplacer provisoirement.

Leur solde est de 30 ligatures par mois.

Administration centrale.

L'administration indigène est centralisée pour le

Tonkin entre les mains du *Kinh lược*, grand mandarin du 1ᵉʳ degré 1ʳᵉ classe, ayant rang d'Excellence.

D'après l'arrêté du 15 août 1890, S. E. le *Kinh lược* fixe lui-même suivant les besoins du service, l'effectif, la composition et le traitement du personnel de l'administration centrale.

Une somme nette de 1500 piastres est mandatée à la fin de chaque mois au nom de S. E. le *Kinh lược* qui paie lui-même sur cette allocation tous ses frais de bureaux et d'employés, le surplus devant constituer son traitement personnel.

Le personnel de l'administration indigène tel qu'il avait été organisé en 1889 entraînait une dépense de 300,000 piastres environ pour la solde.

Depuis cette époque, les cadres se sont élargis de telle façon que la somme prévue ci-dessus comme un maximum est devenue très insuffisante, et, bien que les ressources générales du budget n'aient pas augmenté, on a dû inscrire au budget de 1896 une somme de 528,227 piastres au titre de l'administration indigène du Tonkin.

Si les ressources budgétaires n'ont pas été accrues, la solde du personnel indigène n'a pas été augmentée; c'est donc uniquement dans l'accroissement des effectifs qu'il faut chercher la cause du doublement de la dépense prévue en 1896 par rapport au chiffre de 1889.

Les *linh cơ* ont atteint des effectifs considérables.

Les *hậu bộ* ont été rétablis en 1892.

Les doublures des *tri phủ* et *tri huyện*, c'est-à-dire, les *Bang tá* et *Thương tá* ont été placés partout sans qu'aucun arrêté ne soit venu consacrer cette mesure.

Enfin, par suite du fractionnement des territoires militaires en cercles ne correspondant à aucune circonscription indigène, il a été créé un nombre d'emplois et de *linh* tel, qu'il existe dans ces régions, presqu'autant de salariés du Protectorat que d'inscrits.

L'administration indigène des 4 territoires militaires figure au budget de 1896 pour une dépense de 189,136 piastres.

Celle des 13 provinces du Delta pour 339,091 piastres.

Soit pour un territoire : 47,284 piastres.

Et pour une province : 26,081 piastres.

Il en résulte mathématiquement, qu'un territoire militaire coûte presque le double d'une province civile avec une population dix fois moindre et un revenu insignifiant.

Malgré l'importance des sommes prévues au budget pour la solde du personnel indigène, il est incontestable que nul fonctionnaire, employé ou agent civil ou militaire de l'administration indigène ne peut vivre décemment avec le traitement que lui est attribué et que cet état de choses entraîne les plus graves abus.

Faut-il pour éviter ces abus procéder par extinction à la suppression du mandarinat ?

Outre que nous n'en avons pas le droit en vertu des

traités, on ne peut envisager l'administration directe que comme une utopie.

L'augmentation de personnel européen qui en résulterait, constituerait une charge qui absorberait finalement toutes les ressources budgétaires.

Il ne faut pas croire, ce serait de la démence, que nous puissions nous charger de l'administration directe d'une population de 12 millions d'habitants avec les éléments dont nous disposons. Il serait d'ailleurs dangereux de nous engager dans cette voie avant d'avoir fait la conquête morale du pays, et pour arriver à ce but il ne faut pas semer l'inquiétude dans l'esprit de la population lettrée, riche, de l'aristocratie intellectuelle et foncière qui exerce une grande influence sur la masse du peuple.

Il n'y aurait nul inconvénient, par exemple, à réduire le personnel des *phien ti* et, avec la disparition progressive des *linh co*, on arrivera à réaliser de grandes économies.

Je vais plus loin et j'estime que dans tous les territoires militaires, pays soumis à un régime d'exception, l'administration indigène n'a aucun rôle à remplir, jusqu'à ce que ces régions soient replacées sous le régime normal.

Ces suppressions opérées, il serait possible d'élever les traitements des fonctionnaires indigènes de tout grade, de façon à éviter les abus qu'explique sans les justifier la situation précaire dans laquelle ils se trouvent actuellement.

Les soldats indigènes au service du Protectorat sont recrutés conformément à la coutume annamite. Chaque village fournit un contingent proportionnel au nombre des inscrits, à raison d'environ 1 homme pour 8 inscrits. La commune est responsable de la présence des soldats qu'elle fournit.

Dans l'ancienne armée annamite, il était attribué à chaque *linh* ou soldat un lot de 7, 8 ou 9 sào de rizières publiques *công diên*, pour l'entretien de sa famille. Cependant il arrivait que des communes plus riches et plus généreuses allouaient des parts de rizières supérieures en étendue à la quotité légale, mais c'étaient là des largesses purement gracieuses en dehors de l'action de l'autorité.

Nous allons voir combien la législation annamite a été faussée par le Protectorat et les tristes résultats au point de vue économique qui en sont découlés.

La solde d'un *linh* était autrefois composée comme suit :

1º 1 ligature par mois.

2º 1 *vuông* de riz soit 30 grands bols.

3º 7 *sào* de rizières publiques.

Toutes les soldes se composaient de ces trois éléments.

Les *linh lệ* étaient fournis par les villages où se trouvait la résidence des mandarins auprès desquels ils servaient.

Les *phu trạm* étaient fournis par les villages où se trouvaient les relais ou les têtes de ligne.

Ces villages étaient en échange dispensés de la corvée et du service militaire.

A l'époque de l'établissement du Protectorat, toutes les allocations en nature furent supprimées; la solde en argent fut augmentée de façon à compenser la perte des allocations en nature. En ce qui concerne les *lính* appelés à servir sous notre drapeau, en qualité de tirailleurs, la solde en argent qui leur fut attribuée devait être suffisante pour compenser et au delà, la perte de la ration de riz. Telle est l'idée dominante et inspiratrice de l'arrêté de 10 février 1886 pris par le général Warnet.

Nous lisons, en effet, à la fin de l'Instruction pour l'application de l'arrêté du 10 février 1886, sur le recrutement des Tonkinois, les lignes suivantes :

« ..... Les soldats recevront, pendant qu'ils seront
« au service, des allocations qui leur permettront de
« subvenir à tous leurs besoins. *Il doit en résulter une*
« *diminution évidente des charges pesant sur la population*
« qui, jusqu'à ce jour était privée, sans profit pour le
« pays d'un nombre considérable de travailleurs et
« *était obligé de servir à ces soldats de lourdes subventions*
« non comprises dans l'assiette des impôts. »

Le général Warnet prit des dispositions identiques au regard des gardes civiles provinciales créées par arrêté du 4 février 1886. Leur solde était la même que celle des tirailleurs.

Cette législation était, à notre avis, la seule vraie et

la seule conforme à la saine application de la théorie du Protectorat.

En 1888, M. Constans, premier gouverneur général de l'Indo-Chine, prit à la date du 15 avril un arrêté élevant les tarifs de solde des tirailleurs et maintenant les sages prescriptions du général Warnet.

Trois mois plus tard, M. Richaud, successeur de M. Constans rétablit, par arrêté du 9 juillet 1888, les allocations en rizières à la charge des communes, sans toutefois diminuer les soldes.

L'année suivante, le nouveau gouverneur général, M. Piquet, allait plus loin encore dans cette fausse voie et sous le prétexte de donner une compensation à l'augmentation de la durée du service, portée de 3 à 6 ans, compensation non justifiée d'ailleurs, édictait des mesures écrasantes pour la population au bénéfice des tirailleurs et de leur famille.

Ces mesures consistaient, outre le maintien des rizières publiques à exempter d'impôt les familles des lïnh (art. 4) et à exempter les tirailleurs eux-mêmes de tout impôt ou corvée pendant une période de 5 ans après leur libération, tout en leur donnant la qualité d'inscrit. (Arrêté du 13 juillet 1889).

Cette législation, en vertu de laquelle on dépouillait les villages au seul bénéfice des tirailleurs fut un rude coup porté à la commune annamite, elle suscita dans toutes les provinces des conflits dans les communes et jeta une profonde perturbation dans la vie communale.

En 1893, les Résidents consultés, conclurent unanimement à la suppression des privilèges énoncés aux articles 4 et 5 de l'arrêté du 15 juillet 1889, relatifs à l'exonération d'impôt personnel en faveur des familles des tirailleurs et à la dispense des mêmes impôts en faveur des tirailleurs pendant la période de 5 ans après leur libération.

Ces privilèges furent enfin supprimés par arrêté du 12 septembre 1893. Mais M. de Lanessan n'osa démolir le principe de l'allocation des rizières publiques, qui actuellement encore sont entièrement accaparées par les lïnh, au grand préjudice des villages.

Ce système est ruineux et immoral.

Ruineux, parce qu'il impose aux villages des charges aggravant d'un tiers celles qu'ils supportent au profit du budget.

Immoral, parce que cette mesure entraîne une inégalité de traitement parmi les soldats fournissant le même service.

En effet, tandis que les soldats originaires des provinces riches jouissent des revenus de 10 à 12 *mâu* de rizières, ceux de leurs camarades venus des provinces pauvres n'ont souvent que leur solde sans aucun avantage de la part de leur village. Pour les premiers, la solde n'est considérée que comme un casuel ou un fonds de roulement pour le jeu ; pour les derniers, au contraire, elle est l'unique ressource de leur famille.

Cette situation particulièrement favorisée de la classe la moins estimée de la population n'est pas exempte de dangers ; en tout cas, elle apparaît comme une odieuse tyrannie du Protectorat sur la commnne annamite.

Quelle est l'importance des charges imposées aux villages, au bénéfice des soldats? C'est ce qu'indique le tableau suivant qui bien qu'incomplet, présente des renseignements édifiants.

État des allocations en nature et en argent fournies par les villages aux soldats.

PROVINCES	Effectifs	Nombre de mau de terres publiques	Allocations en ligatures	Nombre d'hommes ne touchant rien
Bắc giang. . .	1660	29	18620	1174
Bắc ninh . . .	4167	2330	58352	114
Hãi dúóng. . .	3607	3982	99913	644
Hãi phong. . .	1588	1204	49013	233
Hà nam. . .	1335	4882	18528	86
Hà nội. . . .	2767	5906	36402	?
Húng hoá. . .	1277	126	13276	?
Húng yên. . .	1843	4460	26040	208
Nam định. . .	3091	12768	21900	61
Ninh binh. . .	1729	4810	7256	48
Quang yên. . .	1080	56	»	712
So'n tây. . .	1936	560	9100	263
Thái bỉnh. . .	2925	11000	43652	79
Thái nguyên . .	677	»	5904	410
Chọ' bỏ'. . . .	»	»	»	»
Văn bu. . . .	»	»	»	»
1er territ. militre.	267	»	6826	»
2e —	»	»	»	»
3e —	»	»	»	»
4e —	681	620	17872	7
	30650	52933	432654	4039

Le nombre total des *mẫu* (1 mâu = 49 ares 6) est de 52.933. Si nous estimons le revenu moyen du *mẫu* à 15 piastres nous avons d'une part :

$$52.933 \times 15 = \ldots \ldots \ldots \quad 793.995 \text{ piastres}$$

Les allocations en argent offrent
un total de 432.654 ligatures au taux
moyen de 7 à la piastre 61.808
                                 ____
      Soit un total de . . . . . 855.803 piastres

Cette somme représente le tiers des impôts annamites, foncier, personnel et corvées, mais elle est
loin de représenter l'intégralité des sacrifices faits par
les villages en faveur des soldats. Nombre de ces derniers reçoivent des charges de riz en sus d'une allocation en argent. Il n'y a rien d'ailleurs de plus arbitraire que la façon d'attribuer les largesses communales aux soldats.

Il ressort de l'exposé ci-dessus qu'une notable partie de la fortune publique est vilipendée purement et
simplement.

Je ne reviendrai pas sur l'effet moral produit par
de tels abus.

Les différentes catégories de soldats sont les suivantes :

1º Tirailleurs, artilleurs, matelots.

2º Gardes indigènes.

3º *Linh cơ*.

4º *Linh lệ*.

5º *Phu trạm*.

Ces trois dernières catégories n'ont que des soldes
dérisoires fixées en ligatures.

Les gardes indigènes ont une solde fixée en piastres (54 piastres par an), à peine suffisante.

Quant aux tirailleurs, leur solde est fixée en francs et payée en piastres à un taux conventionnel qui est très supérieur au cours.

Il serait, sans doute, préférable d'adopter également pour les tirailleurs une fixation unique en piastres.

La garde indigène composée exclusivement d'engagés volontaires devrait également se suffire sans dépouiller à son profit les villages d'origine.

Enfin, il paraîtrait sage de revenir purement et simplement à la législation annamite pour le recrutement des *linh lệ* et des *phu tram*.

CHAPITRE VI.

Régime financier.

Les revenus de l'État sont fournis par les impôts directs et les impôts indirects : fermes, monopoles, etc. Les impôts directs : impôt personnel et impôt foncier étaient payés partie en numéraire, partie en nature, c'est-à-dire en produits de la terre.

La perception des impôts n'incombe pas à l'État, mais à la commune, responsable vis-à-vis de l'administration. La recette des impôts est seule opérée par les soins des fonctionnaires du Gouvernement.

Les impôts personnel et foncier sont constatés par des rôles appelés *Bộ* :

Đinh bộ : Rôle d'impôt personnel.

Điền bộ : Rôle des champs ou de l'impôt foncier.

Ces rôles sont dressés contradictoirement entre la commune et l'administration. Ils sont rendus exécutoires après approbation par le *Quan bố*.

L'impôt personnel est individuel; l'impôt foncier

est fixé par *mẫu*, unité agraire équivalant à environ la moitié d'un hectare.

Les rôles sont établis tous les ans au dixième mois ; tous les cinq ans les rôles sont corrigés au moyen des mutations figurant aux rôles des quatre années précédentes.

Les impôts personnel et foncier sont les seuls perçus sur rôles.

Impôt personnel. — Le *Đinh Bộ* devrait porter les noms de tous les habitants âgés de 18 ans à 60 ans, mais ainsi que je l'ai dit plus haut, on n'y inscrit pas ceux des habitants qui ne possèdent rien.

Le rôle mentionne si le village possède ou non des *công điền* rizières-publiques. Il énumère ensuite les différentes catégories d'inscrits dans l'ordre suivant :

1° Les *Chức sắc hạng* : catégorie des dignitaires.

Exempts de toutes charges. Cette catégorie comprend toutes les personnes pourvues d'un Brevet royal et les diplômés des examens triennaux.

2° Les *Miễn sai hạng* : catégorie des employés.

Exempts de toutes charges. Cette catégorie comprend : les *nhiêu ấm* ou bénéficiaires des titres de noblesse, les employés de l'État, tels que : *thơ lại, vị nhập lưu thơ lại, thông lại,* les *lính* ou soldats.

3° Les *Miễn diêu hạng* : catégorie des exempts de corvée.

Exempts de la moitié de l'impôt, du service militaire et des corvées, les *viên tử,* fils de mandarins civils du 6ᵉ degré ou militaires du 5ᵉ degré, les *li'nh lệ*, satellites, les *miễu phu*, gardiens de pagode, les *mộ phu*, gardiens de tombeaux.

Après ces trois catégories de privilégiés viennent les *Tráng hạng*, catégorie des robustes.

Doivent l'impôt personnel, le service militaire et les corvées, tous les inscrits âgés de plus de 20 ans et de moins de 55 ans.

Les *Dân đinh*, jeunes gens de 18 à 20 ans, les *Lão hạng*, vieillards de 55 à 60 ans, doivent la moitié de l'impôt personnel, pas de service militaire ni de corvées.

Après ces trois catégories de contribuables, figurent pour mémoire jusqu'à l'année de révision, cinq séries de non valeurs, savoir :

1º Les *lão nhiêu*, veillards âgés de plus de 60 ans ;

2º Les *tật hạng*, infirmes ;

3º Les *can án*, condamnés ;

4º Les *đạo hạng*, déserteurs ;

5º Les *tử hạng*, morts.

A côté de chaque classe d'inscrits est marqué le tarif appliqué à cette classe.

Le registre se termine par l'énonciation de la somme totale due pour l'année.

Il est de règle que le nombre des inscrits à la classe des *tráng hạng* ne doit jamais diminuer.

Des artisans. — Les artisans forment une classe spéciale de la population. Ils sont divisés en corporations : *cuộc*, chaque métier formant une corporation.

Les corporations ne sont pas soumises à l'impôt personnel ni aux corvées, mais elles doivent fournir un tribut en nature.

Le nombre et l'importance des corporations n'ont rien de fixe ; ils varient suivant le nombre et l'importance des différentes industries de chaque province. Les artisans ne sont pas obligés de faire partie d'une corporation ; dans ce cas, ils sont considérés comme inscrits de la classe des *tráng hạng*.

Des villages producteurs de soie étaient constitués en corporations dont le chef s'appelait *cuộc trưởng ;* de même, les villages maritimes formaient des corporations de pêcheurs. Dans les villes, chaque rue formait une corporation. C'est ainsi que l'on explique les noms des rues de Hà nội, tels que rue du coton, du papier, du chanvre, des tasses, des nattes en bambous, etc., etc.

Des règlements fixaient l'importance ou la valeur des redevances pour chacun des produits de l'industrie. Certains produits étaient exclusivement réservés au Roi; ainsi la cannelle, le benjoin.

Les corporations n'existent plus au Tonkin depuis notre intervention. Les artisans sont considérés comme des inscrits ordinaires payant l'impôt personnel et les corvées en argent seulement.

Tarif de l'impôt personnel. — Dans le *Thừa Thiên*, province de la résidence royale, l'impôt personnel est :

Pour les villages jouissant de *công diền*, de 7 tiền,

plus 3o sapèques pour les liens, ou *mân tiên*. Cette contribution supplémentaire avait pour but de couvrir le déchet provenant de la rupture des liens en bambou sur lesquels sont enfilés les 6oo sapèques formant 1 ligature, unité monétaire des sapèques en zinc. La ligature vaut 10 *tiên* et chaque *tiên* 6o sapèques en zinc. Par rapport à l'argent, on compte en moyenne 7 ligatures pour la valeur d'une piastre mexicaine. Cette pièce d'argent de la dimension de nos pièces de cinq francs a une valeur libératoire variable suivant l'abondance ou la rareté du métal argent et n'a aucune valeur fiduciaire. Depuis quelques années le métal argent est fort déprécié et actuellement la piastre vaut en moyenne 2 francs 70 centimes.

Une ligature vaut donc $\frac{2.70}{7} = $ o fr. 3857 ; mettons 4o centimes. Un *tiên* vaut alors $\frac{0.40}{10} = $ o fr. o4.

Dans les villages ne possédant pas de *công diên*, l'impôt personnel était de 6 tiên plus 3o sapèques pour les liens.

Dans les provinces de Quang Binh et celles du sud, les villages ayant des rizières publiques (*công diên*) devaient par inscrit : 1 ligature 4 tiên plus 1 tiên pour les liens soit 1 ligature et demie ; les villages n'ayant pas de rizières publiques (*công diên*), devaient par inscrit 1 ligature 2 tiên plus 1 tiên pour les liens (*mân tiên*).

Les provinces de Ha tinh à Ninh-Binh étaient taxées à 1 ligature, 1 tiên plus 1 tiên de liens et 2 bols de riz.

Au Tonkin, l'impôt personnel était de 1 ligature 1 tiền.

> 1 tiền frais de liens.
> 6 tiền impôt de famille (diệu).
> 2 bols de riz.

au total par inscrit : deux ligatures et un tiền.

Mán, Thổ, Nùng. — Les *Mán*, les *Thổ*, les *Nungs*, les *Mường* sont les différentes populations aborigènes vivant sur les montagnes de la chaîne annamitique et dans les hauts pays du Tonkin. Ces peuplades vivent à l'écart sous un régime patriarcal et féodal. Elles subissent la domination annamite mais n'en parlent pas la langue. Le Gouvernement annamite se contente de leur imposer un tribut en argent ou en nature, mais ne leur impose point ses fonctionnaires.

Il n'existe donc point de *Đinh bộ* pour les montagnards et la législation annamite ne leur est point appliquée.

Impôt foncier. — Les terrains sont, au point de vue de l'impôt foncier divisés en deux catégories : les rizières, *điền* et les terres de cultures diverses : *thổ* ou *đất*.

Les rizières comprennent 3 classes suivant la valeur du terrain, la fécondité du sol ou la qualité des produits.

Les cultures diverses sont répartis en 12 classes :

Tarif par mẫu
et par an.

Savoir :

		lig.	tiền
1º Còng châu thổc thúc cốc (terrains publics destinés au riz sans repiquage) . . .		14	2
2º Còng phù sa thành điền (terrains publics d'anciennes alluvions)		10	»
3º Còng châu thổ thành tang cam giả (terrains publics plantés en mûriers et canne à sucre.		2	3
4º Còng châu thổ phù sa (terrain publics d'alluvion.		1	6
5º Thổ lâm thu trà (terrains montagneux pour la culture du thé).		1	5.
6º Còng châu thổ phù sa thành thổ tin vu đậu cam giả bả úóng xich mạch (terrain publics d'alluvion pour la culture des haricots, maïs, canne et semis de riz).		1	3
7º Còng thổ tinh bạch phù sa thành thổ, tự tang thổ (terrains publics d'alluvion sablonneux et terrains particuliers de mûriers		1	2
8º Còng thảo quảng thổ tinh diêm điền (terrains couverts de joncs, salines. . .		0	9

9º Còng thổ tinh tập thảo, tị vu đậu thổ tinh còng bi trĩ, bạch sa vi thành thổ âm sa thàn tuần (terrains publics couverts d'herbes ou de roseaux; terrains particuliers pour la culture des haricots, terrains publics de marécages, terrains

Tarif par mẫu
et par an.

sablonneux ne pouvant encore être mis en culture; terrains noyés. . . . . o 7

10° Công tự điền hàm thuỷ tựu thòng (champs publics et particuliers couverts à chaque marée). . . . . o 5

11° Thư nhu thổ tinh dièm diền (terrains vaseux et salins). . . . . o 4

12° Tự thổ trạch viền trí, tinh thẩn tự phật tự thổ (terrains d'habitation, de pagodes, jardins).. . . . . o 3

L'impôt des rizières variait suivant les zônes déterminées politiquement par le Gouvernement d'après l'analogie des climats des terrains et des productions. Ces zônes étaient les suivantes :

1° Phủ de Thừa-Thièn, province de la Résidence royale :

2° Les provinces comprises entre le Tonkin et la Cochinchine, c'est-à-dire du Quang-Binh au nord, jusqu'au Binh thuần, au sud.

3° Le Tonkin, *Bắc kỳ.*

4° La Cochinchine, *Nam kỳ.*

L'impôt des rizières se compose d'une contribution en sapèques appelé *tiền thập vật* (littéralement : argent des dix choses c'est-à-dire des frais généraux) et d'un tribut en riz ou en paddy.

Les tarifs étaient les suivants :

1re zone : *Thừa-Thiên.*

Rizières publiques de 1re classe, par mẫu, 28 thăng [1]
—   de 2e   —   —   21   —
—   de 3e   —   —   14   —
Tiền thập vật, 3 tiền, par mẫu.

Rizières particulières : 1re classe, par mẫn, 40 thăng.
—   2e   —   —   30   —
—   3e   —   —   20   —
Tiền thập vật, 3 tiền.
Ces impôts ont été diminués de 3/10 par ordonnance de la 4e année de Tự Đức.

2e zone : *Quang Bình,* etc.

Rizières publiques et particulières de 1re cl. 40 thăng
—   2e   30   —
—   3e   20   —
Tiền thập vật, 3 tiền.

3e zone : *Bắc kỳ* (Tonkin).

Rizières publiques ou particulières de. . . . . 1re cl. par mẫu, 120 *bát* [2]
—   2e cl.   —   84   —
—   3e cl.   —   50   —

---

(1) Mesure de capacité qui vaut 2 litres 932.
(2) *Bát*, Bol, mesure de capacité qui vaut 2 litres 504.

4ᵉ zone : *Nam kỳ* (Cochinchine).

Les rizières étaient divisées en 2 classes seulement :

1º Les *Thảo điền*, c'est-à-dire herbeuses ou de plaine : 26 thăng par mẫu.

2º Les *Sơn điền* ou de montagne ou de plaine : 23 thăng par mẫu.

Tiền thập vật, 3 tiền par mẫu.

Au Tonkin, l'impôt en nature pouvait être facultativement payé en argent, au taux suivant :

Rizières de 1ʳᵉ classe, par mâu. . 7 lig. 3 t.

—   2ᵉ   —   . .   5   6

—   3º   —   . .   3   8

Les terrains ont été classés en même temps que cadastrés, la 17ᵉ année de Minh mạng (1836). L'assiette de l'impôt n'a pas été modifiée depuis cette époque. Le *địa bộ* ou Registre de la terre est resté tel qu'il avait été créé par ordre de Minh mạng.

Outre le peu de précision apportée dans ce travail, les nombreuses modifications survenues depuis soixante ans dans la propriété foncière ont rendu l'assiette de l'impôt tout à fait précaire. On ne peut donc actuellement considérer l'impôt foncier que comme un abonnement ou un forfait avec l'État.

Nous sommes obligés de nous en contenter dans l'impossibilité où nous nous trouvons d'établir une base sérieuse de taxation. L'établissement du cadastre est, en effet, une opération trop onéreuse pour les finances du Protectorat.

Il est donc difficile d'entreprendre une réforme dans ce sens quoiqu'il paraisse évident qu'il y aurait grand avantage à réduire le nombre des catégories de cultures, sinon celui des rizières. La classification des cultures diverses ne peut être vérifiée sérieusement, ni même discutée.

Mais en matière d'impôts, il faut procéder avec la plus grande prudence et ne toucher qu'avec une grande circonspection à une législation qui, pour médiocre qu'elle soit, a pour elle la tradition et la consécration d'un usage national. Le peuple se défie toujours des innovations, surtout lorsqu'il s'agit de contributions. Aussi les réformes, en cette matière doivent-elles être progressives et non radicales. Il importe aussi que les premières réformes ne se traduisent pas par une augmentation de charges, c'est la seule façon de les faire accepter par le peuple.

La défectuosité de l'assiette de l'impôt présente des inconvénients plus graves encore. Ce sont les litiges fréquents qui s'élèvent entre les villages sur des questions de bornage et dans les villages entre particuliers sur des questions de propriété, lorsque le Dia Bộ n'est pas tenu de façon irréprochable et c'est le cas le plus fréquent. En effet, la dissimulation des terres dans le but de les soustraire à l'impôt est une pratique courante dans les mœurs du pays. Elle est d'autant plus facile que l'Administration ne dispose d'aucun moyen de la découvrir et c'est pourquoi la législation annamite encourageait la délation au moyen de primes payées par le dissimulateur au profit du délateur.

Dans quelques provinces où de nombreux conflits s'élevaient entre des villages, l'administration du Protectorat en profita pour faire exécuter des levés par masse de cultures aux frais des communes intéressées.

Dans la province de Nam định, dès 1889, M. Lamothe de Carrier, Résident de France dans cette province, passa, avec l'approbation du Gouvernement, un traité avec un géomètre, pour le levé des communes par masse de cultures. Cette opération limitée d'abord aux cas litigieux, fut bientôt appréciée des habitants qui demandèrent à la généraliser par canton, puis par huyện.

La rétribution due au géomètre par les villages fut fixée par le traité ainsi que les facilités accordées aux villages pour opérer le paiement par annuités.

On a obtenu, de cette façon, le double avantage de la paix publique et de la péréquation de l'impôt ou tout au moins une répartition plus exacte et une base plus sérieuse de l'impôt foncier.

Cette mesure a été appliquée dans d'autres provinces, mais il paraît indispensable qu'elle soit réclamée par la population et non qu'elle lui soit imposée.

Le succès obtenu grâce à l'initiative d'un Résident avait décidé le Gouvernement à céder à un ou plusieurs colons l'*entreprise* du cadastrage de quelques provinces qui ne l'avaient réclamé ni par l'organe des mandarins ni par la voix autorisée des Résidents. Des conflits ne tardèrent pas à s'élever entre les villages et les agents de l'entreprise qui ne purent opérer sans la protection de la garde civile.

On aperçoit les déplorables conséquences des réformes hâtives et irréfléchies sans qu'il soit besoin d'insister sur la vanité et le danger de pareilles réformes.

Diên Bộ. — Le *diên bộ* a pour point de départ le *địa bộ* de la 17ᵉ année de Minh mạng, resté aux archives de chaque commune.

Le *diên bộ* est le Rôle annuel d'impôt foncier. Il présente le total et le détail des rizières et des cultures diverses dans l'ordre suivant :

Superficie totale des rizières et montant de l'impôt en argent et en nature.

Superficie des rizières publiques de chaque classe, *công diên*.

Rizières particulières de chaque classe avec le nom du propriétaire, la contenance des parcelles et le montant dû par parcelle *Tự diên*.

Cultures diverses.

Superficie totale et montant de l'impôt en argent et en nature.

Superficie des terres publiques de chaque catégorie *công thổ*.

Terres particulières, *tự thổ*.

On inscrivait ensuite les forêts, terres en frîches, terres vierges et terres réservées aux sépultures et aux pagodes, puis, sous le titre de *Hoang phê*, les parcelles de terres ou rizières abandonnées depuis moins

de cinq ans avec les noms des propriétaires. Aux
années de révision, *kén*, on totalisait les superficies
des parcelles abandonnées et on inscrivait simplement le total sous la rubrique : *cửu kinh hoang phế.*

Régime actuel des impôts personnel et foncier.

Le traité du 6 juin 1884 qui a imposé à l'Annam le
Protectorat de la France, contient à l'article 11 les
dispositions suivantes :

« Dans l'Annam proprement dit, les *Quan bố* perce-
« vront l'impôt ancien sous le contrôle des fonc-
« tionnaires français et pour le compte de la cour
« de Huê.

« Au Tonkin, les Résidents centraliseront avec le
« concours des *Quan bố,* le service du même impôt,
« dont ils surveilleront la perception et l'emploi. Une
« commission, composée de fonctionnaires français
« et annamites déterminera les sommes qui devront
« être affectées aux diverses branches de l'Adminis-
« tration et aux services publics. Le reliquat sera versé
« dans les caisses de la cour de Huê. »

Il résulte de ce texte que dans l'Annam proprement
dit, l'administration française n'a pas à s'ingérer dans
la question financière, tandis qu'au Tonkin, le *Quan bố*
n'est plus que l'auxiliaire, le collaborateur du Résident qui est chargé de la gestion financière de sa
province.

Les modifications découlant du traité ne s'appliquent donc qu'au Tonkin.

Nous avons vu que les impôts annamites étaient payables en nature ou en argent et versés dans les magasins provinciaux. Il paraissait difficile sinon impossible de continuer ce système ; il n'y avait d'ailleurs aucun inconvénient à supprimer l'impôt en nature. Cette suppression était souhaitée par la population et fut accueillie avec satisfaction ; la valeur de l'impôt en nature fut évaluée en ligatures et il fut décidé que l'impôt serait versé à la Résidence. Mais comme notre comptabilité-publique ne permet pas à l'ordonnateur d'être en même temps Trésorier, il fallut organiser la Trésorerie du Tonkin.

Ce service fut chargé de centraliser les recettes en piastres, tandis que les ligatures étaient versées au Trésor provincial dont le Résident et le *Quan bô* avaient chacun une clef. Le Trésor suivait, d'ailleurs, les opérations des trésors provinciaux au moyen des états fournis par le Résident toutes les quinzaines.

On ne pouvait encore exiger le versement complet en piastres, la ligature étant la monnaie la plus usitée dans le pays. Cette mesure eût été non seulement impolitique, mais fort onéreuse pour les contribuables devenus la proie des agioteurs.

En 1889, le Budget fut établi en piastres en exécution de la circulaire suivante :

Circulaire du 15 octobre 1888, au sujet de l'établissement en piastres des rôles d'impôts annamites.

Pour me conformer aux instructions de M. le Gouverneur général, et afin d'éviter les mécomptes qui se produisent dans nos évaluations budgétaires par suite de la dépréciation constante de la ligature, j'ai décidé que les rôles d'impôt annamite de l'année 1889 seraient établis en piastres.

Mais comme il n'est pas possible encore de supprimer la base d'impôt qui est la ligature, après avoir déterminé la quantité de ligatures due par un village, vous convertirez ce chiffre en piastres d'après la moyenne du taux du change pendant l'année précédente ; pour les rôles de l'année prochaine, je vous indiquerai le taux de conversion déterminé d'après la moyenne que vous m'avez fait connaître.

Cette mesure ne devra cependant pas empêcher les indigènes de profiter des dispositions de l'article 2 de l'arrêté du 21 juillet qui leur laisse la faculté de payer un tiers de l'impôt en sapèques ; mais cette partie de l'impôt sera reçue en ligatures, en convertissant *au taux du jour du versement* les piastres inscrites au rôle.

E. PARREAU.

Jusqu'à ce moment les rôles d'impôts avaient été rédigés avec la plus grande négligence et les prescriptions de la loi annamite étaient complètement méconnues, grâce à l'inertie ou à la mauvaise volonté des mandarins et les tâtonnements ou l'inexpérience des fonctionnaires du Protectorat.

Il était donc nécessaire de fixer la législation à suivre désormais et ce fut l'objet de la circulaire du

9 décembre 1889, transmissive de la copie d'une lettre adressée par le Résident supérieur à S. E. le *Kinh lược* du Tonkin au sujet de l'établissement des rôles d'impôt personnel.

Voici la partie documentaire de cette communication :

I. — Inscrits âgés de 21 à 54 ans :

Doivent l'impôt personnel fixé à **$** 40 cents et les corvées en totalité ;

II. — Inscrits âgés de 18 à 20 ans et de 55 à 59 ans :

Doivent la moitié de l'impôt personnel, soit 20 cents mais pas de corvées ;

III. — Doivent l'impôt personnel de 0 $ 40 c., mais non les corvées :

Les pères et les fils des mandarins,
Les gardiens de pagodes,
Les *lý trưởng* et les *phó lý*,
Les étudiants, dans les limites prescrites par circulaire du 6 septembre 1889 ;

IV. — *Exempts de toutes charges :*

1º Toute personne pourvue d'un brevet de mandarinat à partir du 9e degré 2e classe;

2º Tous les employés de l'administration recevant
une solde mensuelle;

3º Tous les employés du Protectorat et tous ceux
qui sont employés à titre quelconque et salariés mensuellement par l'administration française;

4º Les chefs et sous-chefs de canton, les *âm sanh,*
les bonzes, les vieillards et les infirmes.

Quant à l'impôt foncier, le tarif en piastres fut
fixé comme suit, par la circulaire du 26 décembre
1889 :

Rizières de 1re classe.	. . . .	1 $ 35
— 2e —	. . . .	1 04
— 3e —	. . . .	0 70
Cultures diverses de 1re classe.	.	2 $ 63
— 2e —	. .	1 85
— 3e —	. .	0 43
— 4e —	. .	0 30
— 5e —	. .	0 28
— 6e —	. .	0 24
— 7e —	. .	0 22
— 8e —	. .	0 17
— 9e —	. .	0 13
— 10e —	. .	0 09
— 11e —	. .	0 07
— 12e —	. .	0 06

De plus, pour simplifier les opérations de la confection des rôles, une circulaire du 22 mai 1889, rappelée et confirmée le 15 février 1890, a décidé que l'on négligerait les fractions de *mẫu*, inférieures à 5 *sao* et que les fractions de 5 *sao* et au-dessus compteraient pour 1 *mẫu*.

Les paiements en ligatures devaient se faire au taux de la piastre, au jour du versement.

Les rôles des contributions personnelle et foncière sont rendus exécutoires par le Résident supérieur. Ici, la centralisation française a paru préférable à la décentralisation annamite.

Des corvées. — On a surtout reproché à la législation annamite l'abus des corvées publiques et on a dit qu'ici, comme en France, avant la Révolution, le peuple est taillable et corvéable à merci. Cette affirmation, passée à l'état de doctrine, mérite d'être examinée. Elle provient d'abord du mode français d'acquérir des colonies, qui est la conquête militaire, ensuite de ce que chaque Français se croit civilisateur, ou, à l'étranger, investi d'un apostolat patriotique ayant pour but l'assimilation des races à la sienne.

En effet, pendant la période militaire, il est d'usage et de règle d'imposer au vaincu toutes les corvées nécessaires aux armées d'occupation : transports de vivres, munitions, matériel, etc.; d'un autre côté, le Français qui est lui-même corvéable dans son pays (3 journées de prestations), s'imagine volontiers que l'indigène attendait son arrivée pour l'émanciper politiquement et le soustraire aux corvées publiques auxquelles il était asservi.

Or, si la corvée existe dans la législation annamite, ce n'est pas sous forme d'impôt annuel, comme on l'a cru jusqu'ici, et comme elle est comprise dans la législation française.

Les travaux d'utilité publique étaient entrepris sous la direction des fonctionnaires de l'État, mais il fallait qu'ils fussent autorisés par décret sur la demande des mandarins provinciaux qui en avaient été sollicités par les populations. Ces travaux étaient toujours faits en dehors des époques réservées aux travaux agricoles. De plus, les travailleurs étaient nourris par l'État au moyen de prélèvements faits sur les magasins provinciaux. Ils travaillaient donc dans leur propre intérêt, pour eux-mêmes, et ne pouvaient avoir droit à aucune rémunération. Leur nourriture était assurée par les impôts en nature. Quelle était, en effet, la destination des magasins provinciaux?

1º De faire des réserves de grains en prévision des années de disette;

2º D'entretenir les fonctionnaires et les soldats;

3º De nourrir les habitants occupés aux travaux d'intérêt général.

Il n'existait donc aucune contribution annuelle de travail.

Dans certaines provinces, comme au Tonkin, l'entretien des digues de protection des rizières occupait chaque année de nombreux travailleurs et les habi-

6

tants fournissaient toujours une grande quantité de journées de corvées. Dans d'autres provinces, le peuple n'était appelé que pour des travaux absolument utiles au pays, comme le creusement d'un canal, qui assainissait le pays ou le fertilisait.

Dès qu'il s'agissait de travaux pour le compte de l'Etat, les travailleurs recevaient, outre leur nourriture, un salaire rémunérateur, et dans le « Recueil des règlements », ce n'est plus l'expression *băt dân phu,* qui est employée, mais bien *thuè dân phu,* c'est-à-dire *louer* des travailleurs.

Pour la construction des routes et des ponts, l'édification de certains monuments, il existe de nombreux décrets de Minh mạng fixant les salaires à accorder aux travailleurs. L'État payait en moyenne une ligature et un *phương* de riz par mois, c'est-à-dire l'allocation mensuelle des soldats.

Le principe des corvées annuelles a cependant été imposé aux populations par la législation du Protectorat. Sous le gouvernement de Paul Bert, le nombre des journées de corvée a été fixé à quarante-huit par an. Il était spécifié que la corvée ne devait pas durer plus de dix jours de suite y compris le temps d'aller et retour. Les villages étaient autorisés à racheter la moitié au plus de leurs corvées au prix de 5 tiên par journée.

En 1889, la législation est modifiée par l'arrêté du 30 juin ; les dispositions essentielles sont les suivantes :

« Considérant que l'obligation de fournir 48 journées de corvée par inscrit et par an constitue pour les populations une charge trop lourde et dont elles sont hors d'état de s'acquitter ;

« Que le prix de rachat des 48 journées de corvée fixé à 3 piastres est également excessif : »

Arrête :

ARTICLE PREMIER. — Le nombre des journées de corvée à fournir par inscrit et par an est réduit à trente.

ARTICLE 2. — Dix des trente journées exigibles seront réservées aux villages, pour être employées, en nature, sous le contrôle des Résidents et des mandarins provinciaux à l'amélioration des petites voies de communication, savoir : sentiers d'exploitation ; sentiers reliant chaque village aux villages voisins ; chemins reliant chaque village au chef-lieu de canton et petites digues, conformément aux prescriptions de la loi annamite ;

ARTICLE 3. — Les vingt autres journées seront obligatoirement rachetées au taux de 0 $ 10 cents par journée.

ARTICLE 4. — Un rôle numérique par village des corvées à racheter pour l'année suivante sera établi avant le 1er décembre de chaque année...

ARTICLE 5. — Le recouvrement en sera effectué dans la même forme et dans les mêmes délais que celui des rôles d'impôt personnel et foncier.

ARTICLE 6. — Les deux tiers, au moins, du produit du rôle des corvées devront être acquittés en piastres dans les provinces de Hà noï, Nam dinh, Hai duong, Băc ninh, Son tây, Hung yên et Ninh binh.

Cette proportion est réduite à 1/3 pour les autres provinces.

Article 7. — Le produit des rôles de corvées sera affecté à la création de voies de communication et à l'amélioration de celles existantes.

Article 8. — Il pourra, à cet effet, être inscrit au budget des Travaux publics des crédits qui n'excéderont pas, par province, le quart du montant des rôles.

Article 9. — Les Résidents établiront chaque année et soumettrônt à l'approbation du Résident supérieur avant le 1er juillet, le programme des travaux à entreprendre dans leur province aux cours de l'année suivante.

Cet arrêté est encore en vigueur, sauf pour ce qui concerne le versement en ligatures qui est supprimé à cause de la disparition des Trésors provinciaux et de la perception des impôts qui a lieu uniquement en piastres.

Une circulaire du 27 février 1894 a prescrit de ne plus faire de rôle spécial pour les corvées. Cette contribution doit figurer sur le rôle unique des impôts personnel et foncier, sous la rubrique : *corvéables*, immédiatement après les inscrits de 2e classe.

Telle est la législation appliquée aujourd'hui au Tonkin, par le Protectorat.

Elle se traduit par une aggravation de charges de 2 piastres par inscrit. L'impôt personnel est de 40 cents

ce qui donne par chaque inscrit de 1re classe une contribution personnelle de 2 piastres 40 par an. Cette
surcharge d'impôt en argent a-t-elle allégé le contribuable des corvées ? Pas le moins du monde. On ne
saurait avoir la prétention de faire au moyen du produit du rôle des corvées, les travaux de réfection des
digues indispensables chaque année. Or d'après l'arrêté
précité (art. 8) le quart de cette contribution seulement peut y être affecté. Les trois autres quarts sont-
ils affectés au paiement du personnel des travaux publics ? Non. Le quart et les trois quarts du produit
des corvées sont noyés dans le budget général des
recettes et les travaux publics n'ont jamais été chargés de l'entretien et de la réfection des digues. Ces
travaux incombent toujours aux habitants qui n'ont
même pas le loisir de s'occuper des travaux indiqués
à l'article 2.

Ce sont les nécessités budgétaires qui nous ont
obligés à des procédés administratifs aussi pénibles
pour le peuple que nous avons mission de protéger.
Il faut reconnaître qu'ils ne sont pas pour hâter la
conquête morale qui doit précéder toute colonisation.

Il peut sembler regrettable que l'on ait si prématurément abandonné la législation annamite qui permet-
tait de faire si économiquement de grands travaux,
en procédant avec ordre et méthode.

Mais il en est de cette importante question comme
de la plupart des institutions locales. On les con-

damne, *à priori*, pour les abus qu'elles produisent et que l'on exagère à plaisir afin de justifier des innovations souvent dangereuses, toujours plus coûteuses. Au lieu de perfectionner des instruments très bons en soi, et ayant le mérite d'être conformes aux habitudes du pays, on les remplace par de nouveaux, non meilleurs, mais ayant la supériorité de la marque de civilisation.

Rédaction des rôles d'impôt. — Les impôts personnel, foncier et des corvées forment aujourd'hui un seul rôle, intitulé : rôle des impôts annamites.

Au lieu des trois rôles, on n'établit plus qu'un seul rôle comprenant pour chaque commune :

1º Le nombre d'inscrits de 1re classe, c'est-à-dire payant l'impôt en entier ;

2º Le nombre d'inscrits de 2e classe, c'est-à-dire payant la moitié de l'impôt ;

3º Le nombre de corvéables qui est égal au premier.

4º Le nombre d'hectares de rizières de chaque classe.

5º Le nombre d'hectares de cultures diverses de de chaque catégorie.

Les sommes correspondantes à chacun de ces articles sont ensuite totalisées. On a ainsi le montant des contributions dues par chaque village.

On totalise par *phủ* ou par *huyện* et à la fin on fait la récapitulation des circonscriptions. On obtient ainsi la somme des impôts de chaque province.

Pour la confection du rôle, les villages sont convoqués à la Résidence et les chiffres à inscrire sont débattus entre les communes et le Résident assisté du *Quan bŏ*. Le projet de rôle terminé, le Résident délivre au *lý trưởng* une carte reproduisant au recto, en français et en caractères chinois les chiffres du rôle ; au verso de cette carte, un tracé est préparé pour y inscrire les versements partiels au fur et à mesure qu'ils sont opérés à la Résidence.

Ce rôle n'est, en définitive, que le résumé substantiel des registres communaux ou *Bộ*. Il simplifie beaucoup la comptabilité.

Les rôles sont soumis à l'approbation du Résident supérieur.

Quant aux registres communaux ou *Bộ*, l'administration paraît s'en désintéresser et les mandarins provinciaux ne croient plus avoir à s'en occuper. Cela est d'autant plus fâcheux que le *Điền Bô* n'offre plus guère de garantie de sincérité et par ce fait, compromet la base déjà si précaire de la propriété individuelle. En effet, l'inscription au *Bộ* est la plus forte présomption, je devrais dire, la meilleure preuve de la propriété foncière. Or, les notables, n'ayant plus à redouter les vérifications de l'autorité peuvent impunément fausser les inscriptions relatives à la propriété et rendre celle-ci illusoire. Il est facile de se rendre compte des graves inconvénients qui peuvent résulter, à bref délai, de cet état de choses.

Il y aurait donc un intérêt considérable à vérifier annuellement l'exactitude des registres de l'impôt foncier et à maintenir les dispositions de la loi annamite au sujet des mutations, ce qui entraînerait le maintien de la révision quinquennale c'est-à-dire des rôles de grande correction.

Par l'exposé qui vient d'être fait, on se rend compte de la précarité de l'assiette des impôts annamites.

En ce qui concerne l'impôt personnel, il repose sur la simple assertion des notables qui ont intérêt à dissimuler le plus grand nombre d'inscrits.

Au regard de l'impôt foncier, nous avons vu qu'il repose sur une base non moins défectueuse ; le cadastrage, opéré très imparfaitement, il y a 60 ans.

Depuis l'établissement du Protectorat, il n'a été apporté aucune réforme en vue de la modification de ce système qui est sans contredit, le plus faible de la législation annamite en ce qu'il laisse exister un dualisme fâcheux entre la commune et l'État. Il paraît presqu'impossible de modifier cette situation sans compromettre l'existence de la commune annamite et c'est là la raison qui a déterminé le Gouvernement du Protectorat à maintenir le *statu quo* jusqu'à ce jour. Il faut donc chercher une solution qui puisse en même temps satisfaire les intérêts du Protectorat, substitué à l'État au Tonkin, et ceux des communes.

Pour l'impôt personnel, il vient de suite à l'esprit l'idée d'imposer l'état-civil, parce qu'il rend de grands services en France. Je me hâte de combattre cette innovation ; elle aurait ici, le même sort qu'en Cochinchine. Dans cette colonie, organisée à l'image de la métropole, l'état-civil a été rendu obligatoire et il a été créé des Registres de naissances, de mariages de 1er et 2e rangs, de décès qui ont été distribués à chaque commune ; il a même été créé des officiers, je devrais dire des sous-officiers de l'État-civil intitulés *tri bộ* et *phó tri bộ* ce qui n'empêche pas le *lý trưởng* et les deux principaux notables de signer aux Registres. Pour assurer l'exécution de la loi, les communes ont reçu des feuilles destinées à être mensuellement envoyées à l'Administrateur et qui sont censées être le relevé des Registres d'état-civil. A la fin de chaque mois un indigène du village connaissant peu ou prou le *quốc ngũ* (1), inscrit des noms quelconques sur les feuilles destinées à l'administration ; les plus malins portent les mêmes noms aux Registres qui doivent être expédiés à la fin de l'année, et dans ce cas, la commune est réputée avoir parfaitement exécuté les prescriptions de l'administration. Mais la plupart du temps, c'est seulement lorsque les Registres sont réclamés que l'on songe à y faire des inscriptions.

Le résultat de cette innovation est donc simplement nul et nous avons le droit d'espérer qu'elle sera épargnée au Tonkin.

En l'absence de base certaine d'évalution de la population, comment arriver à soumettre chaque habitant à l'impôt personnel? Ce sera toujours difficile sinon impossible. Il ne paraît pas, en effet, que nous puissions obtenir, ce que la loi annamite elle-

---

(1) On appelle *quốc ngũ*, la figuration des sons de la langue annamite au moyen des caractères français.

même a été impuissante à établir, l'inscription au *Bộ*
de *tous* les individus âgés de plus de 17 ans.

Malgré, la loi, les Annamites ne consentent pas à
inscrire au *Bộ* un habitant ne possédant rien et n'ayant
aucune charge. Il y aura donc toujours des inscrits et
des non inscrits.

En Cochinchine, on a tenté de résoudre la question
par la création de cartes personnelles remises aux
lý trưởng pour être distribuées aux inscrits en échange
du paiement de l'impôt. Il est prescrit aux *lý trưởng*
de porter sur le verso de la carte le *diêm chỉ* (1) du
titulaire, pour éviter le prêt ou l'échange des cartes.
Tout Annamite doit être porteur de sa carte et nul ne
doit ainsi échapper à l'impôt.

En réalité le *lý trưởng* reçoit un nombre de cartes
en blanc égal au nombre d'inscrits figurant au *dinh
bộ*. Il les distribue à ceux qui quittent le village pour
aller au chef-lieu ou dans les localités où ils supposent
rencontrer des fonctionnaires français susceptibles
de leur demander leur carte. Il n'est pas difficile de
se rendre compte de l'abus et du trafic nés de ce
système qui a, en outre, le grave inconvénient d'être
vexatoire et de n'offrir qu'une garantie incertaine,
sinon illusoire du paiement de l'impôt et de l'inscription au *Bộ*.

---

(1) On appelle **diêm chỉ**, la ponctuation sur une feuille
de papier des phalanges et de l'ongle de l'index de la main
droite pour les hommes et de la main gauche pour les
femmes.

Nous sommes donc obligés, si nous voulons respecter l'autonomie communale à nous en rapporter aux déclarations des notables, sauf à rétablir les années de révision. Après avoir fixé le point de départ des années de grande correction des rôles, on pourrait profiter de la première année de révision pour vérifier sur place dans un *huyên* ou deux, les déclarations du lý trưởng. Ce travail serait fait par le Résident ou son délégué aux lieu et place des fonctionnaires indigènes du Ministère qui en étaient autrefois chargés. Il présente assurément de grandes difficultés et exige beaucoup de tact. Sans faire réunir tous les habitants ou peut, en comptant le nombre des maisons, arriver à une évaluation suffisamment approximative.

Pour l'impôt foncier, la question ne paraît guère plus facile. On ne saurait remédier à la dissimulation des terres, sans avoir fait le cadastre. Or, cette opération est longue et au-dessus des forces financières du pays. On peut toutefois simplifier l'assiette de l'impôt, en réduisant à la moitié le nombre des catégories de cultures diverses, classifiées d'une façon plus rationnelle. Peut être même pourrait-on réduire à deux les trois classes de rizières. Il faudrait surtout amener les populations à demander le levé par masses de culture comme il a été fait pour Nam đinh. Des Résidents intelligents mèneront cette œuvre à bonne fin surtout si leur initiative ne vient pas à être contrariée par l'autorité supérieure.

Badiane et Thé. — Certaines cultures ne sont pas

soumises au régime commun. Ce sont la badiane ou anis étoilé et le thé.

La badiane fit d'abord l'objet d'un monopole si difficile à exploiter que le fermier demanda lui-même la résolution de son contrat.

En 1893, par arrêté du 27 mai, la badiane fut assujettie à un impôt de 0 $ 20 cents par pied. Enfin, en 1896, cet impôt a été supprimé et remplacé par une taxe de sortie sur la badiane qui est toujours achetée par les Chinois voisins du pays de production, c'est-à-dire *Lạng so'n*.

Le thé, cultivé dans la vallée du *Lục nam* a été soumis à une taxe foncière annuelle, ainsi fixée par l'arrêté du 19 décembre 1893.

Cultures de 1re classe,		2 piastres par mẫu.	
—	2e	1.40	—
—	3e	1.00	—
—	4e	0.60	—
—	5e	0.50	—
—	6e	0.40	—

Ces taxes sont perçues sur rôles spéciaux.

Impôts des Européens.

Les Européens fixés en Annam ou au Tonkin sont exempts de contribution personnelle ou mobilière. Ils ne paient que l'impôt foncier et celui des patentes dont il sera parlé plus loin.

Impôt foncier européen. — L'impôt foncier européen se divise en deux catégories :

1º L'impôt foncier des centres ;

2º L'impôt foncier des terrains ruraux.

Impôt foncier des centres. — Les propriétés immobilières appartenant à des Européens ou assimilés, dans les villes du Tonkin, chefs-lieux de résidence, sont divisées en quatre classes pour le paiement des taxes foncières :

1re classe : Constructions en maçonnerie à étages ;

2e — Constructions en maçonnerie sans étages ;

3e — Constructions en bois ou en paillottes ;

4e — Terrains non construits ni cultivés.

Ces dispositions sont contenues dans l'arrêté du 9 septembre 1886, ainsi que les taxes à appliquer à chaque classe.

Ces taxes ont été modifiées par l'arrêté du 6 mars 1888, actuellement en vigueur :

1re classe : o fr. 17 par mètre carré.

2e — o fr. 12 id.

3e — o fr. 07 id.

4e — o fr. 02 id.

Le paiement est effectué en piastres au taux du jour.

Impôt foncier spécial aux villes de Hanoï, Haïphong et Tourane. — Les trois villes de Hanoï, Haïphong et Tourane ont été érigées en concessions françaises et cédées en toute souveraineté au gouvernement français, par ordonnance royale de la 3e année de Dông-Khánh (1888), rendue exécutoire par simple arrêté du Gouverneur général Richaud, en date du 3 octobre 1888.

Cette acquisition de territoires peut paraître précaire, n'ayant jamais été ratifiée par le Parlement français, mais en pays d'Annam, l'usage a force de loi et ces trois villes sont françaises de fait, sinon de droit. Les limites n'ont d'ailleurs jamais été fixées conformément à l'ordonnance royale et le périmètre s'agrandit à volonté, par simple délibération du conseil municipal.

Il ne paraît pas utile de donner ici la nomenclature des zones créées dans chaque ville ni le tarif des quatre classes de propriétés dans chaque zone. Ces renseignements deviendraient trop rapidement inexacts, étant donné les fréquentes modifications apportées aux chiffres, dans des villes encore en formation.

Impôt foncier européen des terrains ruraux. — Les propriétés foncières appartenant à des Européens ou à des étrangers, et situées hors des chefs-lieux de résidence sont soumises au tarif annexé à l'arrêté du 18 août 1886, ci-après :

	Par mâu 62 à 25	Par hectare	
1° RIZIÈRES.			
Rizières de 1re classe...	6 fr. »	9 fr. 50	Provenant de la conversion en argent de l'impôt en nature de 40 thangs par mâu, à raison de 4 francs le hoc de 26 thangs.
— 2o classe...	4 fr. »	7 fr. 20	Impôt en nature de 30 thangs
— 3o classe...	3 fr. »	4 fr. 80	Impôt en nature de 20 thangs
2° CULTURES.			
1° Catégorie comprenant les aréquiers, le tabac, bétel, le mûrier et en général les plantations d'arbres fruitiers.....	5 fr. »	8 fr. »	Les cultures coloniales riches, cacaoyer, caféier, etc. sont exemptes d'impôt.
2° Catégorie comprenant les terrains d'habitation, la canne à sucre, les arachides, le maïs, la ramie ou ortie de Chine, la sésame, les pastèques et en général toutes les cultures de légumes....	3 fr. »	5 fr. »	
3° Catégorie comprenant les plantes aquatiques................	2 fr. »	3 fr. »	

Les taxes portées à ce tarif sont tellement exagérées qu'il ne paraît pas possible de les appliquer. D'un autre côté, le *mâu* y est évalué à 62 ares 25 au lieu de 49 ares 50. Les collaborateurs de Paul Bert, signataire de cet arrêté, ont sans doute été mal renseignés tant sur la valeur superficielle du *mâu* que sur la valeur de l'impôt.

Il semble d'ailleurs absolument injuste d'imposer le propriétaire français à 6 francs, soit : piastres, 2,22, tandis que le propriétaire indigène ne paie que : piastres 1,35 pour la même superficie. Il en est de même pour les cultures diverses.

Il ne paraît pas utile, en matière d'impôt foncier, d'imposer le propriétaire, mais bien la propriété, quel qu'en soit le détenteur ou le propriétaire. Cette jurisprudence est d'ailleurs invoquée dans une circulaire du 21 juin 1889, du Résident supérieur au Tonkin, dans laquelle nous lisons :

« ... Tel n'est pas l'esprit de la loi du 3 frimaire « an VII, qui, par son article 2, vise la propriété et « non le propriétaire... »

Cette question est très importante au point de vue de la colonisation et, à ce titre, mérite toute la sollicitude des gouvernements locaux.

En matière d'impôt foncier, il est essentiel, en effet, que l'impôt soit assez modéré pour encourager les efforts des colons et permettre de développer le plus possible les cultures. Mais il importe également de lui fixer un tarif suffisant pour empêcher l'accaparement ou la spéculation.

L'impôt établi sur la rizière indigène paraît suffisant et de nature à obtenir ce double but. Celui qui frappe les cultures diverses pourrait, sans inconvénient, être remanié en abaissant le tarif de la première catégorie et en élevant un peu celui des dernières. Il y aurait tout intérêt à modifier les catégories en prenant pour base la production et non la nature du terrain.

De la Capitation.

On appelle impôt de capitation la contribution annuelle et personnelle de tous les Asiatiques étrangers, c'est-à-dire des Chinois. Ceux-ci étaient admis à s'établir en Annam et à y posséder des biens. Il semble même, d'après le Code, que tous les étrangers avaient les mêmes droits.

En effet, l'article 33 du Code dit : « Tout étranger « qui se rendra coupable, sera également jugé par les « lois. » Et le commentaire officiel ajoute : « L'é- « tranger, quand il est venu se joindre à la population « du pays, est, par cela même, devenu sujet du sou- « verain ; s'il commet des fautes, il est jugé selon les « lois, et par là on montre que personne n'est en de- « hors de l'action de ces lois. »

Ce texte est la consécration de la souveraineté nationale au point de vue de la justice.

Mais nous savons qu'aux yeux des rédacteurs du Code, le mot : étranger, ne s'appliquait qu'aux Chinois.

Cependant, les Chinois établis en Annam n'étaient pas traités de la même façon que les propres sujets du roi. Ils étaient soumis à un régime particulier.

Dans chaque province, les Chinois étaient groupés en une ou deux congrégations, suivant leur nombre et leur origine. Ces congrégrations s'appelaient *Bang* ; elles élisaient un chef de congrégation, appelé *Bang trưởng*, chargé de recueillir et de centraliser l'impôt de capitation.

Au point de vue de la police, les Chinois relevaient des autorités communales ou cantonales et des tribunaux ordinaires.

Ceux d'entre eux qui étaient propriétaires-fonciers versaient l'impôt foncier entre les mains du *lý trưởng* de la commune où les biens étaient situés.

Sur certains points du territoire, les Chinois formaient des agglomérations agricoles ou commerciales ; dans ce cas, au lieu de former des villages, ils constituaient une congrégation dans lesquelles le *bang trưởng* remplissait les fonctions du *lý trưởng* ; il avait dans ses attributions la police de sa congrégation et la confection des rôles d'impôt.

Les années de révision, les *bang trưởng* se rendaient au chef-lieu de la province et fournissaient au *Quan bố* les éléments de révision de leurs rôles particuliers.

Au point de vue de l'impôt personnel, les Chinois étaient divisés en deux catégories seulement : la première était appelée : *Hữu vật lực*, c'est-à-dire possédant quelque chose ; elle comprenait les hommes ayant des biens ou un métier leur permettant de payer l'impôt ; la deuxième était appelée : *Vô vật lực*, c'est-à-dire n'ayant rien.

La première catégorie acquittait la totalité de l'impôt ; la seconde, la moitié de l'impôt, mais nul ne pouvait rester plus de trois ans dans cette catégorie ; au bout de cette période, l'impôt était dû en entier. A 60 ans, les Chinois étaient exonérés de la capitation, mais ainsi que cela se pratiquait pour le *đinh bộ,* le chef de congrégation inscrivait un nouveau contribuable à la place du vieillard sortant.

L'impôt personnel était fixé à deux taëls d'argent par tête, soit environ 18 ligatures, c'est-à-dire douze fois autant environ qu'un Annamite, mais les Chinois ne fournissaient ni soldats ni corvées.

Les Chinois condamnés à la prison ou à une peine supérieure étaient expulsés après avoir versé le prix du rachat de leur peine.

Il est rare de voir les Chinois emmener leurs femmes à l'étranger. Ceux d'entre eux qui s'établissent en Annam laissent leur femme au pays natal, où ils conservent toujours l'espoir de retourner après une absence plus ou moins longue, pendant laquelle ils amassent péniblement de quoi acheter quelques propriétés en Chine.

Minh hương. — A leur arrivée en Annam ils s'adjoignent une femme indigène. Les enfants nés de ces unions passagères s'appellent *Minh hương*. Ces derniers n'étaient pas considérés comme Chinois, mais on ne leur accordait pas encore la nationalité de leur mère. Ils formaient des congrégations particulières qui, au lieu de s'appeler : *bang*, se nommaient *xã* c'est-à-dire, village : *Minh hương xã*.

Ils payaient une taxe égale à celle des Chinois, étaient exempts du service militaire et des corvées, mais ils avaient accès aux concours et aux charges publiques. Leurs rôles comportait des *chức sắc*, des *miên sai*, des *tráng hang*, des *lão hang*, des *tất hạng*.

Les fils de *Minh hương*, rentraient dans le commun et étaient considérés comme des Annamites. Ils cessaient de tresser leurs cheveux et devaient porter le chignon comme les Annamites.

On ne peut qu'admirer la sagesse du législateur annamite dans cette ingénieuse façon d'accorder la naturalisation et d'augmenter la population nationale au moyen d'éléments étrangers.

Législation actuelle des Chinois. — L'organisation des Chinois par congrégations n'a pas été abolie ni même modifiée sous notre protectorat. Les arrêtés locaux n'ont eu pour but que de régler la police de l'immigration, d'augmenter l'impôt personnel de séjour et de prendre certaines mesures de police.

L'impôt de capitation des Asiatiques étrangers a été fixé pour la première fois par décision du 12 décembre 1885 applicable à partir du 1er janvier 1886.

Un an après, l'arrêté du 27 décembre 1886, signé P. Vial, modifiait et complétait la décision précédente. Cet arrêté a reçu, depuis cette époque, plusieurs modifications qui seront indiquées dans la reproduction ci-après :

ARTICLE PREMIER. — Tous les Asiatiques étrangers immigrant au Tonkin ou y résidant devront se munir d'une carte de séjour personnelle, renouvelable le 1er janvier de chaque année et dont le prix pour les nouveaux immigrants sera décompté par quart, suivant le trimestre de l'arrivée.

ARTICLE 2. — *Modifié par arrêté du 19 février 1889, ce dernier modifié par arrêté du 14 avril 1893.*

Les Asiatiques ou indigènes sont, au point de vue, de l'impôt personnel de séjour, divisés en trois catégories.

La 1re catégorie comprend les patentés hors classe, les patentés de 1re et 2e classe, et les propriétaires fonciers payant une taxe de 60 piastres et au-dessus.

La 2e catégorie comprend les patentés de 3e, 4e et 5e classe et les propriétaires payant une taxe de 20 à 60 piastres.

La 3e catégorie comprend tous les Asiatiaques étrangers non compris dans les deux catégories précédentes.

ARTICLE 3. — *Modifié par arrêté du 19 février 1889.*

Le prix de la carte de séjour est fixé en piastres, de la manière suivante :

> Pour la 1re catégorie   60 piastres
> — 2e — 20 —
> — 3e — 5 —

(Fin de l'article modifié par arrêté du 6 juin 1892).

Les Asiatiques étrangers, s'ils sont au nombre de 25, au moins, dans une exploitation agricole et de cent, au maximum dans les exploitations minières, rentreront dans la 5e catégorie des contribuables, établie par l'arrêté du 1er octobre 1890, pour les Asiatiques étrangers habitant les provinces limitrophes de de la Chine. (Cette catégorie paie 1 piastre seulement).

ARTICLE 4. — Il sera formé dans chaque province

une seule congrégation pour tous les Asiatiques
étrangers.

ARTICLE 5. — Dès leur arrivée, les Asiatiques sont
tenus de faire partie de la congrégation établie dans
la province qu'ils habitent.

La congrégation est responsable de l'impôt personnel dû par chacun de ses membres et peut refuser
l'admission des individus dont elle ne voudrait pas
répondre. Les individus dont la congrégation ne voudrait pas répondre seront placés sous la surveillance
directe de la police, qui leur fixera le lieu de leur résidence et provoquera leur expulsion s'ils ne présentent pas de garanties de travail et de moralité suffi-
santes.

ARTICLE 6. — L'impôt personnel dont le paiement
est représenté par la carte de séjour doit être acquitté
dans les deux premiers mois de l'année.

ARTICLE 7. — *Modifié par arrêté du 9 mai 1889.*

Les enfants au-dessous de 15 ans, les vieillards au-
dessus de 60 ans, les femmes et les infirmes sont dispensés de la carte de séjour; il leur sera délivré des
laissez-passer personnels, renouvelables le 1er janvier
de chaque année, soumis à un droit d'enregistrement
de 0 $ 50 c. Ce droit sera réduit à 0 $ 25 c. pour les
immigrants de la catégorie précitée qui appartiendront à des familles d'ouvriers miniers ou agricoles.

ARTICLE 8. — Nul Asiatique soumis à la carte de séjour ne pourra quitter le territoire du Tonkin, sans se
munir, au préalable, d'un passeport dont le prix est
fixé à 12 fr. et qui lui sera délivré par le Résident de

sa province sur la production d'un certificat du chef de congrégation attestant que l'intéressé n'est redevable d'aucune somme au Trésor et qu'il n'existe aucun empêchement à son départ.

ARTICLE 9. — Les Asiatiques étrangers arrivant au Tonkin, devront se présenter de suite à la Résidence la plus rapprochée et justifier de leur qualité de nouvel immigrant. Il leur sera délivré une carte de séjour s'il y a lieu. Si l'immigrant déclare vouloir se rendre dans une autre province le Résident lui délivrera un laissez-passer valable pendant 15 jours pour les provinces limitrophes et pendant un mois pour toutes les autres ; un permis sera délivré, moyennant un droit d'enregistrement de 0 $ 75 c.

ARTICLE 10. — *Modifié par arrêté du 23 novembre 1895.*

En cas de changement définitif de résidence ou d'absence momentanée du centre où ils sont immatriculés, les Asiatiques soumis à la carte de séjour seront tenus d'en faire la déclaration au Résident. Il leur sera délivré, moyennant 0 $ 75 cents un laissez-passer indiquant le numéro de la carte et le changement de résidence ou la durée de la permission qui leur est accordée ; ce laissez-passer sera valable pendant quinze jours pour les provinces limitrophes et pendant un mois pour toutes les autres.

Les Asiatiques étrangers, en déplacement définitif ou momentané seront toujours laissés en possession de leur carte de façon à pouvoir la présenter, en même temps que le laissez-passer, à toute réquisition, à l'autorité. A partir du 1er janvier 1896, des cartes de circulation pourront sur leur demande, être délivrées aux commerçants assimilés, au point de vue de l'impôt personnel de séjour, à la 1re et à la 2e catégorie. Ces cartes ne sont pas individuelles ; elles portent indication de la raison sociale de la maison de commerce qui peut en disposer à son gré pour chacun de ses employés, devant s'absenter momentanément. Ces employés, en déplacement seront, en outre, porteurs de la carte de capitation qni leur est personnelle. Le prix d'une carte de circulation est fixé à 3 piastres ; elle est valable pour une durée de 3 mois.

ARTICLE 11. — Le chef de la congrégation sera tenu d'adresser à la date du 1er jour de chaque mois un état indiquant les noms des Asiatiques étrangers qui auront été admis ou qui auront été rayés par suite de départ, décès, fuite, etc.

ARTICLE 12. — Les chefs et sous-chefs de congrégation sont choisis par les Asiatiques résidant dans la circonscription.

ARTICLE 13. — Les élections des chefs et sous-chefs de congrégation auront lieu au mois d'octobre, et seront soumises à l'approbation du Résident général.

ARTICLE 14. — Les chefs et sous-chefs sont exempts de l'impôt de capitation. Le sous-chef remplacera le chef en cas d'absence de moins de 3 mois. Si l'absence se prolonge au delà, il y aura lieu de procéder à de nouvelles élections.

ARTICLE 15. — Les chefs et les sous-chefs de con-

grégation concourent avec les agents de l'administration pour la police de leur congrégation. Ils exercent
une surveillance directe sur la congrégation et recourent, au besoin, à la protection des autorités pour
assurer leur intervention dans l'intérêt de l'ordre public. Ils doivent toujours être à même d'indiquer au
moyen du contrôle nominatif qu'ils sont astreints à
tenir les mouvements survenus parmi les membres
de leur congrégation et le nombre exact de ceux-ci.
Ils doivent signaler, au fur et à mesure qu'ils se produisent, les changements de domicile, décès, départs,
fuites, etc.

Toute infraction à cette disposition, de même que
toute déclaration inexacte sera punie d'une amende de
10 à 50 francs et de 15 jours de prison, en cas de
récidive.

ARTICLE 16. — La congrégation est civilement responsable dans la personne de son chef et au besoin,
solidairement entre tous les membres, de la totalité
des contributions personnelles dues par eux.

Le chef de la congrégation est l'intermédiaire désigné pour recevoir toute communication de l'administration adressée à la congrégation.

ARTICLE 17. — Seront punis d'une amende de
50 francs, les Asiatiques de 1re et 2e catégorie qui
n'auront pas une carte de séjour en rapport avec
leur classe de patente ou le montant de leur cote foncière, au moment de la délivrance de leur carte.

ARTICLE 18. — Tout Asiatique étranger qui, après
s'être muni d'une carte de séjour, quitterait le pays,

ne serait pas tenu de payer un nouveau droit si son retour a lieu la même année.

ARTICLE 19. — Tout porteur d'une carte reconnue ne pas lui appartenir sera puni d'une amende de 25 francs, outre le prix de la carte personnelle qu'il est tenu de posséder. Le prêteur sera puni de la même peine et la carte prêtée sera saisie et annulée.

Tout Asiatique qui ne pourra présenter sa carte, à toute réquisition de l'autorité sera puni de 5 francs d'amende, s'il se trouve dans la province où il est inscrit et de 10 francs s'il se trouve dans une autre province.

Les Asiatiques des deux premières catégories ne seront pas, dans leur province, tenus d'être porteurs de leur carte de séjour.

ARTICLE 20. — Tout contrevenant aux dispositions des articles 6 et 9 sera puni d'une amende de 20 francs outre le prix de la carte de séjour qui lui sera délivrée d'office.

Les duplicata de carte de séjour, lorsque la demande en sera faite spontanément, donneront droit à la perception d'un nouveau droit entier sans amende.

En cas d'insolvabilité, les délinquants seront contraints par corps et incarcérés pendant une durée qui ne pourra excéder un mois, puis expulsés aux frais des congrégations. Les frais de nourriture, pendant l'incarcération, seront à la charge de la congrégation qui est libre de provoquer l'expulsion de l'insolvable, dès l'arrestation, après avoir payé les contributions au Trésor.

ARTICLE 21. — Les contrevenants aux articles 8, 9, 10 seront punis d'une amende de 10 francs par le fonctionnaire qui aura opéré l'arrestation.

Telle est la législation actuellement en vigueur, au Tonkin ; elle règle les conditions d'immigration et de séjour des Chinois. Toutefois, il y avait lieu de règlementer la situation de ces étrangers, au point de vue commercial, car les Chinois immigrés se livrent généralement au commerce.

Règlementation du commerce des Chinois. — Cette réglementation fait l'objet de l'arrêté du 5 décembre 1892 qui est reproduit ci-après :

ARTICLE PREMIER. — Sont déclarées applicables aux Asiatiques étrangers soumis à la loi annamite, et désignées par le décret du 28 août 1871, exerçant un commerce ou une industrie quelconque sur les territoires des pays de Protectorat de l'Annam et du Tonkin, les dispositions énumérées dans les articles ci-après.

ARTICLE 2. — Tout Asiatique qui veut faire le commerce ne pourra en commencer les opérations qu'après s'être présenté à la résidence et avoir fait une déclaration écrite en sa langue ou en français.

ARTICLE 3. — Cette déclaration doit énoncer :

1º Les noms du déclarant et des associés solidaires et en noms, écrits en caractères asiatiques et en français ;

2º Les numéros matricules du déclarant et des susdits associés, tels qu'ils sont portés sur les bulletins de séjour et sur leur carte d'impôt. Cette déclaration indiquera également la congrégation à laquelle appartiendront le déclarant et les associés et devra être certifiée sincère par le chef de congrégation ;

3º La désignation précise du lieu de l'exploitation, tant pour le siège principal que pour les succursales de l'exploitation ;

4º La raison sociale et la désignation du genre de commerce auquel le déclarant entend se livrer ;

5º La signature du déclarant et celle des associés solidaires et en noms ;

6º L'empreinte du cachet qui sera la représentation exacte du nom ou de la raison sociale.

ARTICLE 4. — Les dispositions prévues par les paragraphes 1, 2, 3 et 4 de l'article 3, sont également applicables aux gérants et administrateurs.

ARTICLE 5. — Un récépissé de cette déclaration sera délivré pour être affiché au siège de l'exploitation et dans chaque succursale, au-dessous de la patente. Ce récépissé contiendra la traduction en français de la déclaration et l'empreinte du cachet.

ARTICLE 6. — Les livres pourront être tenus dans les formes du pays du commerçant et dans sa langue.

Le brouillard, le journal et le grand-livre seront cotés et paraphés par le chancelier de la Résidence qui aura reçu la déclaration.

ARTICLE 7. — Tout Asiatique commerçant qui veut cesser son commerce, soit par suite de la cession de son fonds, soit par suite de liquidation, soit parce qu'il se retire de la société pour rentrer dans son pays, doit en faire la déclaration en la forme prescrite par l'article 3.

ARTICLE 8. — Les Asiatiques exerçant un commerce ou une industrie au moment de l'insertion à l'*Officiel* du présent arrêté devront, avant le *têt* chinois, c'est-à-dire avant le mois de février 1893, faire les déclarations prescrites par l'article 3.

ARTICLE 9. — Tous les Chinois seront répartis en plusieurs grandes congrégations dont le siège sera désigné, et, par suite, nul Chinois ne pourra s'établir ou circuler dans une partie quelconque du territoire de l'Annam et du Tonkin sans être agréé ou simplement présenté par le chef de congrégation. Les présentes dispositions seront également applicables aux centres miniers, avec faculté pour les directeurs de prendre lieu et place des chefs de congrégation.

Dispositions pénales.

ARTICLE 10. — Si une des déclarations et énonciations exigées par les articles 2, 5 et 7 du présent arrêté était omise volontairement, ou venait à être reconnue inexacte, les auteurs de cette omission ou de cette fausse déclaration seront passibles d'un emprisonnement de 6 jours à 6 mois et d'une amende de 16 francs à 1,000 francs, ou de l'une de ces deux peines seulement.

En cas de simple négligence, une amende de 16 à 500 francs sera seule appliquée.

ARTICLE 11. — Lorsqu'un associé quittera définitivement la colonie, s'il n'a pas fait la déclaration prescrite par l'article 7, chacun des membres de la société à laquelle il aura appartenu sera tenu, dans les huit jours qui suivront son départ, de faire cette déclaration à sa place, sous peine d'un emprisonnement de six jours à trois mois et d'une amende de seize francs à trois cents francs, ou de l'une de ces deux peines seulement.

ARTICLE 12. — Lorsqu'un négociant aura fait usage, dans ses rapports avec des Européens, d'un cachet autre que celui dont l'empreinte est exigée par l'article 4, il sera puni d'une amende de 16 francs à 500 francs.

ARTICLE 13. — L'article 463 du Code pénal sera applicable.

ARTICLE 14. — Les contraventions aux dispositions du présent arrêté seront déférées aux tribunaux français dans les territoires des concessions de Hanoï et de Haiphong, et aux tribunaux consulaires dans les autres localités.

ARTICLE 15. — Les Résidents supérieurs en Annam et au Tonkin sont chargés, chacun en ce qui le concerne, de l'exécution provisoire du présent arrêté, qui sera converti en décret dans un délai de six mois.

DE LANESSAN.

Chinois employés dans les centres miniers. — Il a paru utile de réglementer d'une façon particulière la situation des Chinois employés dans les exploitations minières depuis les évènements survenus dans ces régions en 1894, je veux parler de l'enlèvement de la famille Lyaudet.

Les Chinois employés dans les centres miniers sont soumis à l'arrêté du 9 septembre 1895, ci-après :

ARTICLE PREMIER. — Il est créé dans chaque agglomération minière de l'Annam et du Tonkin, une congrégation chinoise qui sera organisée sans distinction d'origine ou de provenance.

Tous les ouvriers ou coolies employés à la mine devront en faire partie. Les chefs de congrégation seront responsables vis-à-vis de l'administration du Protectorat, dans les mêmes conditions que les chefs de congrégations chinoises organisées par pays d'origine et, sous réserve de la faculté qu'aura toujours la congrégation, de s'affranchir de toute responsabilité, en ce qui concerne les congréganistes dont elle aura demandé l'expulsion.

ARTICLE 2. — A compter du 1er novembre 1895, tout ouvrier ou coolie chinois, employé dans les centres miniers de l'Annam et du Tonkin, devra posséder un livret individuel, sur lequel sera inscrit son état signalétique, et seront successivement indiquées ses diverses situations ou emplois dans la mine.

La photographie de l'ouvrier ou du coolie sera fixée sur le livret qui devra, préalablement à tout embauchage être visé par le chef de la congrégation à laquelle il appartiendra.

Ce visa, lorsqu'il aura été délivré, sous sa responsabilité, par le chef de congrégation, qui pourra toujours le refuser, comportera l'acceptation de l'Asiatique étranger comme membre de la congrégation.

Le cachet de la résidence devra être apposé sur le livret, de façon qu'il porte, partie sur la photographie et partie sur le livret.

ARTICLE 3. — Le livret tiendra lieu de la carte de capitation ordinaire; son prix sera égal au montant de la capitation.

ARTICLE 4. — Le livret de l'ouvrier ou coolie lui sera délivré par le commissaire de police du ressort ou l'agent de l'autorité en faisant fonctions, sur la demande du chef de congrégation.

Les diverses mentions indiquées dans les articles 2, 6 et 7 du présent arrêté seront portées au livret, sur la déclaration du directeur de la mine ou de son délégué spécial, par le commissaire de police ou l'agent en faisant fonctions.

ARTICLE 5. — Le livret sera remis par l'ouvrier ou coolie entre les mains du chef de l'exploitation minière; il y restera déposé pendant tout le temps que l'ouvrier ou coolie passera au service de la mine, sous la réserve des dispositions contenues dans l'article 6 du présent arrêté.

En échange de ce livret il sera remis gratuitement à l'ouvrier ou au coolie une carte d'identité sur laquelle sera fixée sa photographie, et qui aura été délivrée au chef d'exploitation, sur sa demande, par le commissaire de police.

Cette carte portera un numéro correspondant à celui du livret individuel.

L'ouvrier ou coolie devra toujours être muni de sa carte d'identité sauf dans le cas prévu à l'article 6.

ARTICLE 6. — En cas d'absence momentanée et autorisée de l'ouvrier ou du coolie, l'autorisation de s'absenter, qui lui aura été donnée par le directeur de la mine ou son délégué spécial, sera mentionnée sur le livret, ainsi que la durée de sa permission et les endroits dans lesquels il aura été autorisé à en jouir par le commissaire de police.

Le livret sera remis ensuite à l'ouvrier ou au coolie contre sa carte d'identité qui sera conservée par le chef d'exploitation pendant son absence et lui sera rendue par ce dernier lorsqu'il lui rapportera son livret.

ARTICLE 7. — En cas de départ définitif de l'ouvrier ou du coolie, son livret sera remis par le chef de l'exploitation au commissaire de police, mention y sera portée de son départ volontaire ou de son renvoi, ainsi que du motif de ce renvoi ; mention y sera faite, également, des divers renseignements utiles en vue d'un nouvel embauchage, et livret sera définitivement arrêté pour lui être remis contre sa carte d'identité qui sera conservée dans les archives du commissariat de police.

ARTICLE 8. — Sont également abrogées toutes les dispositions contraires au présent arrêté.

L'application de cet arrêté a paru nécessiter des explications qui ont fait l'objet de la circulaire suivante du 16 décembre 1895.

CIRCULAIRE *portant explication de l'arrêté du 9 septembre 1895 concernant les ouvriers et coolies chinois employés dans les centres miniers de l'Annam et du Tonkin.*

Quelques doutes se sont élevés sur la portée de l'arrêté du 9 septembre dernier créant une congrégation chinoise dans chaque agglomération minière de l'Annam et du Tonkin, et qui a été publié au *Journal Officiel* (2ᵉ partie), nᵒ 76, du lundi 25 septembre 1895.

Les directeurs de certaines exploitations minières, notamment, ont pensé que leurs sociétés ne sauraient être rendues responsables du paiement du livret prescrit par l'arrêté du 19 septembre 1895, article 2.

Le principe auquel vous devrez vous référer pour résoudre cette question d'interprétation, ainsi que toutes celles du même genre qui pourraient vous être posées, est implicitement contenu dans l'article 8 de l'arrêté, ainsi conçu :

« Sont et demeurent abrogées toutes les dispositions contraires au présent arrêté. »

D'où il résulte que toutes les autres dispositions, prises en la matière, sont applicables aux ouvriers et coolies chinois des centres miniers.

C'est ainsi que l'arrêté du 6 juin 1892 n'a pas été abrogé, mais seulement modifié et complété par celui du 9 septembre 1895.

Il ressort nettement de l'article 3 de ce dernier arrêté, combiné avec l'article 3 du précédent, que les chefs d'exploitations minières sont pécuniairement responsables du prix du livret, puisque, d'une part, pour l'ouvrier ou le coolie chinois, ce livret, « tient lieu de la carte de capitation ordinaire », et que, d'autre part, les chefs d'exploitation sont responsables de la totalité des contributions personnelles dues par les asiatiques étrangers » portés sur le contrôle qui devra être tenu comme par le passé par le directeur de la mine.

Il ressort, de même, des articles 1 et 3 de l'arrêté 9 septembre 1895, d'une part, et de l'article 16 de l'arrêté du 27 décembre 1886, d'autre part, que la « congrégation est civilement responsable dans la personne de son chef, et au besoin solidairement entre tous ses membres, de la totalité des contributions personnelles dues par les congréganistes. »

Le Protectorat est garanti, en ce qui concerne le paiement du prix du livret, par la responsabilité du chef de l'exploitation et par celle du chef de congrégation ; et l'administration peut, à son choix, pour assurer le paiement des sommes qui lui sont dues, s'adresser à l'un ou à l'autre des deux garants.

Je vous recommande de vous adresser d'abord au chef de l'exploitation minière auquel il appartiendra de se faire rembourser par les membres de la congrégation les sommes qu'il aura payées pour eux et avec lesquels il aura, par le fait des avances ainsi consenties, des relations de droit purement privées qui ne peuvent faire de ma part l'objet d'aucune règlementation.

Il sera facile d'ailleurs dans la pratique, pour les chefs d'exploitation, de retenir sur le salaire des ouvriers ou des coolies chinois, les sommes qu'ils auront payées pour eux.

Je vous prie de vouloir bien tenir compte, dans l'application de l'arrêté du 9 septembre 1895, des considérations qui précèdent, et de faire parvenir à chacun des chefs d'exploitation minière qui se trouvent sur votre territoire, un exemplaire de la présente circulaire.

J. FOURÈS.

Législation spéciale à l'Annam. — Jusqu'en 1889, les congrégations chinoises établies dans les provinces de l'Annam étaient soumises à la législation annamite.

Mais comme le traité de 1884 met la police des Chinois à la charge du Protectorat, il importait de réglementer les conditions d'immigration et de séjour de ses Asiatiques. Pour arriver à ce but, la convention suivante intervint le 24 avril 1889 entre la cour de Huê et le Gouvernement du Protectorat.

CONVENTION *entre le Protectorat et l'empire d'Annam, au sujet de l'impôt de capitation.*

Entre LL. EE. les membres du Conseil de régence de l'empire d'Annam,

D'une part;

Et le Résident général de la République française en Annam et au Tonkin, agissant au nom du Protectorat,

D'autre part;

Il a été convenu ce qui suit :

ARTICLE PREMIER. — Le gouvernement du Protectorat assume en Annam et au Tonkin la charge de la police des Chinois qui, suivant l'article 10 du traité du 6 juin 1884, sont placés sous sa juridiction ; de concert avec les autorités provinciales, il surveille l'immigration et assure le recouvrement de la taxe de capitation.

ARTICLE 2. — La taxe de capitation sera modifiée par arrêté du Résident général.

ARTICLE 3. — Le gouvernement du Protectorat grarantit à la cour de Huê moitié des sommes à recouvrer au titre de la taxe de la capitation, sans que jamais le Gouvernement annamite puisse recevoir de ce chef une somme inférieure au montant de la taxe perçue à son profit pendant la 3e année de Dồng-khanh. L'autre moitié sera employée, pour chaque province, par le Résident, d'accord avec le Tồng-dồc, pour le paiement des dépenses provinciales, telles que : entretien des gardes civiles et des miliciens, ouverture de voies de communication, réfection de routes, etc.

ARTICLE 4. — Le gouvernement annamite donnera des ordres aux autorités provinciales, pour qu'elles prêtent leurs concours le plus absolu aux autorités françaises en ce qui concerne l'assiette, le recouvrement et l'emploi de la taxe de capitation.

RHEINARD. — LE CONSEIL DE RÉGENCE.

Comme suite à cette convention, un arrêté du 24 juin 1889 vint substituer à la législation celle appliquée au Tonkin, à l'exception des catégories qui, par arrêté du 8 juin 1894 ont été portées à 4, savoir :

1re catégorie : notables commerçants ou propriétaires fonciers payant une taxe de 60 $ et au-dessus. 60

2e catégorie : commerçants de moindre importance et propriétaires fonciers imposés à une cote de moins de 60 $. 20

3e catégorie : Petits commerçants et marchands ambulants, vivant au jour le jour 5

4e catégorie : coolies et ouvriers vivant du produit de leur travail manuel 3

La perception et l'emploi des fonds provenant de l'impôt de capitation ont été réglés par l'arrêté du 13 juin 1895, ci-après :

ARRÊTÉ *relatif à la perception de l'impôt de capitation des Asiatiques étrangers en Annam.*

ARTICLE PREMIER. — La perception de l'impôt de capitation des Asiatiques étrangers en Annam sera effectuée sur rôles annuels établis par les Résidents, avec le concours des autorités Annamites et des chefs de congrégation et approuvés par le Résident supérieur.

Les droits constatés par les rôles primitifs devront être recouvrés avant le 1er mars de chaque année. Des rôles supplémentaires seront établis mensuellement, s'il y a lieu, pour les inscriptions postérieures au 1er janvier.

ARTICLE 2. — Le produit de l'impôt de la capitation sera versé dans les caisses du Protectorat, et divisé en trois parties égales : la première attribuée au Protectorat, la seconde au Trésor de l'Annam et la troisième affectée aux travaux d'utilité publique à exécuter en Annam.

Cette dernière partie sera ajoutée aux recettes perçues au titre de la part proportionnelle du tiers sur les impôts indirects.

ARTICLE 3. — Les dispositions des articles 13, 14, 15, 16, 17, 18, 19, 20, 21 et 22 de l'arrêté du 24 juin 1889 sur le mode de perception de la capitation en Annam continueront à être appliquées.

ARTICLE 4. — Le présent arrêté recevra son effet à dater du 1er janvier 1895.

ARTICLE 5. — Le Résident supérieur en Annam est chargé de l'exécution du présent arrêté.

A. ROUSSEAU.

La question des *Minh hương* a été abandonnée au Tonkin ; en Annam un arrêté du 3 septembre déclare que les Minh hương sont sujets annamites et que l'impôt de capitation ne peut leur être appliqué,

Impôt des Barques.

Au point de vue de l'impôt, il existe deux espèces de barques ou jonques :

> Les barques de rivières,
> Les barques de mer.

Barques de rivières. — La batellerie indigène est très nombreuse et très intéressante ; une partie de la population n'a d'autre domicile que sa jonque. Cette population se livre uniquement au commerce, à la pêche et à l'industrie des transports. La batellerie de rivière vit à proximité des marchés ;

L'impôt des barques de rivières était mensuel, mais les barques n'étaient imposées que lorsqu'elles voyageaient et le reçu délivré au premier poste de *phân thủ* ou postes de perception était valable pour un mois.

Le droit perçu sur la navigation fluviale était proportionnel aux dimensions des barques.

Les barques de 4 à 5 *thước* de largeur au maître-bau payaient 1 ligature et 5 tiền par mois.

Les barques de 5 à 9 thước : 3 ligatures ;

Celles de 6 thước : 5 ligatures ;

Mais à chaque poste, il fallait s'arrêter pour montrer sa quittance et il était rare que les bateliers ne fussent pas obligés de laisser quelque chose dans chaque poste, ce qui rendait la navigation assez onéreuse.

Barques de mer. — Les barques de mer étaient soumises à des droits calculés d'après les dimensions au maître bau et suivant les pays d'origine et les zones dont j'ai déjà parlé.

Le tarif de ces droits établis la première année du

règne de Minh mang n'offre pas d'intérêt. Il suffira de savoir que ces taxes étaient payables moitié en argent, moitié en ligatures.

Malheureusement, le commerce n'était pas libre, la cour empêchait les exportations de riz pour le maintenir à vil prix et permettre à l'administration de spéculer au profit du Trésor et de ses agents sur les marchandises d'exportation.

La cour se réservait, en outre, l'achat de toutes les marchandises rares ou ayant une grande valeur, telles que les parfums, la cannelle, les bois durs.

D'un autre côté les lois rituelles et somptuaires s'oppposaient à la pratique du commerce en ce sens que s'il était licite de gagner de l'argent, il était interdit de le faire servir à l'amélioration de sa condition sociale.

Il n'était pas permis de s'habiller à sa fantaisie avec certaines étoffes de soie dont l'usage était prohibé; nul n'avait le droit d'acheter des objets de luxe ni d'orner son habitation d'une façon luxueuse.

Prisonnier dans les dogmes des préceptes philosophiques de Confucius, le Gouvernement avait une peur instinctive du développement économique qui entraîne toujours l'évolution politique et si les Chinois étaient admis à commercer c'est que leur civilisation n'était point étrangère et que d'ailleurs les mandarins présidaient aux transactions.

Régime actuel. Barques de rivière. — Au Tonkin l'impôt des barques de rivière est perçu sur rôles depuis le

1er avril 1889. Il est dû pour l'année entière, excepté pour les barques construites dans le second semestre; la moitié seulement de l'impôt est exigé de ces dernières.

La taxe est basée sur le jaugeage des jonques d'après le tarif suivant :

1re catégorie. Barques de 300 piculs (1) et
au-dessus . . . . 15 $
2e — — 150 à 300 piculs. 5
3e — — 50 à 150 — 3

Les barques au-dessous de 50 piculs sont exemptes de toute taxe.

Barques de mer. — Les barques de mer inscrites dans les ports de l'Annam et du Tonkin sont soumises depuis le 1er janvier 1896 aux droits de navigation ci-après :

CATÉGORIES	BARQUES INDIGÈNES		BARQUES ÉTRANGÈRES	
	Annam	Tonkin	Annam	Tonkin
Au-dessus de 26 piculs....	Exempts	0 30	»	
de 26 à 50 piculs...	0 $ 50	0 50	1 $ 25	
de 51 à 100 — ...	2 50	2 50	4	»
de 101 à 200 — ...	5 »	5 »	10	»
de 201 à 300 — ...	8 »	0 »	15	»
Au-dessus, surtaxe de.....	0 02	0 02	0 05	
pour chaque picul de jauge.				

____

(1) Le picul est l'unité commerciale de poids et équivaut à 60 kilogrammes environ.

La perception de l'impôt des barques de mer est confiée au service des douanes.

Droits de tonnage. — Les navires français ou étrangers, les jonques de mer chinoises et les jonques de mer annamites se livrant au cabotage sont soumis à des droits de tonnage dans tous les ports ouverts de l'Annam et du Tonkin.

Ces droits de tonnage représentent les droits de phare, de balisage, de quai, de police de rivière, de rade et d'ancrage.

Ils sont fixés par l'arrêté du 15 février 1889, savoir :

1° A l'abonnement : 60 cents par tonneau de jauge et par trimestre pour les navires étrangers ;

2° Au voyage : 15 cents pour les navires français et 30 cents pour les navires étrangers.

La taxe est réduite de moitié pour les navires non abonnés arrivant sur lest et partant avec un chargement et *vice versa*.

Les navires à voiles ne sont soumis à la taxe qu'une fois tous les quatre mois.

Sont exempts de la taxe :

1° Les navires entrant et sortant sur lest ;

2° Les bâtiments de guerre français et étrangers ;

3° Les navires nolisés par l'État dans la proportion du tonnage dont ils sont chargés par l'État. Ils paient demi-droit s'ils repartent avec un chargement pour le commerce.

Les barques de rivière et barques de mer sont toutes soumises à la police et au contrôle des Douanes.

Impôt des Patentes.

L'impôt des patentes a été établi, au Tonkin, par le Protectorat.

Il est réglementé par l'arrêté du 15 avril 1890 modifié par celui du 17 avril 1893.

ARTICLE PREMIER. — Tout individu Français ou étranger qui exerce au Tonkin un commerce, une industrie, une profession non compris dans les exceptions déterminées par le présent arrêté, est assujetti à la contribution des patentes. Il en est de même des indigènes dans les villes de Hanoï et de Haiphong.

ARTICLE 2. — (Modifié par arrêté du 17 avril 1893).

ARTICLE 3. — Le droit fixe est réglé conformément au tableau A annexé au présent arrêté.

ARTICLE 4. — Les commerces, industries et professions non dénommés dans le tableau B n'en sont pas moins assujettis à la patente. Les droits auxquels ils doivent être soumis sont réglés d'après l'analogie des opérations ou des objets de commerce par un arrêté spécial du Résident supérieur rendu en Conseil du Protectorat, après avis du maire et du conseil municipal de la commune où il en existe. (Arrêté du 11 février 1893).

Tous les cinq ans des tableaux additionnels contenant la nomenclature des commerces, industries et professions classés par voie d'assimilation seront soumis à la sanction du Gouverneur général.

ARTICLE 5. — Le patentable à quelque catégorie et à quelque classe qu'il appartienne, ayant plusieurs établissements, boutiques ou magasins de même espèce ou d'espèces différentes, soit dans la même commune, soit dans des communes ou provinces différentes, est imposable au droit fixe entier pour chaque établissement, boutique ou magasin.

S'il y a pluralité d'industries ou genres de commerce spéciaux exercés dans un même local, une seule patente sera imposée pour le commerce donnant lieu au droit le plus élevé.

Pour les patentés des quatre dernières classes l'atelier de fabrication ne donnera pas lieu à une patente particulière même quand il sera distinct de la maison de vente pourvu qu'il n'y soit pas fait de débit des produits fabriqués.

ARTICLE 6. — Le droit proportionnel est établi au taux du trentième sur la valeur locative tant de la maison d'habitation que des magasins, boutiques, usines, ateliers, hangars, remises, chantiers et autres locaux servant à l'exercice des professions imposables.

Il est dû lors même que le logement et les locaux occupés sont concédés à titre gratuit.

Dans aucun cas le montant du droit proportionnel ne pourra excéder le montant du droit fixe applicable à l'établissement industriel ou commercial.

ARTICLE 7. — Si, indépendamment de la maison où il fait sa résidence habituelle et principale, et qui, dans tous les cas, sauf l'exception ci-après, doit être soumise au droit proportionnel, le patentable possède, soit dans la même commune, soit dans des communes différentes une ou plusieurs maisons d'habitation, il ne paie le droit proportionnel que pour celles de ces maisons qui servent à l'exercice des professions, si l'industrie pour laquelle il est assujetti à la patente ne constitue pas sa profession principale ou s'il ne l'exerce pas lui-même, il ne paie le droit proportionnel que sur la maison d'habitation de l'agent préposé à l'exploitation.

ARTICLE 8. — Les droits fixes et les droits proportionnels sont imposables dans les communes où sont situés les magasins, boutiques, usines, hangars, chantiers et autres locaux qui y donnent lieu.

ARTICLE 9. — Les enfants au-dessous de quatorze ans et les vieillards au-dessus de cinquante-cinq ans imposés aux patentes des quatre dernières classes ne paieront que demi-droit fixe.

ARTICLE 10. — Ne sont point assujettis à la patente :

1° Les fonctionnaires et employés salariés soit par l'État, soit par les administrations coloniales ou communales, en ce qui concerne seulement l'exercice de leurs fonctions.

Ils seront déclarés imposables si, en dehors de leurs fonctions, ils se livrent à une série d'opérations qui pour toute autre personne motiveraient l'imposition d'une patente ;

2° Les peintres, statuaires, graveurs, dessinateurs considérés comme artistes et ne vendant que le produit de leur art, les professeurs de belles-lettres, sciences et arts d'agrément, les instituteurs primaires, les sages-femmes, les éditeurs de feuilles périodiques, les artistes dramatiques, les cabinets de lecture ;

3⁰ Les laboureurs et les cultivateurs seulement pour la vente, la manipulation et le transport des récoltes ou fruits provenant des terrains qui leur appartiennent ou par eux exploités et pour le bétail qu'ils y élèvent, qu'ils y entretiennent ou qu'ils y engraissent.

Les concessionnaires des mines pour le seul fait de l'extraction et de la vente des matières par eux extraites.

Les propriétaires et les locataires louant accidentellement une partie de leur habitation personnelle.

Les pêcheurs, même lorsque la barque qu'ils montent leur appartient.

Les propriétaires de bateaux ne tenant pas boutique dans leurs embarcations et ne faisant pas du transport des marchandises et denrées, leur profession habituelle ; encore dans ce dernier cas, ceux qui se livreraient à l'industrie des transports seraient-ils exempts de patente s'ils n'avaient d'autres rameurs que leurs femmes ou enfants. Dans le cas contraire, ils sont imposables, soit comme marchands-forains ou ambulants, soit comme entrepreneurs de transports.

Les commerçants ou industriels d'origine française ou asiatique pour la vente, hors les centres fixés dans l'article 2, du pain fabriqué à la française et de la viande de bœuf, de veau ou de mouton.

4⁰ Les associés en commandite, les caisses d'épargne, de secours et de prévoyance administrés gratuitement, les assurances mutuelles régulièrement autorisées ;

5º Les cantiniers attachés à l'armée, les écrivains publics, les commis et toutes les personnes travaillant à gages, à façon et à la journée dans les maisons, ateliers et boutiques de leur profession ainsi que les ouvriers travaillant chez eux ou chez les particuliers, sans compagnon ni apprenti, qu'ils aient ou non boutique ou enseignes, soit qu'ils travaillent à façon, soit qu'ils travaillent pour leur compte et avec des matières à eux appartenant ; sauf les incrusteurs, brodeurs, sculpteurs, ébénistes, vermicelliers, bijoutiers ; en un mot est exempt, sauf les exceptions ci-dessus spécifiées, tout ouvrier travaillant pour vendre aux marchands ou sur commande pour les particuliers ; ou dont les produits sont vendus sur les marchés et non à domicile habituellement.

Les ramasseurs de sapèques brisées et autres objets de métal de rebut.

Les marchands de lait, la veuve qui continue avec l'aide d'un seul ouvrier ou d'un seul apprenti la profession précédemment exercée par son mari.

Ne sont point considérés comme apprentis ou compagnons, la femme travaillant avec son mari, les enfants non mariés travaillant avec leur père ou leur mère ou le simple manœuvre dont le concours est indispensable à l'exercice de leur profession ;

6º Les personnes qui vendent en ambulance, dans les rues, lieux de passages, marchés et en barques ou à domicile, à plus de 300 mètres des marchés, des fruits, des légumes, des œufs ou autres denrées, comestibles sans préparation culinaire ou des gâteaux, des préparations de riz et de haricots, des boissons chaudes non alcooliques, à la condition qu'il ne soit vendu dans une même maison et par un même individu qu'une seule catégorie d'articles et que la valeur totale de l'approvisionnement n'excède pas une piastre. Par marchand à domicile n'est entendu que celui qui vend dans la maison où il habite réellement;

7° Les porteurs ou marchands d'eau, les portefaix avec bambous ou voitures à bras, même lorsque la voiture leur appartient.

ARTICLE 11. — Les revendeurs, bouchers, marchands d'étoffes, etc., vendant habituellement et exclusivement dans les marchés de Hanoï seront exemptés de patente jusqu'au 1er janvier 1893, même s'ils y ont un étal permanent ou s'ils y occupent des places fixes. A partir de cette date, ils seront soumis au droit fixe que comportera l'importance de leur commerce.

ARTICLE 12. — Tout individu, capitaine de navire ou autre de passage dans les villes de Hanoï, Haïphong, Nam-dinh, Hai-duong, Bac-ninh, Quang-yên et Son-tay ne pourra y vendre de marchandises avant de s'être muni d'une patente pour un trimestre au moins, et valable dans toutes ces localités. La classe sera la même que celle des marchands locaux vendant des marchandises analogues.

Lorsque le séjour dépassera un trimestre la patente sera due pour toute l'année.

ARTICLE 13. — Les commis-voyageurs des nations étrangères seront traités relativement à la patente sur le même pied que les commis-voyageurs français chez ces mêmes nations.

ARTICLE 14. — Toute personne qui entreprendra une profession imposable devra, dans la huitaine, se présenter aux bureaux de la Résidence pour requérir son inscription au rôle et se munir d'une patente, à peine d'encourir les amendes édictées par l'article 28.

ARTICLE 15. — Les patentes sont personnelles et ne peuvent servir qu'à ceux à qui elles sont délivrées. Toutefois la patente délivrée à une société en nom collectif sert à tous les membres concourant au genre de commerce ou d'industrie pour lequel la société est formée. Le droit proportionnel est établi sur la maison de l'associé principal et sur tous les locaux qui servent à la société pour l'exercice de son industrie.

La maison d'habitation de chacun des autres associés est affranchie du droit proportionnel, à moins qu'elle ne serve à l'exercice de l'industrie sociale. Dans ce dernier cas elle est, de même que les autres locaux servant à l'industrie sociale, imposable au nom de l'associé principal.

Une seule patente suffit aussi au mari et femme même séparés de biens, pourvu qu'ils demeurent ensemble et exercent dans le même local.

ARTICLE 16. — Les sociétés ou compagnies anonymes ayant pour but une entreprise industrielle ou commerciale sont imposées pour chacun de leurs établissements à un seul droit fixe sous la désignation de l'objet de l'entreprise sans préjudice du droit proportionnel lorsqu'il y a lieu.

Les patentes assignées à ces sociétés ou compagnies ne dispensent aucun de leurs sociétaires du paiement du droit de patente auquel il pourraient être personnellement assujettis pour exercice d'une industrie particulière.

Cette dernière disposition est applicable aux gérants et associés solidaires des sociétés en commandites.

Article 17. — Tout individu colportant des marchandises de commune en commune lors même qu'il vend pour le compte de marchands et de fabricants est tenu d'avoir une patente personnelle.

Il en est de même des commis-voyageurs vendant à la commission ou sur échantillons.

Article 18. — La contribution des patentes est due pour l'année entière pour tous les individus exerçant au mois de janvier une profession imposable.

Toutefois, en cas de fermeture des magasins, boutiques et ateliers par suite de décès ou de faillite déclarée, les droits ne seront dus que pour le passé et le mois courant (à compter de la réclamation à la résidence) pourvu que les parties intéressées réclament, dans les trois mois de l'événement, décharge du surplus de la taxe. Les termes perçus seront, le cas échéant, remboursés.

En cas de cession d'établissement la patente sera, sur la demande du cédant ou du cessionnaire, transférée à son successeur après paiement du semestre dû.

En cas de cession de commerce il ne sera exigé que les semestres échus lors de la déclaration.

ARTICLE 19. — La contribution des patentes est payable par trimestre et d'avance. Le premier trimestre doit être payé dans le mois qui suit la publication du rôle. Le patentable qui aura reçu avertissement pour le paiement du premier terme perdra le bénéfice de cette disposition et sa contribution deviendra exigible en entier.

La contribution sera également exigible en entier dans le cas de vente volontaire ou forcée.

Toutefois les marchands forains, les colporteurs, les directeurs de troupes ambulantes, les entrepreneurs d'amusements et jeux publics non sédentaires, les patentables de 7ᵉ, 8ᵉ et 9ᵉ classes et tous autres dont la profession n'est pas exercée à demeure fixe, sont tenus d'acquitter le montant total de leur cote, dans le mois de la publication du rôle.

Les cercles européens sont soumis à la même obligation.

ARTICLE 20. — En cas de transfert du commerce ou de l'industrie dans une autre commune ou province, il en sera fait une déclaration préalable au point de départ et au point d'arrivée. A défaut de cette déclaration la contribution devient exigible dans les deux localités.

Le droit entier pour l'année courante sera payé à la perception du lieu d'origine avant que le changement de résidence ne soit effectué.

Les patentables qui résident dans une localité où

ils ne sont imposables qu'au droit fixe, et qui, dans le courant d'une année transportent leur établissement dans une commune ou province sujette à un droit proportionnel, deviennent passibles de ce droit au prorata du temps restant à courir.

Ce droit est payable au lieu d'arrivée.

ARTICLE 21. — MM. les Résidents ou les agents chargés par le Résident supérieur des fonctions de contrôleur procèderont annuellement, ces derniers sous la surveillance des Résidents, à la formation de la matrice des patentes.

La matrice sera déposée pendant dix jours à la résidence ou à la mairie afin que les intéressés puissent en prendre connaissance et remettre leurs observations au Résident ou au maire.

A l'expiration de ce délai de dix jours, le Résident transmettra la matrice avec les réclamations des particuliers, les observations du maire, les réponses du contrôleur et un avis motivé au Résident supérieur qui prononcera sur les contestations.

Après vérification et approbation par le Résident Supérieur les rôles seront rendus exécutoires et publiés immédiatement après par une insertion au *Journal officiel* du Protectorat et par des affiches en français et, lorsqu'il y aura lieu, en caractères.

Des avertissements seront remis aux patentables par les soins du payeur ou du percepteur.

Les feuilles de patentes seront délivrées par le Résident au vu de la quittance constatant le paiement des termes exigibles.

Les résidants asiatiques assujettis à leur carte devront êtres portés sur les rôles et feuilles de patentes avec les mêmes noms que ceux inscrits sur les cartes. Le numéro de la carte et la congrégation y seront de plus indiqués.

ARTICLE 22. — Au commencement de chaque trimestre il sera dressé un rôle supplémentaire des patentes. Il sera présenté dans les mêmes formes et soumis aux mêmes modifications que le rôle primitif.

Sont imposables au moyen des rôles supplémentaires :

1º Les individus omis au rôle primitif, qui exerçaient avant 1er janvier de l'émission de ces rôles une profession, un commerce ou une industrie sujets à patente ;

2º Ceux qui, antérieurement à la même époque, avaient apporté dans leur profession, commerce ou industrie des changements donnant lieu à des augmentations de droits. Dans ces deux cas les droits sont dus à partir du 1er janvier de l'année pour laquelle le rôle primitif a été émis ;

3º Ceux qui entreprennent après le 1er janvier une profession sujette à la patente ;

4º Ceux qui dans le cours de l'année entreprennent une profession d'une classe supérieure à celle qu'ils exerçaient d'abord ou qui transportent leur établissement dans une localité donnant lieu à un droit plus élevé ;

5º Les patentables de la première catégorie qui prennent des maisons ou locaux d'une valeur locative supérieure à celle des maisons ou locaux pour lesquels ils ont été primitivement imposés. Dans ces trois derniers, la contribution ou le supplément de contribution n'est due qu'à partir du premier du mois dans lequel la profession a été entreprise ou le changement introduit, à moins que, par sa nature, la profession ne puisse pas être exercée pendant toute l'année. En ce cas, la contribution sera due pour l'année entière, quelle que soit l'époque à laquelle la profession aura été entreprise. Dans aucun cas, le contrôleur ne peut établir un rôle supplémentaire pour élever la cote d'un patentable pour le seul motif que les éléments d'imposition de ce patentable auraient été mal appréciés dans le rôle primitif. Il faut, pour qu'il y ait lieu à un supplément, des nouveaux faits réalisés dans l'année courante ou omis antérieurement.

ARTICLE 23. — Il peut être délivré des patentes avant l'émission des rôles, aux individus qui désireraient transférer leur commerce ou leur industrie hors de la localité où ils étaient précédemment établis et à ceux qui en feront la demande pour un motif quelconque à charge pour eux de justifier du versement à la caisse du percepteur du montant de leur contribution.

ARTICLE 24. — Le recouvrement de l'impôt des patentes est poursuivi comme celui des autres contributions directes.

Les propriétaires ou détenteurs successifs de la même voiture dans le cours de l'année sont solidairement soumis au paiement de la contribution, sauf recours entre eux.

ARTICLE 25. — Les réclamations des contribuables en décharge ou en réduction, les demandes en remise ou en modération seront adressées aux Résidents, qui les adresseront avec les observations du contrôleur et leur avis motivé au Résident Supérieur.

Les patentés qui réclameront contre la fixation de leur taxe seront admis à prouver la justesse de leur réclamation par la représentation d'actes de société légalement publiés, des livres, des journaux de commerce régulièrement tenus et tous autres documents.

Les réclamations des contribuables en décharge ou en réduction de taxe ne seront admises qu'autant qu'elles seront présentées à l'Administration dans le délai d'un mois à partir du jour de la publication des rôles, sous la réserve de l'exception fixée à l'article 19 du présent arrêté; il devra être donné au contribuable un reçu de sa réclamation.

Les réclamations devront, à peine de rejet sans examen, être accompagnées de l'avertissement donné au contribuable ou d'un extrait de rôle, et pour les cinq premières classes, de la quittance constatant le paiement du trimestre échu au moment de la demande.

Les pétitions en remise ou en modération pour pertes, résultant d'évènements extraordinaires, devront être remises à l'Administration dans les quinze jours qui suivront les événements, elles seront appuyées des pièces sus-indiquées à l'exception de la quittance des termes échus.

Le Résident supérieur statue en Conseil de Protectorat sur les réclamations en décharge ou en réduction, il juge seul les demandes en remise ou en modération.

ARTICLE 27. — Tout patentable est tenu d'exhiber sa patente lorsqu'il en est requis par les agents du contrôle et tous les officiers et agents de la force publique.

En outre les commerçants et industriels asiatiques ayant magasin devront tenir leur patente constamment affichée dans un endroit apparent.

Toute infraction aux dispositions du paragraphe premier et toute récidive dûment constatée d'infraction aux dispositions du paragraphe 2 sera constatée par procès-verbal et punie d'une amende de cinquante cents (o $ 5o) à deux piastres.

ARTICLE 28. — Tout individu exerçant un commerce ou une industrie sans être muni d'une patente sera puni d'une amende qui pourra être du double de la taxe qu'il aurait dû acquitter pour l'année entière, sans préjudice du droit de patente à lui imposer à compter du 1er janvier de l'année courante.

ARTICLE 29. — Les marchandises mises en vente hors de leur domicile par les individus non munis de patentes pourront être séquestrées aux frais du vendeur, à moins qu'il ne donne caution suffisante pour garantir le paiement de l'amende qu'il a encourue et du droit entier.

Les marchandises ainsi séquestrées seront déposées au lieu fixé par l'autorité administrative, elles y seront immédiatement inventoriées et un double de l'inventaire sera, séance tenante, envoyé au contrôleur.

En cas de non paiement, le Résident supérieur pourra en ordonner la saisie et la vente. Si l'individu non muni de patente exerce au lieu de son domicile il sera dressé procès-verbal qui sera transmis immédiatement à l'agent faisant fonctions de contrôleur des contributions.

ARTICLE 30. — Toute fausse déclaration faite soit par le commerçant principal, soit par ses associés dans le but de se soustraire en tout ou en partie au paiement des droits de patente, sera passible d'une amende égale au triple de la contribution qui aurait dû être acquittée sans préjudice de la patente réglementaire à imposer suivant le commerce ou l'industrie.

ARTICLE 31. — Les procès-verbaux dressés par les agents du contrôle ou par les agents de la force publique seront transmis dans les villes de Haïphong et Hanoï au Procureur de la République et dans les provinces au Résident.

ARTICLE 32. — Les commerçants asiatiques qui auront égaré leur patente devront en demander un duplicata qui leur sera délivré contre paiement d'un droit de 0 $ 50 cents.

Ces duplicata seront délivrés gratuitement aux Européens.

ARTICLE 33. — Le o/o de l'impôt des patentes de Hanoï et de Haïphong sera affecté à couvrir les frais des Chambres de commerce.

ARTICLE 34. — Le Trésor jouira, pour le recouvrement de la contribution des patentes des droits et privilèges qui lui sont attribués par la loi du 12 novembre 1808.

ARTICLE 35. — Sont abrogés tous les arrêtés et décisions antérieurs en ce qu'ils ont de contraire au présent.

Annexe à l'arrêté du 15 avril 1890.

TABLEAU A

INDIQUANT LE DROIT FIXE A IMPOSER AUX PATENTABLES DE L'ANNAM ET DU TONKIN.

Hors classe....	300 $	5e classe.....	15 $	»
1re —	125	6e —	6	»
2e —	66	7e —	3	»
3e —	48	8e —	1	50
4e —	30	9e —	0	50

Arrêté du 17 avril 1893.

ARTICLE PREMIER. — L'article 2 de l'arrêté du 15 avril est modifié comme suit :

« ARTICLE 2. — Les patentables sont divisés en deux catégories. La première catégorie comprend les patentables des villes de Hanoï, Haïphong, Nam dinh, Haiduong, Bac-Ninh, Quang-Yèn et Sontây ; la seconde catégorie les patentables de l'intérieur.

« La contribution des patentes se compose d'un droit fixe et d'un droit proportionnel.

« Le droit proportionnel n'est applicable qu'aux patentables de la première catégorie, compris dans les six premières classes des patentés, sous réserve que, pour la sixième classe, la taxe proportionnelle ne pourra être, en aucun cas, supérieure à 2 piastres. »

ARTICLE 2. — Le tableau B, annexé à l'arrêté du 15 avril, est modifié conformément au tableau annexé au présent arrêté.

TABLEAU B.

A

Agents d'affaires	2e 3e
Agents de change	h. c.
Allèges (maîtres) arrimeurs, débarqueurs, délesteurs, gabariers	3e 4e 5e
Architectes	2e
Armateurs pour le long cours	h. c.
Armateurs pour le cabotage	1re
Assurances maritimes ou terrestres agents spéciaux	1re
Aubergistes	3e 4e 5e
Avocats, défenseurs agréés	2e 3e

B

Banques, caisses d'escompte, d'avance, de prêt	h. c.
Barbiers, sédentaires ou ambulants	7e 8e 9e
Bateaux à vapeur, remorqueurs	1re

Bijoutiers, horlogers et orfèvres européens avec
    magasin 2e 3e 4e

Bijoutiers, horlogers et orfèvres européens sans
    magasin 4e 5e 6e

Bijoutiers, horlogers et orfèvres asiatiques .. 2e 3e 4e 5e 6e

Blanchisseurs de linge 2e 3e 4e 5e 6e 7e

Bœufs et bestiaux (marchands de) . . . 3e

Bois et autres matériaux de construction (mar-
    chands de). 1re 2e 3e 4e 5e 6e 7e

Bouchers (marchands divers) 2e 3e 4e 5e 6e 7e 8e

Boulangers 3e 4e

Bourreliers 3e 4e 5e 6e

Briques, carreaux, tuiles (fabricants européens
    de) 2e 3e 4e

Briquetiers à façon 5e 6e 7e

Brodeurs sur étoffes 4e 5e 6e 7e 8e

C

Cabaretiers, teneurs de buvette 4e 5e

Cafetiers 2e 3e

Calfats (radoubeurs de navires ou de barques). 5e 6e 7e

Capitaines de navires ou de barques (pour
    vendre sa cargaison). 1re 2e 3e 4e

Carrières souterraines ou à ciel ouvert (ex-
    ploitation de). 4e 5e 6e

Carrossiers (pour voitures et pousse-pousse). 2e 3e 4e 5e 6e

Cercles non européens à Hanoï et Haïphong. h. c.

    — en tout autre centre que
    Hanoï et Haïphong 1re

Cercueils, seaux, tonneaux. etc., (fabricants
    de). 5e 6e 7e 8e

Changeurs de monnaies. 5e 6e 7e 8e

Chapeaux de pays (fabricants de). . . . 7e 8e 9e

Charbonniers. 7e 8e 9e

Charcutiers (européens). 3e 4e 5e

    — (asiatiques). 6e 7e 8e

Charpentiers 3e 4e 5e 6e 7e

Charrettes (loueurs à la journée) 6e 7e 8e

Chaufourniers. 5e 6e 7e 8e

Chaussures du pays (fabricants et marchands de). 6o 7o 8o 9o
Ciments, mantrés, bétons (fabricants de). .   4o 5o
Cochons (marchands de). 6o 7o 8o
Coffretiers (malletiers) 5o 6o 7o 8o
Coiffeurs, parfumeurs européens, avec magasin ayant un ou deux employés européens.   2o 3o
Coiffeurs, parfumeurs n'ayant pas d'employé.   3o 4o
Commissaires-priseurs. 3o
Consignataires de navires de mer. . . .   h. c.
Constructeurs de barques, jonques, etc. . .   3o 4o 5o
Cordiers 6o 7o 8o 9o
Cordonniers 5o 6o 7o 8o
Courtiers et commissionnaires. 1re 2o 3o 4o 5o
Constructeurs de navires et chaloupes. . .   1re.

D

Distillateurs européens, fabricants de sirops et liquoristes à feu nu. 1re

E

Entrepreneurs de grands travaux ou d'un travail dépassant 15.000 fr. . . . . .   h. c.
Entrepreneurs d'un travail dépassant 75.000 francs 1re
Entrepreneurs de travaux spéciaux et bâtiments 2o
Entrepreneurs de mêmes travaux 3o 4o
Entrepositaires transitaires. 1re 2o 3o
Entreprises (grandes) commerciales et industriels. . . . .   h. c.
Escompteurs 1re
Eventaillistes. 5o 6o 7o 8o 9o

F

Fabricants d'eaux gazeuses, limonadiers. .   3o
Fermages de plus de 100.000 fr. . . .   h. c.
—   50.000 fr. . . .   1re
—   25.000 fr. . . .   2o

Fermages de plus de 10.000 fr. . . . 4o
— 2.000 fr. . . . 5o
— 2.000 fr. au-dessous 7o
Ferblantiers, lampistes, quincailliers. . . 3o 4o 5o 6o 7o 8o
Fermier des bouages et vidanges 1re
Fabricants de filets pour la chasse, la pêche. 6o 7o 8o
Fondeurs 5o 6o 7o 8o 9o
Forgerons, charrons, maréchaux-ferrants, chau-
dronniers, ferronniers, serruriers, cloutiers,
taillandiers, armuriers. 2o 3o 4o 5o 6o 7o 8o 9o
Fournisseurs de l'administration ou de gran-
des entreprises dépassant le chiffre d'affai-
res de 150.000 fr. . . . . h. c.
Fournisseurs d'entreprises de plus de 75.000 fr. 1re

G

Gargotiers. 6o 7o 8o 9o
Graveurs sur bois ou sur métaux 6o 7o 8o

H

Hôtels. 1re
Huiles du pays (fabricants d'). 4o 5o 6o 7o 8o

I

Imprimeurs importants. 1re 2o 3o
— d'importance secondaire . . . 2o 3o
— libraires, papetiers 3o 4o 5o 6o
Instructeurs 4o 5o 6o 7o 8o
Ivoire, ambre, jais, os et cornes (fabricants
de). 6o 7o 8o

L

Lanterniers 6o 7o 8o
Laques (marchands de), laqueurs 1re 2o 3o 4o 5o 6o 7o 8o
Logeurs d'ouvriers 6o
— en garni 5o 6o
Loueurs de coolies 1re 2o 3o 4o 5o 6o

M

Maçons, couvreurs, carreleurs. 5o 6o 7o 8o

Maisons publiques annamites 3e 4o 5o
— chinoises et japonaises 1re
Marchands demi-gros et détail 1re 2o 3o
— — en détail 3o 4o 5o 6o 7o
Marchands de riz (gros) 1re
— moins important . . .   2o 4o 4o 5o 6o 7o
— faisant le gros et le détail.   1re
Marchands forains ou colporteurs. . . .   5o 6o 7o 8o 9o
— — à postes fixes ou petits
échopiers 6o 7o 8o 9o
Matelassiers 5o 6o 7o
Mats et avirons (fabricants de) 5o 6o 7o 8o
Mécaniciens avec ateliers sans vapeur . .   2o 3o 4o
— sans magasin 3o 4o 5o
Médecins européens, chirurgiens, dentistes .   1re 2o 3o
— asiatiques. 6o 7o 8o
Menuisiers (entrepreneurs de) 3o 4o
Menuisiers, marchands de meubles . . .   4o 5o 6o 7o
Modistes, couturières 5o 6o

N

Nattiers 5o 6o 7o 8o
Négociants 1re 2o
Noix d'arecs et écorces. 4o 5o 6o 7o 8o
Nuoc mam (fabricants de) 5o 6o 7o
— (marchands de). 6o 7o 8o

O

Objets de cultes, menus objets (fabricant de).   6o 7o 8o 9o
Ornemanistes 5o 6o 7o 8o

P

Paillottes et caisses légères (fabricants de) .   6o 7o 8o 9o
Parapluies (fabricants de) 6o 7o 8o
Pâtissiers-confiseurs. 5e 6o 7o 8o
Peintres en bâtiments 2o 3o 4o
— en vernisseurs. 5o 6o
— d'images. 7o 8o 9o
Perruquiers asiatiques 7o 8o 9o

Pharmaciens européens. 1re
—   asiatiques, herboristes, etc . .   3e 4e 5e 6e 7e 8e
Photographes. 2e 3e 4e
Plumassiers 3e 4e 5e
Poteries (fabricants et marchands de). . .   5e 6e 7e

R

Restaurateurs, traiteurs européens. . . .   3e 4e
—   asiatiques . . .   5e 6e 7e 8e 9e
Rotiniers, vanniers 4e 5e 6e 7e 8e

S

Sacs d'emballages (fabricants de) 6e 7e 8e
Sculpteurs sur bois ou sur métaux . . .   5e 6e 7e 8e
Selliers harnacheurs 3e 4e 5e 6e
Shipchandlers ou approvisionnement de na-
vires. 2e
Sucre indigène (fabricants ou marchands de).   5e 6e 7e

T

Tabac (fabricants ou marchands). . . .   6e 7e 8e
Tailleurs d'habits 2e 3e 4e 5e 6e 7e 8e
—   de pierres. 5e 6e 7e 8e
Tanneurs, corroyeurs, chamoiseurs, mégis-
siers. 5e 6e 7e 8e
Teinturiers. 5e 6e 7e 8e
Théâtres (Directeurs de grands) 1re
—   —   de petits), cafés concerts.   2e 3e
—   ambulants, panoramas (Directeurs).   4e 5e 6e 7e
Tissus de soie (fabricants ou marchands). .   4e 5e 6e 7e
—   de coton (—   ). .   6e 7e 8e
Tourneurs sur bois ou sur métaux.   . .   6e 7e 8e
Transports maritimes ou fluviaux, par bâti-
ments à vapeur (entreprises de). . . .   h. c.
Transports fluviaux par bateaux et barques
(entreprises de) 3e 4e 5e 6e 7e 8e 9e

U

Usine, ateliers et moulins à moudre, battre,

triturer, décortiquer, broyer et fabriques de
glace, avec emploi d'une force motrice de
10 chevaux-vapeur au moins en une ou
plusieurs machines . . . . h. c
Usines, ateliers et moulins ayant moins de
10 chevaux-vapeur 1re
Usines, ateliers et moulins sans emploi de la
vapeur 2e

V

Vermicelliers. 5e 6e 7e 8e
Vétérinaires 4e
Voiliers 6e
Voitures et pousso-pousse (loueurs de) . . 3e 4e 5e 6e

Telle est la législation sur laquelle repose une
contribution dont le produit s'est élevé, en 1891, à la
modeste somme de 47,300 piastres en chiffres ronds.

Si j'ai tenu à reproduire, in-extenso les arrètés organiques, c'est moins pour l'étude de la question que
pour faire voir combien mesquines et tracassières
sont les institutions de la métropole lorsqu'elles sont
importées aux colonies.

Lorsqu'un Français s'expatrie pour s'établir aux
colonies, il est heureux de trouver plus d'air, plus
de liberté; son esprit d'initiative n'est pas entravé
par une réglementation administrative et fiscale à
l'affût de toutes ses opérations industrielles ou commerciales. C'est ainsi que se développe la prospérité
des nationaux établis à l'étanger.

Mais si cette législation compliquée, composée de
prohibitions, de formalités administratives est pénible à supporter par l'Européen, combien est-elle dan-

gereuse et néfaste lorsqu'elle est appliquée à des Chinois et à des Annamites?

Est-il un seul patentable chinois ou annamite qui puisse jamais digérer ou même comprendre les dispositions puériles, mesquines ou comminatoires contenues dans les arrêtés dont j'ai reproduit le texte?

Il appartient aux futurs Résidents d'éviter un zèle intempestif dans l'application de textes rigoureux et d'apporter un large esprit de tolérance dans leur interprétation, de façon à persuader aux contribuables indigènes et étrangers et surtout à nos compatriotes que notre rôle n'est pas de les tracasser, mais au contraire, de les aider moralement et de leur prêter en tout temps le concours efficace de notre bienveillance. Il faut pas oublier que les intérêts du Trésor sont intimement liés à la prospérité de tous les contribuables.

Impôts urbain et provincial. — Centièmes additionnels.

Les chefs-lieux de province, sauf Nam dinh, n'avaient, à notre arrivée, d'autre aspect que celui de tous les villages. Les mandarins provinciaux habitaient de grandes et confortables habitations en briques couvertes en tuiles, dans l'intérieur de la citadelle, d'où ils sortaient rarement. Les villages groupés autour de la citadelle sans ordre, sans routes d'accès, sans aucun des éléments qui constituent une ville, avaient l'air misérable et, par l'agglomération de la population, constituaient de dangereux foyers d'épidémie.

Les troupes françaises occupant les citadelles, les mandarins durent chercher une habitation dans les villages. Les Résidents, de leur côté, durent s'installer dans les pagodes communales et aussi au milieu de la population. Il était donc urgent de faire quelques travaux dans les chefs-lieux. Les premiers furent exécutés au moyen des corvées et des fonds prélevés parcimonieusement sur le budget général.

Il fallut ensuite exécuter des travaux d'assainissements, de voirie, installer l'éclairage, créer une police spéciale.

Pour faire face à ces dépenses, il parut utile en même temps que juste de les mettre à la charge de la population appelée à profiter des améliorations qui en résulteraient, au lieu de les faire peser sur toute la population rurale.

Budgets urbains. — Pour arriver à ce but, un arrêté du 8 novembre 1892 institua le principe des taxes à percevoir sur les habitants des centres, Annamites, Chinois, Européens, sous le nom de budgets urbains.

Les taxes à imposer aux différents centres sont déterminées par un arrêté spécial pour chaque centre doté d'un budget urbain.

Le budget urbain est préparé par le Résident et soumis à l'approbation du Résident supérieur. La forme de ce budget et les règles de comptabilité le concernant sont déterminées par l'arrêté du 8 novembre 1892.

Le Résident est l'ordonnateur du budget urbain, qui est alimenté par les éléments suivants :

1º Taxes personnelles et foncières des habitants du chef-lieu;

2º Produit des bouages et vidanges ;

3º Produit de la fourrière ;

4º Produit des amendes de simple police ;

5º Produit des livrets de domestiques indigènes,

6º Produit des abattoirs ;

7º Produit de la ferme des pousse-pousse ;

8º Produit des marchés ;

9º Dixième du produit des patentes.

Les dépenses incombant au même budget sont les suivantes :

1º Eclairage, comprenant l'installation d'un matériel d'éclairage, l'entretien de ce matériel et l'éclairage courant ;

2º Etablissement de trottoirs et de caniveaux pour l'écoulement des eaux ;

3º Travaux ordinaires de voirie, création de rues nouvelles, entretien des chaussées, etc. ;

4º Travaux de terrassements, remblais, comblement de mares, etc. ;

5º Entretien des cimetières ;

6º Dépenses du personnel de la police ;

7º Entretien d'un personnel de cantonniers ;

8º Dépenses du dispensaire ;

9º Construction et entretien de bâtiments spécialement affectés au service urbain et entretien courant des bâtiments de la Résidence du chef-lieu ;

10° Entretien des quais ;

11° Remise au préposé payeur ou au percepteur chargé de la tenue de la comptabilité de la caisse.

Cette remise a été, par arrêté du 30 octobre 1895, convertie en une indemnité de 150 $ par an pour les budgets s'élevant à 10,000 $ et au-dessous ; 240 $ par an, pour les budgets de 10,000 à 20,000 $ 300 $ par an, pour les budgets de 20,000 $ et au-dessus.

Budgets provinciaux. — Après avoir ainsi pourvu à l'aménagement des chefs-lieux, il fallait aussi se préoccuper de l'amélioration des voies de communications rurales. Nous avons dit plus haut que les dix journées de corvées, abandonnées aux villages pour les travaux communaux et les petites voies de communication, n'avaient pu être employées par les habitants réquisitionnés déjà pour les travaux d'intérêt général et l'entretien des digues. D'un autre côté, en laissant les communes libres de l'emploi des dix journées de corvées on pouvait être certain qu'elles n'éprouveraient nullement le besoin d'améliorer leurs voies de communication.

Dans ces conditions, il fut décidé que les travaux d'utilité rurale seraient exécutés par les soins des Résidents au moyen de ressources spéciales provenant de centièmes aditionnels à l'impôt foncier et d'une partie du produit du rachat des corvées de la province.

De là, la création d'un nouveau budget, appelé « budget provincial » à la charge duquel se trouvaient :

1º L'entretien et l'empierrement des voies de communication;

2º L'exécution des petits travaux d'art sur les diverses routes;

3º L'entretien et l'amélioration des bâtiments affectés aux mandarins provinciaux, au *phủ*, aux *huyện* et à leurs services.

Les budgets provinciaux ont été créés et organisés par arrêté du 27 mai 1893.

Deux ans plus tard, on reconnut les inconvénients de la coexistence de budgets différents administrés par le même ordonnateur et la fusion des services urbains et des services provinciaux fut décidée par arrêté du 30 octobre 1895.

A partir du 1er janvier 1896, il n'y eût plus qu'un seul budget, pour les services urbains et provinciaux, appelé budget provincial.

Ce budget centralise les recettes et les dépenses des deux budgets précédents. Il comporte donc : les recettes urbaines, les recettes provinciales, les recettes communes; les dépenses urbaines, les dépenses provinciales, les dépenses communes.

Nous avons terminé l'examen des impôts directs. Cependant il nous reste à signaler une nouvelle aggravation de charges imposées à la population à la suite de la famine qui a sévi au Tonkin en 1895. Le moment était sans doute mal choisi, mais les exigences budgétaires augmentent chaque année dans de telles proportions que les gouvernements qui se succèdent ignorant la limite de la capacité imposable des populations, ne peuvent demander de nouvelles ressources qu'à une surcharge de contributions. C'est ainsi qu'en 1896, sons prétexte de créer une caisse de réserve destinée à encourager l'agriculture, à dégrever les populations en cas de disette, le Gouvernement a frappé en bloc les impôts annamites de cinq centièmes additionnels. Cet impôt servira-t-il à autre chose qu'à grossir le chapitre des restes *à recouvrer*? Il est permis d'en douter. Nous avons vu plus haut que l'impôt foncier a déjà été frappé de centièmes additionnels au profit des budgets provinciaux. Voici une nouvelle taxe au profit du budget général, taxe d'autant plus impopulaire qu'elle est un surcroît de charge et non le résultat du remaniement de l'assiette des impôts. Pas plus que le rachat des corvées elle n'allègera l'agriculture. Cette mesure n'aura donc pour résultat que d'entretenir l'hostilité du peuple à notre égard, la haine de l'étranger qui est au fond de tous les cœurs.

Dans le premier budget établi en piastres, celui de 1888, les impôts annamites sont évalués en recettes à 1,235,946 piastres. En 1896, c'est-à-dire six ans plus tard, les prévisions sont portées à 2,782,500 piastres, soit plus du double.

Il semble qu'au lieu d'ouvrir à chaque budget un chapitre des restes à recouvrer, il eut été de meilleure politique d'ouvrir un chapitre de plus-value de l'impôt

annamite. Ce chapitre aurait pu avoir pour contre
partie aux dépenses le chapitre : Caisse de secours à
l'agriculture.

Les prévisions n'ayant jamais été réalisées, on ne
comprend guère le motif qui détermine le gouvernement à majorer chaque année ces prévisions et surtout
à augmenter l'impôt de centièmes additionnels lorsque
l'expérience a prouvé que l'on ne peut recouvrer le
principal.

Il ne paraît pas utile de créer des ressources de
cette nature ; outre leur caractère aléatoire, elles ont
l'inconvénient de majorer des recettes incertaines en
regard desquelles sont inscrites des dépenses certaines. Le déficit apparaît comme inévitable et continue une tradition d'autant plus regrettable qu'elle
vient confirmer en France l'opinion pessimiste qui
s'attache au nom du Tonkin.

Les impôts annamites, ainsi qu'il a été montré plus
haut, ont augmenté dans des proportions assez sensibles. Ils ont doublé dans une période de six ans,
sans que les populations aient profité même moralement du surcroît de charges qui leur a été imposé.
Mais il serait téméraire et peut-être dangereux de continuer à vivre au jour le jour, en demandant chaque
jour davantage à des populations en définitive
pauvres, et s'acquittant souvent envers le Trésor au
moyen de ventes illicites et illégales de terrains publics, et c'est là ce que le gouvernement ignore, car il
ignore quelles crises communales sont provoquées
par le versement des impôts ; il ignore les pénibles

expédients auxquels ont recours les Résidents pour activer la rentrée des impôts et mériter une bonne réputation de la part de l'autorité supérieure ; il ignore la vente des cloches, des pagodes, des terrains mêmes et la honteuse spéculation qui ruine les villages au nom de la France.

Pourquoi l'ignore-t-il? Les Résidents chefs de province ne renseignent-ils pas l'autorité supérieure? Ceux qui, par leurs services ou leur ancienneté, sont arrivés à un grade leur offrant une certaine stabilité, ceux-là seuls peuvent le faire impunément et ils le font loyalement, simplement. Les autres veulent arriver, et pour cela, il n'y a pas à discuter, il faut de l'énergie et faire rentrer à tout prix les impôts. Les caisses du Trésor sont des tonneaux des Danaïdes. Cette détresse quotidienne ne laisse pas le loisir de s'occuper d'autre question que de celle de la rentrée du numéraire. Faire rentrer les impôts semble être toute la raison d'être des Résidents. Il ne leur est, d'ailleurs, rien demandé de plus.

Que deviennent, dans de semblables conditions, la prospérité matérielle du pays et la conquête morale des populations? On s'agite, dans un milieu hostile, en efforts stériles et dispendieux. On ajoute chaque année de nouveaux millions aux millions de l'année précédente, pour faire croire à une prospérité qui est loin de répondre aux chiffres fastidieux du budget, et l'on en arrive à des emprunts de liquidation qui compromettent l'avenir.

Les réflexions ci-dessus ne sont pas un procès de

tendance ; elles ne constituent pas davantage un essai de critique de tel ou tel gouvernement ni de l'administration. Chacun a sa part de responsabilité dans la situation peu rassurante où nous nous trouvons au Tonkin, mais je dois exposer aux futurs Résidents des considérations générales sur le régime financier pratiqué au Tonkin en ce qui concerne les impôts annamites. Je dois vous inviter à vous souvenir qu'il y a au Tonkin des Annamites auxquels nous avons promis la prospérité, la fin des abus, et qu'il convient de penser quelquefois aux intérêts de cette population.

IMPOTS INDIRECTS.

Les contributions indirectes comprennent :
1° Les douanes et régies ;
2° Le fermage des bacs ;
3° La vente du papier timbré ;
4° Les postes et télégraphes ;
5° Le produit du service de l'enregistrement, des hypothèques ou domaines ;
6° Les produits divers.

1° Douanes et Régies.

Le tarif général des douanes annexé à la loi du 11 janvier 1892 a été appliqué sauf les modifications apportées par le décret du 29 novembre 1892.

Le service des douanes existe en Annam et au Tonkin depuis 1875, par suite de l'application des traités des 15 mars et 31 août 1874, qui ont ouvert au commerce, sans distinction de pavillon ou de nationalité, les ports de Qui nhón (Koui nieune), et de Haïphong, la ville de Hanoï et le fleuve Rouge.

Des fonctionnaires français furent mis à la disposition du gouvernement annamite, afin d'assurer la perception de ces droits et d'éviter les conflits qui pouvaient survenir entre les étrangers et les autorités annamites.

Le chef de service résidait à Haïphong et avait comme collaborateur un fonctionnaire français ayant le titre de chef du service européen.

Ce service mixte dura jusqu'à la fin de l'année 1882, époque à laquelle les premiers troubles éclatèrent. En 1883, le traité du 25 août (Harmand) confia le service des douanes à des administrateurs français, dont le bureau de Qui nhón conserva une direction mixte jusqu'à la fin de 1884.

Le 1er janvier 1835, le port de Tourane fut ouvert au commerce et un bureau de douanes fut installé.

Jusqu'en 1886, les recettes des douanes ont été les seules ressources du protectorat. Ce revenu qui était en 1884 de 798,350 francs, s'élevait en 1885 à 2,090,340 francs, en 1886 à 2,904,000 francs, en 1887 à 4,462,000 francs.

Depuis le 1er juin 1887, le tarif général des douanes de France est appliqué, en Annam et au Tonkin, aux marchandises de provenance étrangère.

Les marchandises d'origine française ou des colonies françaises sont exemptes des droits d'importation, à la condition d'avoir été transportées directement et par un même navire, des ports d'embarquement en France, en Algérie et dans les colonies, jusqu'à un port en Indo-Chine, et d'être accompagnées d'un passavant, si elles proviennent de France ou d'Algérie, ou d'un certificat d'origine délivré par les autorités coloniales si elles sont importées d'une colonie française.

Le tarif général de 1892 a été appliqué au Tonkin, après la promulgation en Indo-Chine de la loi du 11 janvier 1892, c'est-à-dire le 3 janvier 1893.

Les taxes sont perçues en francs au taux officiel du jour.

Transit. — Les droits de transit à travers l'Indo-Chine française sont fixés à 20 o/o du tarif d'importation.

Droits d'exportation. — Les produits de l'Annam et du Tonkin sont soumis, à la sortie, à des droits déterminés par arrêtés locaux.

L'arrêté du 27 mai 1887, qui fixait ces droits, a été remplacé par l'arrêté du 12 octobre 1895, actuellement en vigueur.

Voici le texte de cet arrêté :

ARTICLE PREMIER. — Les produits, denrées et marchandises exportés de l'Annam et du Tonkin sont soumis aux droits énumérés dans le tableau ci-après annexé.

ARTICLE 2. — Une détaxe d'un tiers est accordée aux produits exportés à destination de la Cochinchine, du Cambodge et des colonies françaises. Ceux exportés en droiture à destination de la France sont exempts des droits de sortie.

Ceux exportés d'un port du Protectorat pour un autre port du Protectorat sont exempts des droits de sortie, excepté le cas où ils sont placés sous un régime spécial.

ARTICLE 3. — Un droit de statistique de o fr. 10 est dû sur toutes les marchandises importées ou exportées.

A l'importation, il est perçu en conformité des règles établies par les « Observations préliminaires du tarif général » ; à l'exportation, il est perçu par colis sur les marchandises en futailles, caisses, sacs ou autres emballages, et par 1,000 kilogrammes ou mètre cube sur les marchandises en vrac.

ARTICLE 4. — Les prescriptions de l'arrêté du 17 octobre 1886 concernant l'embarquement et le débarquement des marchandises restent en vigueur. Les contraventions aux dispositions qui précèdent sont prévues et punies par les peines portées au décret du 16 février 1895.

ARTICLE 5. — Toutes les dispositions contraires à celles du présent arrêté sont et demeurent rapportées.

Régime spécial des riz et paddys. — Les riz et paddys qui sont le plus important article d'exportation sont soumis à un régime spécial. Ils paient : o $ 25 par picul de 60 kilos, 400 à la sortie : 0 $ 25 par picul de 60 kilos 400 de surtaxe mobile appliquée par gradation de 5 cents, par arrêté spécial du Résident supérieur.

Les riz et paddys exportés à destination de la métropole sont assujettis au paiement de la surtaxe et à la moitié du droit de sortie.

Droits de consommation. — Des droits de consommation ont été établis par arrêté du 26 février 1888 sur les eaux-de-vie, les fruits à l'alcool et les spiritueux de toute nature et de toute provenance ainsi que sur le sel.

Ces droits ont été élevés par arrêté du 23 décembre 1894 aux chiffres suivants :

Alcools importés et alcools de fabrication locale analogues aux alcools de fabrication européenne :

1º Alcools importés : 0 $ 50 par litre d'alcool pur. minimum de perception : 0 $ 20 par litre de liquide ;

2º Alcools fabriqués dans le pays, analogues aux alcools d'origine européenne : avec des produits du pays : 0 $ 20 par litre d'alcool pur avec des produits étrangers : 0 $ 30 par litre d'alcool pur.

Alcools importés dits vins de Chine : 0 $ 32 par litre de liquide.

Sel. — Au Tonkin, 0 $ 07 par picul.

En Annam : transporté en cabotage 0 $ 04 par picul.

Consommé sur place : *exempt.*

Tabacs. — Annam et Tonkin.

Cigares. . . . . o $ 70 le kilo.
Tabacs et cigarettes. . . . . . o 37 —
Tabac chinois et en feuilles . . . o 20 —

Huiles minérales. — Annam et Tonkin. 3 $ les
100 kilogrammes.

Allumettes. — Annam et Tonkin.
Fabriquées hors du pays . o $ 025 le paquet de 10 boîtes.
    id. dans le pays avec
des bois indigènes. . . . o 008 —
    id. dans le pays avec
des bois étrangers . . . . o 018 —

Noix d'arec. — Annam.
Noix d'arec sèches. . 1 $ par 100 kilogrammes.
Rognures . . . . o 25 —

Notons que les droits de consommation sur les
alcools européens, les tabacs (cigares et cigarettes,
tabacs européens), les huiles minérales ne frappent
que les Européens.

Droits sur les bois. — Les produits forestiers sont
actuellement soumis aux taxes portées à l'arrêté du
21 décembre 1895, savoir :

Bois d'ébénisterie, de menuiserie, de teinture et
autres essences fines . . . o $ 50 le mètre cube.
Bois de construction . . o 30 —
Autres bois communs . . o 15 —
Bois à brûler, en grume,
en bûches ou débité . . o 10 —

Bambous mâles, gros,
   pour construction . . o   25 le mètre cube.
Bambous mâles, autres,
   pour construction et clô-
   tures . . . . o   08   —
Bambous autres pour tres-
   ses, etc . . . . . . o   05   —
Rotin . . . . o   10   —
Paillotte . . . . . . o   02   —
Ecorces . . . . . . o   20   —
Charbon de bois. . . o   30   —
Autres produits forestiers. o   03   —
Cette taxe est perçue au moment du flottage.

Opium. — Le monopole de l'introduction, du transport, de la fabrication et de la vente de l'opium au
Tonkin avait été concédé à une Société fermière par
les conventions des 7 septembre, 15 décembre 1887
et du 13 octobre 1890.

Ce monopole a été racheté par le Protectorat par
contrat du 14 mai 1893, pour compter du 1er juillet
1893.

Un arrêt du 6 juin 1893 a confié au service des
douanes et régies l'exploitation en régie de l'opium
et les arrêtés des 7 et 8 juin en ont réglementé la
vente par l'intermédiaire de débitants munis d'une
licence dont le prix est le suivant :

Licence de 1re catégorie. . . . 150 francs.
—   2e   —   . . . 100   —

Licence de 3e   —   . . . 5o francs.
—   4e   —   . . . 25 —
—   5e   —   . . . 6 —
Livret. . . . . o $ 3o
Timbre des imprimés . . . . . o $ 15

Le prix de vente de l'opium est fixé par des décisions de l'Administration. En Annam, le monopole à été concédé à un fermier pour une durée de huit ans et trois mois par contrat du 21 juillet 1892.

La ferme est réglementée par arrêté du 6 octobre 1892, modifié par un nouvel arrêté du 24 juillet 1894.

Un contrat du 14 février 1893, modifiant les conditions d'exploitation de la ferme, impose au fermier l'obligation de s'approvisionner exclusivement d'opium à la régie de Cochinchine.

La redevance à payer est fixée à 100,000 piastres pour les trois premières années 1893, 1894 et 1895 ; à 125,000 piastres pour 1896 et 1897 ; à 150,000 piastres pour 1898, 1899 et 1900.

Au-dessus de 270,000 taëls par an, la redevance est fixée à o $ 3o par taël.

Alcools indigènes. — Les alcools indigènes ont été assujettis à un droit de consommation. Les taxes à percevoir et les pénalités ont été réglementées par arrêtés des 3 et 4 mars 1893, modifiés par arrêté du 21 décembre 1895. Ces taxes sont actuellement les suivantes :

	TONKIN	ANNAM
Licence de distillateur . .	2 $ 5o	1 $ o6
Licence de débitant . . .	1 oo	
Livret	o 2o	o 2o
Permis de circulation, la feuille	o o3	o o3
Timbre des imprimés . .	o 15	o 15

	D'ALCOL PUR	DE LIQUIDE
Droits de consommation, le litre	o 1o	o o5
Abonnement mensuel . .	3 5o	» »

2º Fermage des bacs.

Dans chaque province, les bacs sont affermés soit à des particuliers, soit, de préférence, aux villages riverains.

Voici pour l'année 1896, le produit de ce fermage par provinces :

Hăiphong.	1.5oo $	»
Băc ninh.	3.ooo	»
Sơn tây	5.537 $	75
Thái Binh	6.8oo	»
Hà nam	1.o41	»
Hưng Hoá	1.5oo	»
Quang Yên. . . .	3o3	»
Ninh binh	5.787 $.	5o
A reporter. . .	25.469 $	25

Report. . . .	25.469	$	25
Hãi dương	9.990	»	
Nam định	4.440	»	
Hà nam	1.153	»	
Hung yên	792	25	
1er territoire militaire	2.666	»	
2e — —	»	»	
3e — —	»	»	
4e — —	»	»	
Total . .	44.510	$.	50

3° Papier timbré.

Un arrêté du 24 juillet 1892 a décidé la création du papier timbré à l'usage des indigènes et des Asiatiques étrangers pour les requêtes de toute nature adressées à l'autorité et les actes de toute nature passés entre Asiatiques.

Cet arrêté a été modifié et complété par les arrêtés du 15 mars et du 13 octobre 1893.

L'administration du Protectorat met en vente quatre types de feuilles de papier timbré, savoir : $

Pour les requêtes de toute nature, la feuille. 0,04

Pour les actes d'une valeur inférieure à 100 ligatures 0,05

Pour les actes de 100 et au-dessous de 1,000 ligatures 0,10

Pour les actes de 1.000 ligatures et au-dessus 0,15

La vente du papier timbré produit environ 35,000 piastres de recette au budget.

4° Postes et télégraphes.

Le service des postes et télégraphes est assuré, en Annam et au Tonkin par un personnel composé d'une part d'agents métropolitains détachés au service du Protectorat et d'autre part, par des agents de formation locale. Les premiers jouissent du triple de leur traitement métropolitain.

Il existe actuellement 85 bureaux au Tonkin.

   —   —   23   —   en Annam.

   —   —   1   —   au Laos, à Luang Prabang.

Le personnel de ce service comprend 211 agents de tout grade non compris le personnel du câble de Haïphong.

Les tarifs ont été augmentés en 1895 par suite de la dépréciation de la piastre. Ils sont actuellement conforme aux indications des tableaux suivants :

TIMBRES-POSTE : PRIX PAR UNITÉS.												
fr.	fr.	fr.	fr.	fr.	fr.	fr.	fr.	fr.	fr.	fr.	fr.	fr.
0.01	0.02	0.04	0.05	0.10	0.15	0.20	0.25	0.30	0.40	0.50	0.75	1.00
$	$	$	$	$	$	$	$	$	$	$	$	$
0.01	0.02	0.04	0.05	0.03	0.05	0.06	0.08	0.10	0.13	0.16	0.25	0.33
les 3	les 3	les 3	les 3	—	—	—	—	—	—	—	—	—

Taxe des Télégrammes privés intérieurs.

ORIGINE	Tonkin	Annam	Haut-Laos	Bas-Laos	Bas-Laos Cambodge Cochinchine	CHINE			
						1re région	2e région	3e région	4e région
	$	$	$	$	$	$	$	$	$
Tonkin ...	0.02	0.04	0.04	0.04	0.10	0.24	0.37	0.63	0.69
Annam....	0.04	0.02	0.04	0 04	0.06	0.28	0.41	0.67	0.73
Haut-Laos .	0.04	0.04	0.02	0.02	0.10	0.24	0.37	0.63	0.69
Bas-Laos ..	0.04	0.04	0.02	0.02	0.06	0.28	0.41	0.67	0.73

Minimum obligatoire : 0,20 cents pour les télégrammes échangés entre le Tonkin, l'Annam, le Haut et le Bas Laos ; sans minimum pour les télégrammes échangés avec la Cochinchine le Cambodge et la Chine.

Le produit des postes et télégraphes est prévu en en 1896 pour 140,000 piastres, provenant des européens et des commerçants chinois.

Les Annamites n'ont pas encore pris l'habitude, dans les provinces surtout, de confier leurs correspondances à ce service qu'ils ignorent généralement être un service public. Le *trạm* ou poste annamite était un service purement officiel et il se passera encore du temps avant que le peuple ait bien compris le fonctionnement de la poste française.

5° Enregistrement. — Hypothèques et domaines.

Les lois, décrets et ordonnances qui régissent dans la métropole les droits d'enregistrement ont été rendus applicables au Tonkin par arrêté du 11 avril 1893, mais seulement pour les dispositions qui ne sont pas contraires à l'organisation judiciaire et administrative du Protectorat.

Cette législation est applicable aux actes passés par les citoyens français, les Européens ou assimilés, les asiatiques non indigènes protégés français, entre eux ou avec les indigènes et autres actes passés entre indigènes s'ils le sont sous l'empire de la loi française.

Toutefois les mutations par décès, de biens, meubles ou immeubles ne sont assujetties à aucun droit ni soumises à aucune déclaration. Il en est de même des locations verbales d'immeubles.

Il existe deux bureaux : à Hanoï et à Haïphong où siègent des tribunaux français.

Les tarifs des droits d'enregistrement, soit fixes, soit proportionnels résultant des textes promulgués doivent être, à partir du 1er janvier 1896, les mêmes que ceux établis dans la métropole, sans adjonction de décimes. Toutefois le minimum de tout droit proportionnel doit être de 0 fr. 50 pour chaque disposition (arrêté du 19 septembre 1895).

Les droits d'enregistrement sont perçus en piastres au taux officiel du jour.

Hypothèques. — Tout immeuble situé sur le territoire du Protectorat du Tonkin pourra être hypothéqué, pourvu qu'il soit la propriété d'un citoyen français, d'un étranger européen ou assimilé ou d'un asiatique non indigène, protégé français ou d'un indigène lorsqu'il se trouve assujetti à la loi française.

Domaines. — Le produit des domaines comprend :

1º La vente des terrains domaniaux ;

2º La location et les concessions temporaires de mines :

3º La vente des plantes du jardin d'essai ;

4º Les ventes de matériel et objets mobiliers et la vente de divers produits.

6º Produits divers.

On comprend sous ce titre les recettes budgétaires provenant principalement :

1º Des amendes et condamnations pécuniaires provenant de condamnations prononcées par les tribunaux ;

2º Des amendes administratives prononcées sur la proposition des Résidents chefs de province ;

3º Les recettes accidentelles provenant des amendes infligées aux adjudicataires, les confiscations de cautionnements, les saisies et généralement les recettes non prévues ni classées.

4º Les droits de chancellerie sur les décorations dont le tarif a été fixé par dépêche ministérielle du

3 mai 1882 et modifié par dépêche du 15 novembre 1892.

DU BUDGET.

Les impôts directs et indirects constituent l'ensemble des ressources ou des revenus du Protectorat. Ces divers éléments sont totalisés pour servir à l'établissement du budget des recettes, et des prévisions de dépenses. L'équation entre les recettes et les dépenses forme le budget.

Comme exemple, nous reproduisons ci-après, les éléments du budget de 1896.

RECETTES				DÉPENSES	
DÉTAIL	TONKIN	ANNAM	TOTAL	DÉTAIL PAR CHAPITRES	MONTANT
			Piastres		Piastres
Art. 1er. Contributions directes.	53 400	27 500	80.900	I. Gouvernlgnl, secrétariat gal, contrôle financier, inspection mobile.....	105.123
— 2. Impôts annamites..	2.782.500	»	2.782.500	II. Administration civile. Bureaux et résidences.	794.365
— 3. Contributions indirectes.......... .	3 175.000	952.000	4.127 000	III. Garde indigène.......	1.123.590
— 4. Postes et télégraphes..	114.200	25 800	140.000	IV. Justice, gendarmerie, police, prisons...	162.033
— 5. Enregistrement, hypothèques	67 700	300	68.008	V. Instruction publique...	78.733
— 6. Produits divers . .	97.841	21.000	118.841	VI. Services médicaux.....	69.059
— 7. Restes à recouvrer	16.500	»	16.500	VII. Ports et rades....... .	8.536
— 8. Recettes d'ordre...	»	9.259	9.259	VIII. Trésorerie...........	114.165
— 9. Chemin de fer.....	227.000	»	227.000	IX. Douanes et régies.....	834.494
				X. Postes et télégraphes..	544.145
				XI. Travaux publics.......	1.007.555
				XII. Enregistrt et domaines.	10.440
				XIII. Jardin d'essai........	55 468
				XIV. Administration annamite Linh co	528.227
				XV. Administration française des Territ. milit....	89.831
				XVI. Dépenses générales diverses et extraordinres.	1 360.770
				XVII. Dettes exigibles.. .. .	683.465
Total des Recettes.............			7.570.000	Total des Dépenses.....	7.570.000

Il est intéressant d'examiner la répartition des dépenses au point de vue des dépenses du personnel et
des travaux :

CHAPITRE PREMIER

Gouvernement général.   33.914 $ 30
Secrétariat général. . .   23.476   15
Contrôle financier. . . .   17.662   62   79.326 $ 92
Inspection mobile . . .   4.273   85

6/13° à la charge du Protectorat.

CHAPITRE II

Bureaux du Secrétariat
   général . . . .   25.030   »
Résidences au Tonkin.   559.569   »
Résidence supérieure en   759.209   »
   Annam . . . .   19.921   »
Résidences en Annam.   154.689   »

CHAPITRE III

Garde indigène du Ton-
   kin. Européens . . .   278.125   »
Indigènes. . . . .   409.328   »
Garde indigène de l'An-   932.489   »
   nam. Européens. . .   91.334   »
Indigènes. . . . .   153.702   »

CHAPITRE IV

Justice . . . .   97.620   »
Gendarmerie . . . . . .   1.797   »
Police. . . . .   2.730   »   102.927   »
Gendarmerie et police
   d'Annam . . , ...   780   »

Chapitre V

Instruction publique. .　5o.8oo　　»　　5o.8oo　　»

Chapitre VI

Services médicaux. Ton-
 kin . . . .　6.771　»　⎰
Annam . . . .　1.844　»　⎱　8.6r5　»

Chapitre VII

Ports et rades . . . . .　　»　　　»　　7.356　　»

Chapitre VIII

Trésorerie. Tonkin . .　95.135　»　⎰
Annam . . . .　15.33o　»　⎱　110.465　»

Chapitre IX

Douanes et régies . . .　　»　　　»　　388.6g4　　»

Chapitre X

Postes et télégraphes.
 Tonkin. . . . .　34o.914　»　⎰
 Annam . . . .　9o.248　»　⎱　431.162　»

Chapitre XI

Travaux publics. Ton-
 kin . . . .　　»　　　»
Ponts et chaussées et
 mines. . . . .　163.o42　»
Chemin de fer . . . . .　123.277　»　}　385.258　»
Bâtiments civils . . . .　33.582　»
Flottille. . . . .　38.423　»
Annam . . . .　26.g34　»

CHAPITRE XII

Enregistrement. . . . .   »   »   10.240   »

CHAPITRE XIII

Jardin d'essai. . . . . .   »   »   9.518   »

CHAPITRE XIV

Administration anna-mite	170.996	»	
Tram	22.872	»	
Linh cô.	119.573	»	489.127 »
Territoires militaires, administ. et Linh cô.	149.251	»	
Tram	26.435	»	

CHAPITRE XV

Administration des ter-ritoires militaires. . .   »   »   72.681   »

Total. . .   »   »   3.837.868 **$** 92

Ce total qui dépasse la moitié du budget ne représente que la solde et les accessoires.

Les dépenses de matériel à l'usage du personnel s'élèvent au chiffre de. .   560.000 **$**   »

Dans ce chiffre ne sont compris ni le matériel du service télégraphique ni le matériel roulant du chemin de fer.

Si nous ajoutons les dépenses de transports sur terre et sur mer nous trouvons une somme ronde de. . . . .   225.000   »

Soit un total de. . . . .   4.622.868   92 dépenses afférentes au personnel.

Si nous cherchons au budget de 1896 les sommes affectées à des travaux d'utilité publique, nous trouvons :

1° Travaux d'entretien des ponts et chaussées et mines, c'est-à-dire exécutés par le service spécial des ponts et chaussées et des mines. . . . . 58.000 »

2° Travaux d'entretien des bâtiments civils. 23.000 »

3° Travaux neufs des ponts et chaussées . . . . 93.500 »
dont *75,000* pour Hanoï seulement.

4° Travaux neufs des bâtiments civils. 203.865 »

Total pour le Tonkin. .   378.365 $ »

En Annam : Travaux d'entretien . . . . 13.000 $ 78.000   »
Travaux neufs. 65.000

Total . . . . . .   456.000 $ »

Rapprochons ce chiffre de celui qui est affecté au personnel des travaux publics nous obtenons le résultat suivant :

Pour exécuter 456.000 piastres de travaux, le Protectorat dépense 221.724 piastres de personnel.

Si nous examinons le seul budget des chemins de fer de Phu lang thuong à Langson, nous y trouvons les chiffres suivants :

Recettes. . . . . 227.000 piastres.
Dépenses . . . . 137.388   —
Bénéfice de l'exploitation.   89.612

En résumé, il résulte de l'examen du budget du Protectorat, que les dépenses du personnel absorbent environ les trois cinquièmes des ressources budgétaires et qu'il n'est consacré qu'une très faible partie, environ 1/16e aux travaux d'utilité générale.

Nous avons vu que le traitement du personnel de l'administration du Protectorat exige une somme de 3,837.868 piastres.

Soit en francs 10.362.243 francs.

Sur un budget de 20.250.000 francs.

Or les impôts annamites doivent produire 2.782.500 piastres.

Soit 7.512.750 francs, au maximum.

Il y a lieu de considérer une pareille situation comme très fâcheuse au point de vue économique et même au point de vue politique.

Il est cependant juste de reconnaître la part due à l'avilissement de la piastre.

Les traitements des fonctionnaires européens sont fixés en francs et payés en piastres au taux du jour. Or, plus la piastre est dépréciée, plus la dépense augmente, tandis que les impôts annamites fixés en piastres diminuent chaque année de valeur, calculée en francs.

Quoiqu'il en soit les cadres de l'administration sont très encombrés, ce qui offre le double inconvénient de grever lourdement le budget et d'empêcher les fonctionnaires méritants de recevoir de l'avancement. Ce dernier inconvénient a les conséquences les plus déplorables au point de vue administratif, parce qu'il détruit toute émulation, en privant de sanction les efforts individuels et qu'il abaisse ainsi le niveau intellectuel du corps des administrateurs.

En 1891, il existait 2 Résidents supérieurs, un en Annam et un au Tonkin; en 1896, il y en a quatre, dont 2 en congé en France.

En 1891, il existait 50 Résidents et Vice-Résidents pour 32 provinces; 22 au Tonkin, 10 en Annam; en 1896, il y a 56 Résidents et Vice-Résidents pour 26 provinces; 14 au Tonkin, 12 en Annam;

Le nombre des Résidents a augmenté en raison inverse de celui des provinces.

Au Tonkin, 7 provinces ont été tranformées en 4 territoires militaires par arrêté du 6 août 1891.

De ces 7 provinces, 2 ont été replacées sous le régime normal, mais le personnel administratif militaire des 4 territoires a occasionné un surcroit de dépenses qui figure au budget de 1896 pour une somme de 72.681 piastres, soit 196,238 francs (1).

---

(1) Au budget de 1897, les crédits affectés au personnel administratif des territoires militaires ont été portés à la somme de 101.653 piastres, soit 25.413 piastres par territoire.

Il est à remarquer qu'une province comprenant :

      1 Résident de 1re classe,
      1 Vice-Résident de 2e classe,
      1 chancelier,
      4 commis de résidence,

coûte moins cher comme personnel.

Il y a donc 50 Vice-Résidents disponibles ou en sous-ordre ce qui revient au même : non valeur pour l'administration.

Les 4 territoires militaires sont dotés d'un luxe de fonctionnaires indigènes aussi inutile que disproportionné à la population. En effet, tandis que l'administration indigène des 14 provinces civiles où l'on compte environ 11 millions d'habitants, est inscrite au budget pour 313.441 piastres, celles des 4 territoires militaires dont la population est inférieure à 2 millions d'habitants coûte 175.686 piastres.

Il en résulte que l'administration indigène d'un territoire militaire, coûte 35.137 piastres, tandis que celle d'une province revient à 22.388 piastres.

Le chapitre de la Justice présente un total de 97.620 **$**, soit 263.574 francs pour la solde du personnel (1).

Cet accroissement considérable de dépenses provient : de la création, à Hanoï, d'une cour d'appel, de l'augmentation du personnel des 2 tribunaux de Hanoï et de Haïphong et de l'augmentation de traitement accordée aux magistrats par décret du 17 mai 1895.

Il ne faut pas oublier que cet important personnel judiciaire a été créé en faveur de 2,000 européens environ.

---

(1) 100.432 piastres en 1897.

Hanoï : 800 européens   } y compris les fonctionnaires
Haïphong : 900 européens }   (annuaire de 1896).

L'Enseignement est inscrit au budget des dépenses pour une somme de 50.800 piastres, soit : 127.160 francs.

Ce service comprend :

10 instituteurs européens.
9 institutrices européennes.
Et 36 instituteurs indigènes.

Nous avons apprécié plus haut, la stérilité de ce service et les vices de son organisation. Tel qu'il existe, il ne produit et ne peut produire aucun résultat. Il pourrait donc sans inconvénient être supprimé. Les municipalités de Hanoï et de Haïphong auraient à pourvoir à l'instruction primaire des enfants européens. Ce doit, d'ailleurs, être chose faite actuellement.

Il reste encore un service richement doté comme personnel; c'est celui des Travaux publics.

Nous avons vu plus haut que pour exécuter des travaux évalués à 456.000 piastres, le Protectorat emploie un personnel dont la solde est de 221.724 piastres (1).

____

(1) En 1897, les travaux neufs et d'entretien sont prévus pour 318.270 piastres.

Il faut ajouter que, depuis le vote de l'emprunt de 80 millions, le personnel s'est augmenté de 22 agents payés sur les fonds d'emprunt.

L'état-major des travaux publics comprend 1 ingénieur en chef et 5 ingénieurs, dont la solde complète s'élève à 156.000 francs.

Les travaux neufs dont ce service est chargé comportent au budget de 1896 une somme de 50.000 piastres, soit 135.000 francs pour la construction des bureaux de la direction et des magasins. Ce sera sans doute insuffisant.

Les ressources budgétaires ne permettent malheureusement pas de fournir un aliment suffisant à l'activité d'un personnel aussi bien composé. D'autre part, il serait à craindre, s'il y avait des ressources disponibles pour les travaux, que ce service fut bientôt aussi encombré d'ingénieurs que l'administration l'est elle-même de Vice-Résidents.

Il est aisé de dégager la philosophie d'une pareille situation financière.

Des impôts irrécouvrables en raison de leur majoration, et des dépenses de personnel exagérées, sont les éléments les plus contraires au développement écomique du pays.

Notre occupation se présente donc aux populations sous la forme la plus odieuse, celle de l'écrasement de l'indigène au seul profit de l'envahisseur. Si encore la France en profitait, si le colon français était privilégié, si les efforts de l'administration tendaient

à attirer l'émigration des capitaux français ou à favoriser la colonisation agricole, il y aurait une compensation quelconque, mais nous sommes forcés d'avouer
qu'il n'en est rien et cela est d'autant plus regrettable
que la colonisation agricole aurait dans ce pays le plus
bel avenir et qu'elle ferait la fortune des indigènes en
même temps que celle des colons.

CHAPITRE VII

De la Justice.

Le pouvoir de punir appartient à la même autorité que celui de récompenser. Cette autorité est unique et la séparation des pouvoirs administratif et judiciaire apparaît ici comme une hérésie, au lieu d'être considérée comme un principe.

Le roi est le père et la mère de ses sujets; les fonctionnaires civils et militaires ont une délégation de l'autorité souveraine, mais ils ne peuvent disposer de la liberté individuelle sans en rendre compte au souverain : c'est pourquoi toute sentence entraînant la peine de l'emprisonnement doit être approuvée par le roi.

Il n'a pas paru utile, mais dangereux de créer un corps de fonctionnaires spécialement chargés de juger leurs concitoyens. L'idée qui domine toute la législation annamite c'est une préoccupation constante d'éviter les procès. La profession d'avocat est sévère-

ment interdite et nulle intervention en dehors des
parties intéressées n'est admise, non seulement, au
prétoire, mais même au dehors. D'autre part, un jugement n'est définitif que lorsqu'il a été approuvé par
le roi, ce qui indique les précautions prises pour
éviter l'arbitraire et garantir une bonne application
des lois.

Le juge est d'ailleurs personnellement intéressé à
prononcer selon le droit et l'équité car toute sentence
révisée entraîne une punition pour celui qui l'a rendue.

Cette façon de procéder établissant la responsabilité individuelle des fonctionnaires en tant que magistrats, ne diminue pas leur indépendance, mais sollicite
leur intention vers l'intérêt d'une bonne justice.

Le devoir d'un magistrat n'étant jamais contraire à
celui d'un administrateur, il ne saurait y avoir le
moindre inconvénient à ce que ces deux fonctions
soient dans la même main ; il y a, au contraire, beaucoup d'avantages.

La dualité des pouvoirs n'apparaît, aux yeux des
Annamites, que comme une diminution de l'autorité,
un émiettement du pouvoir, une source de désordres ;
aussi trouvent-ils dans leur organisation un double
avantage : 1º celui d'éviter les conflits entre deux pouvoirs rivaux ; 2º celui d'économiser les dépenses d'une
catégorie spéciale de fonctionnaires.

Dans les pays d'Europe, la séparation des pouvoirs
est tellement consacrée par les institutions qu'elle est
considérée comme un principe de tout bon gouvernement. D'après cette doctrine, le pouvoir judiciaire est

absolument indépendant et cette indépendance est fortifiée par l'inamovibilité. Il y a donc un État judi_ ciaire dans l'État politique et il peut y avoir des conflits entre ces deux pouvoirs, ces deux autorités, je devrais dire : rébellion, le pouvoir judiciaire étant nommé par le pouvoir politique. Le cas s'est présenté il y a moins de vingt ans. Le pouvoir suprême donnant l'investiture à un pouvoir rival capable de le désavouer, tel est le système adopté en Europe. Poussé à ses conséquences rigoureusement logiques, le raisonnement place le pouvoir judiciaire au-dessus du pouvoir politique pour ne pas dire au-dessus des lois, de sorte qu'au lieu d'être un organe du Gouvernement, il est, de par son indépendance un censeur du Gouvernement, inviolable et il peut en devenir le dissolvant.

Mais dans la pratique des choses toute organisation vaut ce que valent les hommes et l'on est obligé de tenir compte des contingences inhérentes à l'état social, à l'humanité. C'est pourquoi force reste toujours à la loi, c'est-à-dire au Gouvernement. Le pouvoir judiciaire qui, arguant de son indépendance, est hostile au Gouvernement et manifeste cette hostilité, perd son indépendance. Donc, dans tous les cas, le Gouvernement, c'est-à-dire le pouvoir politique, est le premier pouvoir de l'État et ne peut être discuté par des agents quels qu'ils soient, nommés par lui.

Nous avons, en France, la puérile habitude provenant de la vanité qui fait le fond du caractère national, de mépriser *a priori* toutes les institutions non empruntées à notre pays et nous sommes persuadés qu'il n'existe rien de supérieur à ce que nous possédons. Aussi est-il convenu que la justice annamite n'existe pas, que les mandarins vendent leurs sentences au plus offrant et que le peuple est totalement privé de la justice, apanage des nations civilisées. Ces appéciations sont lieux communs et, sans avoir vu le pays d'Annam, sans connaître ses institutions on affirme sérieusement et de bonne foi, la vérité d'un pareil état de choses.

En réalité, la justice annamite comme celle de tous les pays du monde vaut ce que valent les pays. Les institutions ne sont pas plus mauvaises que celles des autres pays; elles sont appropriées à la civilisation spéciale de l'Extrême-Orient. Or, pour apprécier les institutions il faut connaître cette civilisation.

Vouloir substituer notre appareil judiciaire et juridique à la justice indigène est une œuvre stérile, oppressive et ruineuse. Stérile, parce que nos codes ne sont point adaptables à la civilisation collectiviste et confucique des Annamites; oppressive, parce que cette mesure serait un acte de force imposé à la population vaincue et contraire à ses vœux; ruineuse, parce que la distribution de la justice française coûte très cher à ceux qui y ont recours et que les services qui s'y rattachent, tels qu'avocats, agents d'affaires avec les pisteurs et rabatteurs indigènes, sont un fléau pour la population.

Quant aux résultats, sont-ils ceux que l'on poursuit? On ne saurait l'affirmer. Si le juge annamite était vénal, le juge français est nécessairement doublé d'un interprète indigène dont l'avidité et la vénalité ont un caractère plus odieux. D'ailleurs la vénalité des juges indigènes ne les enrichit jamais, et lorsqu'on voit dans les villages la respectueuse considération, la vénération qui entourent les anciens mandarins ayant terminé leur carrière, on est bientôt convaincu de la fausseté de l'opinion généralement répandue de l'oppression séculaire des mandarins et de l'hostilité du peuple à l'égard de ce qu'on appelle la classe des lettrés. Entrons maintenant dans notre sujet et examinons le fonctionnement de la justice indigène.

Les autorités communales ont dans leurs attributions la police des villages. Les affaires de simple police telles que les injures, les rixes sans gravité, les différends de peu d'importance sont conciliés verbalement. En matière de vol, quand la valeur des objets volés ne dépasse pas 5 taëls, les autorités communales sont encore compétentes à condition qu'il n'y ait eu, à cette occasion ni coups ni blessures. Les parties peuvent se présenter devant le chef de canton lorsque le village n'a pu les concilier, et si l'arbitrage de ce dernier n'est pas accepté il faut alors demander justice au tribunal du *quan huyện* ou du *quan phủ*. Dans ce dernier cas, la justice est régulièrement saisie et suivra son cours.

Devant le village ou devant le chef de canton, les plaintes sont portées verbalement, et le juge en conciliation rend une sentence verbale.

Comme en France, avant la Révolution, il est de

coutume que les parties apportent au juge *les épices;* elles sont généralement de deux ligatures pour les notables et de trois ou quatre ligatures pour les chefs de canton.

Tel est le premier degré de juridiction que nous appelons justice de paix. Remarquons, en passant, qu'en Allemagne et en Suisse, les maires ont le droit d'appeler en conciliation et de régler les petits différends de leurs administrés.

Les affaires criminelles, les vols de plus de 5 taëls sont de la compétence des *quan phủ* et *quan huyện,* c'est-à-dire des chefs de circonscription.

Toute personne qui demande justice doit rédiger sa plainte en mentionnant tous ses griefs d'une manière précise et signer de ses nom et prénoms au bas de sa requète. Si le plaignant est illettré, le rédacteur doit également signer et indiquer son village d'origine ; il peut, en effet, être poursuivi, si la plainte est calomnieuse.

La plainte est remise au *quan phủ* ou *quan huyện.* Celui-ci procède à l'instruction, aux interrogatoires et adresse son rapport, avec ses conclusions, au *quan án* s'il s'agit d'une affaire criminelle ; au *quan bố,* s'il s'agit d'un litige au sujet de terrains.

Les mandarins provinciaux examinent le rapport de leur subordonné et dressent un rapport au Roi, au nom du Gouverneur de la province, *Tổng đốc* ou *Tuần phủ.* Ce rapport reproduit celui du premier juge, avec les appréciations du second, et se termine par la demande de la sanction royale. Il est adressé au Ministère de la Justice qui soumet les condamnations capitales à une cour suprême appelée *Tam Pháp boà* ou tribunal des trois Règles. La cour, après examen, soumet ses décisions à la sanction du souverain.

Tout rapport-jugement doit mentionner :

1° L'exposé des faits tels qu'ils ont été portés à la connaissance du juge ;

2° L'interrogatoire de chacun des individus mêlés au procès, soit comme inculpés, soit comme témoins. Cet interrogatoire comprend les nom, prénoms, âge, domicile et profession ainsi que toutes les circonstances de l'affaire ;

3° Le résumé des débats, les articles de loi à appliquer ;

4° La condamnation encourue ;

5° La durée de la procédure.

La centralisation outrancière de ce service, due à une louable préoccupation d'éviter l'arbitraire et de garantir la liberté individuelle, offre de graves inconvénients dans la pratique, et les abus de l'emprisonnement préventif détruisent l'effet des sages dispositions du législateur malgré l'obligation de rendre compte de la durée de la procédure.

L'institution est perfectible, mais elle est, quoiqu'on dise, beaucoup moins onéreuse que la justice française.

D'ailleurs, comme l'a dit Luro, au point de vue social, que l'on soit jugé comme on tient à l'être, comme on a l'habitude de supporter de l'être, c'est là le point important pour le peuple dominé et c'est une grande cause de sécurité pour le peuple dominateur.

Des cinq peines. — Le système pénal repose, depuis la haute antiquité, sur cinq peines dont les deux premières sont corporelles, ce sont le *rotin* et le *trượng*, qui ne diffèrent entre elles que par l'épaisseur de l'instrument, une baguette en rotin.

Il est certain que l'application des peines corporelles est un restant de barbarie et que nous devons hâter sa disparition, comme ont disparu, au IIIe siècle de notre ère, les cinq peines du code chinois, savoir :

La marque au visage, l'ablation du nez, l'amputation du pied, la castration et la mort.

Seule cette dernière peine a subsisté et est encore le châtiment suprême, comme dans les pays civilisés d'Europe.

Les mutilations ont été remplacées par des peines corporelles et celles de l'emprisonnement et de l'exil.

Actuellement les cinq peines sont :

Le rotin, le *trượng*, la prison avec travail pénible, l'exil et la mort.

La peine du *trượng* peut sans inconvénient être d'ores et déjà supprimée; elle l'est en fait, car le rotin est seul en vigueur actuellement. L'évolution naturelle et fatale des mœurs est le facteur le plus important de cette disparition.

Faut-il supprimer le rotin?

Il est dangereux de proscrire des usages séculaires, parce qu'en réformant les institutions on ne réforme pas les mœurs. Or, la réforme des mœurs ne peut se faire par arrêté ou par décret, mais par l'accroissement du bien-être général de la population, qui procure l'amélioration morale en même temps que l'amélioration matérielle de la condition humaine.

Un auteur, dont on ne saurait nier la compétence ni surtout la bienveillance à l'égard des Annamites, M. Philastre, s'exprime ainsi :

« La suppression de la peine du *triổng* dans la
« colonie de la Basse-Cochinchine n'a amené aucune
« difficulté, ni aucune critique. Il n'en a pas été de
« même de la suppression du rotin, car, pour les
« légères infractions commises par des individus de
« la basse classe du peuple et par les soldats, cette
« peine avait des avantages et ne peut être rempla-
« cée par aucun équivalent. Chose qui peut étonner,
« cette dernière suppression a été blâmée surtout
« par les Annamites de toutes les classes... Ce châ-
« timent n'a, d'ailleurs, pas d'équivalent ; on ne peut
« le remplacer par l'amende, ni la prison ; aucune de
« ces peines n'a le caractère de spontanéité et d'effi-
« cacité auquel le peuple est habitué ; l'amende serait
« presque toujours inapplicable ; elle serait un moyen
« de prévarication et une source de revenus pour les
« détenteurs du droit de punir. La prison donnerait
« lieu à autant d'arbitraire, et, dans bien des cas, elle
« serait un repos dont le coupable ne serait nulle-
« ment effrayé. »

La peine du rotin, supprimée en Cochinchine, a été réclamée vingt ans plus tard par divers conseils d'arrondissements composés de notables, élus par la population. Il ne faut donc pas croire que cette suppression a été accueillie avec joie dans cette colonie, ce qui prouve que cette réforme était prématurée.

Enfin, je crois utile de citer un exemple à l'appui de la nécessité de maintenir provisoirement le rotin.

A Hanoï, je vis un jour un enfant de 10 ans, fils de l'un des plus hauts fonctionnaires du Protectorat, frappé violemment de coups de fouet, sans aucune provocation de sa part, par un cocher au service d'un fonctionnaire français. Cet enfant portait à la figure les traces de la brutalité de son agresseur indigène.

Fallait-il déférer cet indigène au parquet de Hanoï? Ce n'est pas mon avis. Outre que la répression n'eût pas été prompte et, par conséquent, efficace, il était nécessaire d'offrir le spectacle peu prestigieux d'un débat contradictoire entre un misérable indigène et un témoin, fonctionnaire français.

La répression indigène était, tout le monde en conviendra, plus indiquée et surtout plus efficace.

Il va sans dire que le droit d'infliger la peine du rotin doit être laissé à l'autorité indigène et que nul ne peut s'autoriser de l'existence de cette peine dans le Code annamite pour l'infliger soi-même ou la faire infliger de sa propre autorité. Ce sont précisément les abus de cette nature qu'il faut sévèrement interdire et qui sont malheureusement trop nombreux dans la population européenne.

Chacune des 5 peines est graduée pour l'augmentation ou la diminution de la façon suivante :

Rotin. 5 degrés de 10 à 50 coups, chaque dizaine formant un degré.

Trường. 5 degrés de 60 à 100 coups, chaque dizaine formant un degré.

Dô ou travail pénible avec emprisonnement. 5 degrés. Cette peine doit être précédée de la peine du *trường* correspondante à chaque degré, c'est-à-dire :

1 an et 60 coups de *trường*.

1 an 1/2 et 70   —

2 ans et 80   —

2 ans 1/2 et 90   —

3 ans et 100   —

Exil. 3 degrés. L'exil est toujours perpétuel. Cette peine est toujours accompagnée de 100 coups de *trường* :

Exil à 2.000 *li* et 100 coups de *trường*.

—   2.500 *li*   —

—   3.000 *li*   —

Mort. 2 degrés.

Strangulation.   ⎫
Décapitation.   ⎬ avec ou sans sursis.

Nous estimons que la peine du rotin doit être maintenue jusqu'à nouvel ordre. Elle disparaîtra progressivement et sans aucune réglementation par le seul fait de l'évolution naturelle des mœurs qui s'accomplira assez rapidement au contact de notre civilisation.

La peine du *trừơng* est supprimée en fait, mais il conviendrait de faire sanctionner cette disparition par une ordonnance royale remplaçant cette peine par celle de la prison en établissant une échelle rationnelle comme la suivante, par exemple :

60 coups de *trừơng* : 3 mois de prison.
70 — 6 —
80 — 9 —
90 — 12 —
100 — 15 —

Chaque degré du *trừơng* serait ainsi converti en 3 mois de prison.

La peine du travail pénible se trouverait modifiée de la façon suivante :

1 an et 60 coups de *trừơng* : 18 mois de prison.
1 an 1/2 et 70 — 2 ans —
2 ans et 80 — 2 ans 1/2 —
2 ans 1/2 et 90 — 3 ans —
3 ans et 100 — 3 ans 1/2 —

La peine de l'exil a cessé d'être appliquée depuis l'établissement du Protectorat. Il était dangereux, en effet, de transporter dans des provinces éloignées de leur pays d'origine, des indigènes à qui on aurait laissé la liberté. Ces condamnés soit en restant dans leur lieu d'exil, soit en s'évadant pour revenir chez eux, auraient exigé une surveillance impossible à exercer. Aussi la peine de l'exil a-t-elle été commuée en celle des travaux forcés à Poulo-Condor ou à la Guyane. Mais la déportation dans ces pays a toujours paru à la cour de *Huê* une peine excessive et un abus de la force.

Cette mesure semblait pourtant nécessaire et indispensable, tant à cause de l'encombrement des misérables locaux servant de prisons que pour réduire les populations trop faciles à soulever. D'un autre côté, la garde des prisonniers exigeait un trop grand nombre de miliciens et enfin de fortes agglomérations de condamnés mal vêtus, mal nourris, exposés aux intempéries, constituaient un danger permanent pour la santé publique.

Il n'y aurait nul inconvénient à renoncer à la déportation des condamnés pour la remplacer par une peine analogue à celle de l'exil dans le pays. Il y aurait, au contraire, de multiples et sérieux avantages, mais pour cela, il paraîtrait utile de mettre à l'étude un projet d'installations de colonies pénitentiaires dans les hauts pays reconnus salubres et susceptibles d'être colonisés. La colonisation pénale rendrait les mêmes services que les anciennes *dôn diên* ou colonies militaires. De plus, cette forme de l'exil perpétuel aurait l'avantage de débarrasser les centres populeux des éléments de désordre et de répondre parfaitement aux idées annamites sur le régime pénitentiaire. Enfin, elle stimulerait sans doute l'expansion naturelle de la race annamite qui s'est arrêtée du fait de notre intervention.

La loi annamite règle la situation de la famille des condamnés à l'exil. Dans le cas le plus général, où l'auteur seul de l'acte est coupable, l'épouse et les concubines doivent forcément suivre leur époux; dans d'autres cas, la loi ordonne que la famille du coupable doit être exilée avec lui.

La cinquième peine est la mort. Ce châtiment suprême a deux degrés : la strangulation et la décapitation.

La seconde est considérée par les Annamites comme la plus infamante parce que la tête est séparée du tronc et que, pour cette raison, l'entité individuelle immatérielle ne pourra pas se reconstituer au-delà de la mort pour poursuivre ses migrations et se réincarner.

La peine capitale est prononcée *avec sursis* ou *sans sursis*. Dans le premier cas, le condamné reste en prison en attendant la décision de la Cour suprême *Tam Pháp* qui se réunit, au automne, à la capitale et propose au Roi, soit la prolongation du sursis, soit l'exécution immédiate. La peine de mort peut aussi être commuée en celle de 5 ans de prison, soit en celle de la servitude militaire dont il sera question plus loin.

La strangulation répugnant à nos mœurs parce qu'elle nous paraît plus barbare, n'a été exécutée que très rarement; la décapitation, au contraire, à cause des nécessités politiques nées de la conquête, a fait de trop nombreuses victimes.

La peine de la décapitation est aggravée pour certains crimes de rébellion par l'exposition de la tête du supplicié pendant 3 jours, soit à la porte de la citadelle, soit au marché voisin de son domicile.

Il nous faut revenir sur la peine du *đồ*, qui correspond à la peine de l'emprisonnement. Tout individu condamné à cette peine était dirigé sur un poste de relai de *trạm* pour y être employé aux travaux domestiques ou sur un poste militaire pour exécuter des travaux pénibles. Le soir, les prisonniers passaient la nuit dans un bâtiment spécial ; ils avaient les pieds entravés au moyen des barres de justice. Ils étaient nourris par les soins de leur famille ou de leur village d'origine.

La peine de 4 ans de travail pénible est prononcée dans certains cas déterminés par le code, en remplacement des 3 degrés de l'exil, lorsque la culpabilité est dite « relative ».

Dans les mêmes conditions, la peine de 5 ans de prison remplace la peine capitale.

La peine de prison avec travail pénible ne dépasse jamais 5 ans, parce que le législateur estime que les forces humaines ne peuvent supporter au-delà.

Servitude militaire. — A côté des cinq peines fondamentales, il existe un châtiment appelé : *sung quân*, et qui a 4 degrés, savoir :

1° *Cực biên lam chướng sung quân*. — Envoi en servitude à une frontière très éloignée et dont le climat est malsain ;

2° *Viễn biên sung quân.* — Envoi à une frontière éloignée ;

3° *Cận biên sung quân.* — Envoi à une frontière rapprochée ;

4° *Phụ cận sung quân.* — Envoi en servitude dans la province.

La peine de la servitude militaire a disparu en même temps que l'armée annamite. Elle était prononcée contre les condamnés en rupture de ban.

La mort lente a disparu du Code annamite. Quant au supplice de l'exposition au soleil, il n'est plus appliqué depuis fort longtemps.

Rachat des peines. — Le Code annamite autorise, dans certains cas, le rachat de la peine prononcée. Hâtons-nous de dire que cette mesure immorale a été combattue par les savants et les lettrés les plus distingués et qu'elle n'a pas ici la même extension qu'en Chine.

Si le rachat existe encore en Annam, ce n'est plus par mesure fiscale, mais parce que les cinq peines léguées par la tradition, n'ayant pas pu être modifiées, elles ne sont pas toujours en harmonie avec l'état actuel de la société qui se transforme lentement malgré l'immobilité des principes servant de bases à la législation.

Actuellement le rachat n'est autorisé que lorsque l'intention de commettre la faute ou le crime n'est pas établie. Ajoutons enfin, comme seule excuse de cette jurisprudence, que le rachat est de droit pour les vieillards âgés de 70 ans, les enfants et les infirmes.

Le tarif appliqué est celui édicté en la 15e année de *Tù Ðức*, qui est le suivant :

NATURE DES PEINES	PRIX DU RACHAT		OBSERVATIONS
	Paddy (en hôc)	Liga-tures	
Prison 1 an............	60	180	Le condamné qui aura fait 6 mois de prison aura droit à une réduction de 20 hôc. S'il a fait plus de 6 mois, la réduction est laissée à l'appréciation du juge.
— 1 an ½........	80	240	
— 2 ans..........	100	300	
— 2 ans ½......	120	360	
— 3 ans..... ...	140	420	
Exil à 2000 li	180	540	
— à 2500 li	220	660	
— à 3000 li	260	780	
Peine de mort avec sur-sis	300	900	

De la question. — Le Code annamite autorise l'usage du rotin seulement pour obtenir l'aveu des coupables sans lequel les condamnations ne peuvent pas être prononcées.

Sous quelque forme qu'elle soit pratiquée, la question est formellement réprouvée par nôtre civilisation et répugne absolument à nos mœurs. Est-ce à dire que nous ne devons pas tolérer cette procédure dans nos pays de Protectorat ? Que les principes de 89 s'opposent à ce vestige de barbarie ? C'est un funeste préjugé de le croire.

D'abord la suppression de la question entraine celle de tous les tribunaux indigènes, que nous nous sommes engagés, par traité, à respecter. Même en négligeant cet argument pour arguer de notre mission civilisatrice, y a-t-il avantage au point de vue de la civilisation, à supprimer la question? On ne saurait le prétendre, étant donné le degré actuel de civilisation du peuple annamite par rapport à nous. Abandonner la justice aux tribunaux français, c'est la supprimer. Il est indéniable, en effet, que dans les centres où des tribunaux français ont été créés, les vols se sont multipliés au-delà de toute limite, la sécurité a disparu ; de plus, l'égalité civile des indigènes et des Européens a produit les plus déplorables résultats au point de vue de l'amélioration morale de l'indigène. Comme pour toutes les réformes prématurées, le résultat obtenu est diamétralement opposé au but que l'on s'était proposé.

La vraie protection d'un peuple consiste à améliorer progressivement son bien-être en respectant sa législation, sa tradition, sa religion et ses coutumes ; l'évolution des mœurs se fait naturellement et les mesures prématurées retardent au lieu de la hâter, cette évolution ; les lois qui président à l'évolution des mœurs découlent de l'ordre économique et, comme je l'ai dit plus haut, la prospérité matérielle en est le facteur le plus important.

Tout le monde sait que la procédure indigène est plus efficace que la nôtre pour arriver à la découverte de la vérité. Nous ne pouvons donc nous substituer, sans danger, aux juges naturels des indigènes pour distribuer la justice. Mais nous avons le devoir de veiller étroitement à ce que les juges indigènes appliquent purement et simplement la loi et de leur interdire formellement les abus auxquels ils sont si enclins.

Les avantages du Protectorat consistent précisément dans ce fait, que nous conservons aux indigènes leur statut personnel auquel ils sont si attachés, et que nous ne leur imposons pas brutalement notre législation, notre civilisation, qu'ils sont incapables de comprendre, et qu'ils considèrent toujours comme des instruments de domination imposés par le fort au faible.

De l'application des peines. — Le législateur annamite s'est efforcé de prévoir tous les cas délictueux possibles, afin de laisser au juge le minimum de latitude dans l'appréciation de la culpabilité et la fixation des peines. Il ne peut prononcer dans les limites d'un maximum et d'un minimum et lorsque le cas à juger n'est pas prévu par le Code, il doit l'assimiler à un fait prévu et proposer une peine dans ce sens, mais il n'appartient qu'à l'autorité souveraine de décider si l'assimilation est exacte et de prononcer la peine (art. 43).

Il est à remarquer que les 3 degrés de l'exil et les 2 degrés de la peine capitale ne comptent que comme chacun une seule peine sans degré dans le calcul de l'augmentation et de la diminution. Par exemple, la

peine de l'exil à 3,000 *li* et 100 coups de *trúóng* dimi-
nuée d'un degré n'est pas celle de l'exil à 2,500 *li*,
mais bien celle de 3 ans de travail pénible et 100 coups
de *trúóng* (art. 35).

Le principe de la rétroactivité des peines n'est pas
admis en droit annamite (art. 42).

Du cumul des peines. — Lorsqu'un individu est coupable de plusieurs fautes, il subit la peine la plus
grave seulement. Il s'agit, bien entendu, de fautes
non encore jugées et non de la récidive.

Cependant, dans le cas dit de *violation de règles*, on
compte le produit illicite, quelle que soit son origine,
et la peine est fixée d'après le total.

Du cumul des diminutions. — Les diminutions de peine
prévues par le Code annamite sont ce que nous appelons les *circonstances atténuantes*. Elles sont déterminées par des règles fixes qu'il n'est pas loisible au
juge de modifier. L'article 10 s'exprime ainsi :

« Toutes les fois qu'un homme a commis une
« faute et qu'il a droit à des diminutions, telles que
« la diminution de peine des co-auteurs, la diminu-
« tion de peine de ceux qui se livrent eux-mêmes à
« la justice, la diminution proportionnelle aux fautes
« publiques, il a également droit au cumul des dimi-
« nutions. »

Cela signifie que les différentes diminutions de
peine auxquelles le coupable peut avoir droit, s'ajou-
tent et viennent en déduction de la peine proposée.

De l'amnistie. — L'amnistie est, pour les Annamites, la conséquence obligée de certains événements heureux ou malheureux, mais à part ces amnisties dont sont toujours exclues certaines catégories de condamnés, tous les crimes possibles peuvent être amnistiés par édits spéciaux, énumérant les crimes qui font l'objet des décisions souveraines.

Il y a donc deux sortes d'amnisties que nous pouvons appeler l'amnistie ordinaire et l'amnistie extraordinaire.

L'article 15 du Code définit les coupables qui ne peuvent bénéficier de l'amnistie ordinaire. Tels sont les coupables de l'un des dix crimes dits « atroces », et, en définitive, la plupart des condamnés à des peines graves.

L'amnistie extraordinaire a pour but d'élargir l'effet des mesures de clémence qui, sans elle, serait réduit à un petit nombre de cas.

TRIBUNAUX MIXTES

Pendant la période de pacification, il a paru utile de contrôler sévèrement la justice indigène lorsqu'elle avait à examiner la culpabilité des fauteurs de troubles et, en général, tous les crimes menaçant la sécurité publique.

Un grand nombre de fonctionnaires indigènes pouvaient nous paraître suspects d'hostilité secrète, sinon de connivence avec les rebelles. Il importait donc de prendre des mesures pour que les individus arrêtés et convaincus de rebellion ne pussent être soustraits aux peines qu'ils avaient encourues.

C'est dans ce but que, sur la demande du Résident général, le roi *Đồng-Khánh* rendit une ordonnance instituant la juridiction des tribunaux mixtes pour connaître de tous les faits intéressant la sécurité publique.

Voici la traduction de ce document :

> Nous, *Đoàn văn Bỉnh*
> *Trương như cương*
> *Đào Tiếng*
> *Lễ Trinh*
> *Nguyễn Trứng*
> *Trinh văn Thái*
> *Nguyễn tang ý*

membres du Conseil d'État *(có một)*, obéissant aux ordres de Sa Majesté,

Edictons ce qui suit :

« D'après notre traité de paix et d'amitié avec la France, les affaires concernant le Protectorat doivent être traitées en commun.

« Quoique les Résidents de France n'aient pas à diriger l'administration du pays, ils ont pourtant à faire ce qu'a prévu le traité, les affaires du Protectorat ne peuvent être réglées par nous seuls.

« Actuellement le Tonkin et les provinces depuis *Thanh-hóa* jusqu'à la Cochinchine sont troublées. Les pirates et leurs complices sont en grand nombre arrêtés par les troupes françaises.

« Si celles-ci étaient seules juges de ces bandits, elles seraient certainement peu justes.

« Si les fonctionnaires annamites seuls étaient appelés à juger les coupables de complicité de piraterie qui se trouvent parmi les miliciens détachés auprès des Résidents, leurs jugements seraient peu impartiaux.

« Sa Majesté a donc décidé que le Tonkin et les provinces depuis *Thanh Hoá* jusqu'à la frontière française de Cochinchine seront pourvus d'un tribunal mixte appelé à juger les pirates et leurs complices ainsi que les miliciens coupables de complicité de pirateries.

« Les *án sát* des provinces et les Résidents de France feront partie de ce tribunal dont les jugements devront être adressés aux bureaux compétents.

« Les *li'nh* (soldats) des provinces, coupables de simples fautes ou délits n'intéressant nullement la piraterie, seront jugés par les fonctionnaires annamites.

« Lorsque, dans quelques années, la tranquillité sera rétablie partout, des modifications seront apportées à ce décret.

« Respectez cet édit!

« Du 16e jour du 12e mois de la 3e année de *Ðông Khánh.* »

Le tribunal mixte est donc une juridiction exceptionnelle et temporaire. Il a rendu de précieux services pendant les années 1888 à 1893. Depuis cette époque, la pacification complète du Delta est un fait accompli et les tribunaux mixtes n'avaient que très rarement l'occasion de se réunir.

Ils ont été supprimés en 1896 par arrêté du Gouverneur général qui au lieu de rétablir simplement le droit commun les a remplacés par une commission unique siégeant à Hanoï, dont l'œuvre est d'avance frappée de stérilité.

Il est facile de se rendre compte en effet, des difficultés que rencontrera cette commission dans l'examen de cas exigeant une répression prompte pour être efficace. D'un autre côté, si la commission se transporte sur les lieux elle n'aura pas à sa disposition les moyens d'investigation des autorités locales. Enfin ce système sera toujours très dispendieux et moins efficace que le tribunal mixte. On peut aussi regretter que ces dispositions aient été prises sans avoir été concertées avec la cour de *Huê*. Il semble qu'il eût été de meilleure politique de revenir purement et simplement au droit commun, c'est-à-dire à la juridiction des mandarins provinciaux. Cette mesure eût été une marque de confiance à laquelle le gouvernement annamite et les mandarins se fussent montrés très sensibles et aurait toujours permis aux Résidents d'exercer leur contrôle comme dans les tribunaux mixtes.

Nous avons dit, plus haut, que les nécessités politiques avaient fait abandonner le système pénal annamite. Les tribunaux mixtes ne pouvaient en effet appliquer la peine de l'exil dans l'intérieur du royaume à moins de créer des dépôts d'exilés gardés militairement.

La peine de l'exil avait donc été transformée, sur notre demande, par édit de la 2ᵉ année de *Thánh Thái*, souverain actuel, en travaux forcés ou plutôt en déportation. La peine de l'exil à 3,000 *li* était transformée en 9 ans de travaux forcés; celle de l'exil à 2,500 *li*, en 7 ans et celle de l'exil à 2,000 *li* en 5 ans de travaux forcés.

Ces condamnés étaient transportés en majeure partie au pénitencier de Poulo-Condor; d'autres furent transportés à Cayenne et même au Congo; les autres remplissaient les prisons provinciales ou étaient dirigés sur les territoires militaires pour être employés à des travaux de route.

A plusieurs reprises le Gouvernement annamite, demanda un adoucissement à ces pénalités, ou tenta de rapporter l'ordonnance autorisant la transformation des peines. La transportation à Poulo-Condor lui parut toujours excessive. Aucune satisfaction ne put lui être donnée. Aussi multiplia-t-il les amnisties en faveur des condamnés de droit commun et provoqua-t-il de nombreuses mesures de clémence de la part du Protectorat à l'occasion du nouvel an français, du nouvel an ou *Têt* annamite, du 14 juillet.

Ces mesures gracieuses consistant en remises d'un certain nombre d'années ou en grâces complètes, sont devenues périodiques et régulières et ont eu pour effet d'abaisser à 4 ou 5 ans en moyenne la durée des condamnations prononcées par les tribunaux mixtes. C'est, comme nous l'avons vu, la durée maxima, que les forces humaines peuvent supporter, d'après la législation annamite.

Mais il serait temps, croyons-nous, de faire transformer légalement par la cour de *Hué* le système pénal compatible avec l'exercice de notre Protectorat.

Nous pensons que l'installation de colonies pénitentiaires dans la Haute-Rivière noire offrirait de grands avantages et serait de nature à rendre à la race annamite la force d'expansion qui s'est tarie à notre contact. Ce système serait, en tout cas, le plus économique et celui qui répondrait le mieux aux institutions du pays.

DROIT CIVIL.

Il paraît indispensable d'ajouter aux notions générales qui précèdent, quelques considérations sur un certain nombre de questions de droit civil concernant la propriété.

On ne trouve dans le Code annamite aucune loi fondamentale sur la propriété ni sur le droit d'accession. Le législateur annamite, presque toujours servile imitateur du Chinois, n'a pas formulé de loi basée sur un principe général. Il a successivement étudié tous les cas litigieux et les a résolus par des décrets dont l'ensemble a été codifié sous chaque dynastie.

Les principes doivent donc être déduits des textes s'appliquant aux différents cas prévus par les ordonnances royales.

Il faut remarquer, en outre, que dans un pays d'évolution aussi lente, la loi n'est pas toujours conforme à la coutume et qu'ainsi la connaissance du Code ne suffit pas toujours pour résoudre certaines questions. Il est donc indispensable de connaître aussi les coutumes locales ayant, par un usage séculaire, plus de force que la loi elle-même.

Origine de la propriété. — L'histoire du peuple annamite nous apprend que la race des *Giao chỉ*, descendue des montagnes du sud-ouest de la Chine occupa d'abord les provinces situées au nord du Fleuve Rouge, se répandit dans tout le Tonkin et à la suite de ces nombreuses guerres contre l'État du sud, c'est-à-dire le Ciampa, royaume d'origine malaise, put s'emparer de tout le territoire de ce royaume dont les habitants furent exterminés ou durent se réfugier dans les montagnes de l'ouest ou s'expatrier.

Le nouvel empire de *Việt nam* se trouva bientôt limitrophe d'un nouvel État, le Cambodge ou royaume Khmer qui s'étendait alors sur toutes les provinces de la Cochinchine française. Comme le Ciampa, le Cambodge devait devenir la proie de la race annamite dont la force d'expansion ne se ralentit que par suite de l'intervention accidentelle de la France à la faveur de la guerre de 1860 avec la Chine. L'Annamite est donc devenu propriétaire de son territoire par droit de conquête.

Quant à la propriété particulière il suffit d'étudier la commune annamite pour en trouver l'origine. Il est incontestable que l'organisation primitive était patriarcale et collectiviste ainsi que nous l'avons vu au chapitre III, mais par suite de la rapidité prodigieuse du peuplement, les collectivités familiales se trouvèrent à l'étroit et les communes se trouvèrent fondées par l'agglomération de plusieurs familles dont les chefs formaient une oligarchie ou classe dirigeante.

On trouve dans le Code chinois un article, non reproduit dans le Code annamite. Cet article donne l'origine de la division du peuple en communes, hameaux et quartiers. Il établit que pour cent familles on nomme un *lỳ trưởng* et dix *ấp trưởng*. Ces chefs sont chargés de l'administration des affaires publiques. Il défend de créer d'autres fonctions municipales qui seraient une cause de dépenses pour le peuple.

Voilà donc la commune chinoise organisée et si l'on se rappelle que l'Annam a emprunté sa législation à la Chine, on peut en inférer que telle a dû être également organisée la commune annamite.

La propriété familiale appartenait au chef de la famille par droit du premier occupant. La preuve en est dans la législation des concessions et dans celle que nous étudierons au sujet de la création des villages. Nous avons vu que sous la dynastie des

Chân, les groupes de huit familles étaient dotés d'un terrain central concédé par l'autorité à la collectivité communale pour les besoins communs. Il en résulte que le Gouvernement en attribuant une parcelle commune à huit familles reconnaissait chacune d'elles comme propriétaire de la parcelle qu'elle occupait.

Des dissentiments survenant parmi les membres de l'agglomération communale, un groupe d'habitants composé des mécontents et des ambitieux quittaient la commune et allaient s'installer sur des terrains incultes. Mais pour légitimer leur fuite et consacrer leur autonomie, ceux-ci demandaient au Gouvernement l'autorisation de fonder une commune. Le Gouvernement toujours préoccupé du désir de favoriser l'agriculture et sachant que le premier élément de richesse d'un pays est la population, le Gouvernement accédait avec empressement aux demandes de cette nature et investissait chacun des pétitionnaires de la pleine propriété des terrains défrichés.

L'autorisation doit-elle précéder l'occupation ? Point. Le droit d'occuper un terrain inculte appartient à tout individu pourvu qu'il en fasse la déclaration et qu'il demande à en payer l'impôt. L'inscription au registre d'impôt foncier lui tient lieu de titre de propriété.

L'origine de la propriété particulière est donc le droit du premier occupant.

De l'accession à la propriété. — La propriété des biens du Domaine public s'acquiert gratuitement par le seul fait de l'inscription au *Bộ*, ainsi que nous venons de le voir.

Plusieurs personnes ont pensé que la propriété ainsi obtenue était précaire et avait plutôt le caractère d'une concession usufruitière. Cette opinion paraît basée sur ce que l'expropriation n'existe pas légalement et que l'État peut reprendre aux particuliers les terrains qui lui sont nécessaires sans ouvrir au propriétaire aucun droit à indemnité. Si le principe de l'expropriation n'existe pas dans les lois, il n'y a pas plus lieu de s'en étonner que de l'absence d'autres principes dont j'ai parlé au commencement de ce chapitre, mais pour n'être pas inscrit, le principe n'en est pas moins admis et il est de jurisprudence constante et de pratique habituelle que l'État indemnise les propriétaires des parcelles expropriées.

Le « Recueil des Règlements » contient un grand nombre d'ordonnances attribuant des indemnités d'expropriation à des particuliers dépossédés par l'État.

Peut-être le législateur a-t-il voulu par son silence éviter les spéculations de cette nature et réserver les intérêts supérieurs de l'État?

L'abandon de la propriété foncière, consistant dans le fait de cesser d'en payer l'impôt, anéantit les droits du propriétaire et la terre retourne de plein droit au domaine.

En réalité, toute terre abandonnée par son propriétaire reste à la disposition du village jusqu'à la prochaine année de révision quinquennale de l'impôt foncier. A ce moment, la commune signale l'abandon de la terre qui cesse alors d'être soumise à l'impôt et est inscrite dans la classe des *cún kinh hoang phê*.

L'occupant d'une terre inculte ayant fait sa déclaration et demandé à en payer l'impôt, l'administration vérifie sur les lieux la contenance et le bornage et autorise l'inscription au *Bộ*, mais l'impôt n'est dû immédiatement que pour les terres non défrichées et récemment abandonnées. Si les terres sont abandonnées depuis plus de 3 ans, elles sont soumises à l'impôt l'année suivante.

S'il s'agit de terres défrichées et n'ayant jamais été cultivées, la coutume est que la terre est exempte d'impôt pendant 3 ans.

Enfin s'il s'agit de terres incultes demandées pour former un village, l'impôt n'est exigible qu'après 6 ans. (Décret de la 15e année de *Minh mang*).

Le droit de propriété étant subordonné au paiement des impôts, il en résulte le principe pour chacun, de déclarer ses propriétés.

Non inscription des propriétés. — La loi punit d'un châtiment corporel et d'une amende payée au dénonciateur, la non inscription au *Bộ* des terres cultivées. Le châtiment et l'amende sont proportionnels à l'étendue des terres soustraites à l'impôt. De plus, la confiscation est prononcée quand il s'agit d'une terre vierge n'ayant aucune contiguité avec une propriété déjà soumise à l'impôt, et la terre est remise gratuitement au premier qui demande à en payer l'impôt. Dans tous les cas, celui qui a cultivé une terre non inscrite, doit payer à l'État les impôts de cette terre pour l'année où le fait est découvert et pour l'année précédente.

Un cas qui se présente fréquemment dans l'abandon de la propriété est celui où des propriétaires abandonnent leurs terres et leurs villages à la suite de faits de guerre ou de piraterie et qui reviennent lorsque la sécurité leur parait suffisante. Ce cas, qui se présente chaque jour au Tonkin, a été discuté par Philastre (Code annamite) avec une logique qui nous paraît irréfutable.

Lorsque les anciens propriétaires se présentent après 5 ans, 10 ans même pour revendiquer leurs anciennes propriétés, comment leurs revendications peuvent-elles être accueillies?

Si les terres revendiquées sont devenues incultes, si elles ont été rayées du rôle, la solution est des plus simples. L'ancien propriétaire redevient propriétaire suivant la loi et la coutume en faisant sa déclaration et en payant l'impôt.

Mais si, comme il arrive le plus fréquemment, les terres abandonnées par leur propriétaire ont continué à être cultivées soit par un particulier, soit par la commune, quels sont les droits des uns et des autres?

Le nouvel occupant, particulier ou commune n'a pas fait consacrer sa prise de possession; il a usurpé une propriété qu'il pouvait se faire attribuer, en en faisant constater l'abandon. S'il a profité du bien, s'il en a payé les impôts, il l'a fait sans l'assentiment du propriétaire, ni de l'État, héritier naturel de la propriété abandonnée. Donc, sa possession est précaire.

De son côté l'ancien propriétaire n'a pas maintenu ses droits; il n'en a pas fait connaître la non interruption en acquittant ses impôts. Mais vis-à-vis de l'État, ce propriétaire n'est pas déchu de ses droits, cette déchéance n'ayant pas été constatée. Les droits du Domaine ne sont pas légalement nés.

L'ancien propriétaire se trouve donc en face de l'occupant actuel. Or, ce dernier n'a d'autres droits que la possession actuelle qu'il eût pu faire changer en droit de propriété, ce qu'il n'a pas fait; il ne peut donc être considéré que comme un fermier qui s'est constitué volontairement représentant du propriétaire à seule charge d'en payer l'impôt et la propriété doit revenir à l'ancien propriétaire. Ils ne sont d'ailleurs fondés à aucune demande vis-à-vis l'un de l'autre. D'autre part, il n'existe aucune prescription qui soit applicable à ce cas.

Des propriétés inaliénables. — Il existe deux sortes de propriétés inaliénables. Ce sont les terres publiques mises à la disposition des communes sous le nom de *Công diên* et de *công thổ* et les propriétés particulières destinées soit au culte des ancêtres, *húóng hoả*, soit à un but pieux ou de charité *ngay diên*, soit au culte des morts sans postérité *tuyêt tư*.

Occupons nous d'abord des *công diên*.

L'origine des *công điền*, remonte à la plus haute antiquité. Nous savons déjà que lors de la constitution communale de la dynastie des *chân*, il avait été concédé au groupe de huit familles, un lot central d'une superficie égale à celle du terrain dévolu à chaque famille.

Ce lot central destiné aux services publics du groupe n'est autre chose qu'un *công điền* et il porte déjà ce titre.

Les Annamites ont procédé de la même façon en attribuant à chaque commune des biens dont elle devait l'impôt et qui étaient destinés d'une part à l'entretien des fonctionnaires et des soldats originaires de la commune, d'autre part à distribuer à chaque inscrit une parcelle de terrain dont la possession avait pour but de le fixer au sol et pour effet de le garantir en cas de perte, de ses biens propres.

C'est à tort que ces biens ont été appelés : biens communaux. La commune n'est pas propriétaire de ces biens mais simplement usufruitière. La meilleure preuve en est que la commune n'a pas le droit de les aliéner, en vertu du principe de droit annamite : Il est interdit de vendre la propriété d'autrui.

Il existe d'ailleurs de véritables biens communaux ; ce sont les *Bổn thôn điền* ce qui signifie littéralement : champs appartenant à la commune. Ces biens ne sont pas inaliénables et ne peuvent l'être, étant donné l'organisation et la constitution de la commune annamite.

On s'est basé, pour donner aux *công điền* le qualificatif de communales, sur ce que le fait de payer l'impôt confère le droit de propriété et sur le décret de la 2e année de *Gia-Long* interdisant aux communes la vente des *công điền*.

Si le fait de payer l'impôt confère le droit de propriété aux particuliers, il n'en est pas de même pour les communes; l'impôt n'est ici que le signe de la possession, l'intérêt de l'usufruit de propriétés. car la commune loin d'en être propriétaire et d'en disposer à son gré, doit les attribuer à certaines catégories d'individus déterminées par la loi.

L'État met ces biens à la disposition des communes pour en affecter le produit aux services publics. Ce sont donc en réalité des *biens publics* et non des biens communaux.

En ce qui concerne le décret de *Gia-Long*, il n'a pas eu pour but de restreindre la liberté des communes, mais simplement de rappeler la défense d'aliéner le bien d'autrui, ce qui peut paraître étrange à nos idées sur le droit, mais qui est bien du droit annamite. On sait que de nombreuses communes n'ont aucun scrupule à vendre clandestinement des parcelles de ce domaine, bien que le sachant inaliénable.

Les communes ne possèdent pas toutes des *công điền*. Il en est qui possèdent non seulement des *công điền* mais encore des biens communaux proprement dits, *bổn thôn điền*. Comment les communes acquièrent-elles leurs biens communaux? De différentes façons. Nous savons que la commune est personne morale complète, capable d'acquérir et de vendre sans l'intervention de l'administration. Or, quand une commune est riche et bien administrée, son budget particulier et propre, absolument indépendant du fisc, peut lui créer des ressources; d'un autre côté elle peut recevoir des dons privés. Elle place ses revenus comme il lui plaît, notamment en achetant des terrains particuliers, qu'elle loue ou vend à son gré (1).

Beaucoup de communes du Tonkin vendent à des colons des terrains incultes ou des montagnes dont elles ne paient pas l'impôt, en faisant accroire que ce sont des biens communaux, *bổn thôn điền* ou *bổn thôn thổ*. Ces ventes sont illégales et frauduleuses, mais les colons préfèrent acheter ainsi des terrains que de se soumettre aux multiples et interminables formalités administratives qu'entraînent les demandes de concession.

A la faveur des troubles et des tâtonnements administratifs des premières années, les communes ont aliéné beaucoup de *công điền*, de *công thổ* soit à des particuliers, soit aux Missions catholiques, et le régime de la propriété se trouve menacé si les Résidents n'apportent pas une grande attention et une sollicitude éclairée sur cette question si importante.

Création de la commune. — La création des villages est

---

(1) Tout ce que nous avons dit de la commune annamite et des *công điền* ne peut pas s'appliquer à la Cochinchine française où la commune annamite a été ruinée et la législation annamite abandonnée (N. d. l'A.).

toujours due à l'initiative privée. Quelques particuliers ayant fait choix d'un emplacement de terres incultes ont l'intention de s'y fixer et d'y constituer une nouvelle commune. Ils rédigent, en double expédition, une demande au *quan Bố*. Cette pièce indique les limites du terrain choisi, la superficie totale, le nom, l'âge et le domicile des pétitionnaires, le lotissement du terrain entre les pétitionnaires, la nature des cultures à entreprendre, enfin le nom proposé pour la nouvelle commune. La demande est généralement accompagnée d'un plan.

Un des deux originaux est conservé dans les bureaux du *quan Bố* : l'autre est remis au *quan phủ* ou *quan huyện* avec ordre d'aller visiter les lieux avec un délégué du *quan bố*, généralement le *thông phán*.

Le chef de circonscription, *quan phủ* on *quan huyện*, après avoir convoqué pour un jour indiqué, le chef de canton, les notables des communes limitrophes et les pétitionnaires, se rend sur les lieux avec le délégué du *quan bố*.

La commission reconnaît le terrain en présence de tous les intéressés et des représentants des communes limitrophes.

Elle délimite le territoire de la nouvelle commune et procède à la confection du *điạ bộ*, c'est-à-dire à la description des propriétés dont elle dessine le plan parcellaire.

Procès-verbal de ces opérations est dressé en double expédition et signé de toutes les personnes présentes.

Ce procès-verbal est adressé au *quan bổ*. L'un des deux originaux est présenté par le *quan bổ* au *tổng đốc* après y avoir inscrit les deux caractères : *Trình biện* « présenté à l'examen ».

Le *tổng đốc* mentionne son approbation par les deux caractères : *Chiền biện :* « vu et examiné » et fait apposer ses sceaux, puis il le fait remettre au *quan bổ*.

Cette pièce appelée *tờ chánh* « pièce principale » est annexée par le *quan bổ* à la pétition *đón thân* « pétition à conserver » et classée au archives du bureau des finances *phong hổ*.

L'autre original appelé *tờ phó* « pièce adjointe » est revêtu des sceaux du *quan bổ* et des caractère *chiền liền* « vu et terminé ». Il est ensuite retourné au chef de la circonscription avec la pétition portant l'ordre au *quan phủ* ou *quan huyện* de faire la visite.

Le chef de la circonscription garde dans ses archives le procès-verbal approuvé par la province, mais il en reproduit les données dans un rapport appelé *án khám* « rapport de visite » ou « procès-verbal de constat ». Il fait signer à ce rapport les mêmes personnes qui ont déjà signé le procès-verbal de vérification dressé par la commission d'examen ; il y appose son cachet, en délivre une expédition au futur maire de la nouvelle commune et garde l'autre dans ses archives avec le procès-verbal portant l'approbation du *quan bổ*.

La commune est ainsi constituée et les pièces le constatant se trouvent à la fois, au village, à la circonscription et à la province.

Propriétés particulières inaliénables. — Les biens réservés au culte des ancêtres appelés *hương hoả* « encens et feu » forment une sorte de majorat au bénéfice de l'aîné des fils de droite lignée, à charge par ce dernier de pourvoir aux frais des cérémonies commémoratives en l'honneur du chef de la famille et à l'entretien des tombeaux des ancêtres.

L'aîné des fils de droite lignée est toujours investi de ce sacerdoce même contre les volontés orales ou écrites du chef de famille.

Les filles sont inaptes à célébrer le culte des ancêtres. En cas d'absence ou de décès du fils aîné de droite lignée, le majorat religieux revient au fils de ce dernier. Si le fils aîné de droite lignée meurt sans enfants, c'est le puiné de droite lignée qui a l'usufruit du *hương hoả*.

Ce majorat ne peut devenir la possession de l'aîné des fils de commune lignée qu'au cas où il n'existe pas de fils de droite lignée.

S'il n'existe aucune descendance mâle de droite ou de commune lignée, la famille doit, aux termes de la loi « susciter une postérité ». L'on choisit, dans ce cas, un neveu de la même souche, mais qui ne soit pas lui-même fils unique.

A défaut de parents mâles de la même souche, la famille est éteinte et un enfant adoptif de nom étranger n'est jamais apte à servir de postérité.

Les enfants de droite lignée sont ceux qui sont issus de la *đích mẫu* « épouse » ou de la *kế mẫu* « deuxième épouse ». Il ne faut pas confondre épouse avec concubine. Un Annamite n'a jamais qu'une seule épouse; après la mort de celle-ci, une autre femme prise en dehors de ses concubines devient la deuxième épouse ou *kẽ mãu*.

Les enfants nés des concubines s'appellent enfants de « commune lignée ».

Les propriétés constituées en *ngaý diên* ou en *tuyẽt tú* sont également inaliénables par les particuliers qui en ont accepté la jouissance.

Tous ces biens doivent, aux termes de la loi, être marqués d'une inscription dans la pierre, destinée à faire connaître le motif de la fondation.

Les biens inaliénables ne peuvent être confisqués par l'État ni servir à la restitution de produits illicites.

Transmission de la propriété. — La transmission de la propriété s'opère, soit par contrat de vente, soit par testament, soit par succession.

Le Code annamite ne parle pas des droits attachés à la possession ou à la propriété. Il ne parle des biens que dans le but de protéger la propriété par des sanctions pénales. Le droit civil annamite s'occupe fort peu des particuliers; il n'a en vue que la société en général ou la famille. Il semble abandonner les litiges particuliers à l'autorité des chefs de famille et des chefs de village.

Le but de la loi est de faire régner l'ordre dans la société et pour cela, de réprimer l'humeur processive des citoyens. Les droits et les devoirs des individus doivent être enseignés dans la famille. Aussi tout ce qui concerne les relations entre particuliers ne fait l'objet d'aucune loi. Il appartient au chef de la famille de régler les contestations qui s'élèvent parmi ses membres; il appartient à l'autorité communale de régler les difficultés civiles entre ses habitants.

Tel est l'esprit général de la loi annamite.

Le droit des particuliers exige donc de la part du juge une connaissance approfondie des rites, des mœurs et de la philosophie chinois et l'on ne peut y arriver sans avoir étudié la langue, la littérature et les coutumes du pays.

C'est donc une utopie dangereuse de vouloir appliquer notre Code civil à un peuple qui a la polygamie, la liberté de tester, les majorats, une adoption spéciale et tant d'autres questions étrangères à notre civilisation.

La transmission de la propriété en droit annamite, a lieu par le seul consentement des parties. Il ne paraît pas que la tradition réelle de la chose fût nécessaire pour que la propriété fût transmise.

Les conventions sont constatées par des actes écrits, soit authentiques, soit sous seing privé.

Les actes sont rédigés par les parties elles-mêmes ou par un lettré de leur choix.

L'acte est authentique quand il est revêtu de la signature et du cachet du *lý trưởng*.

Il n'est guère employé que pour la transmission des propriétés immobilières.

L'acte authentique vaut non seulement entre les parties et les ayants droit, mais la force probante s'étend aux tiers pour ce qui est contenu dans l'acte bien que sa force efficiente soit restreinte aux parties et aux ayants droit.

L'acte sous seing privé ne porte généralement que la signature d'une des parties au lieu d'être signé par tous les intéressés. Il est rédigé en simple expédition, ce qui rend son efficacité très précaire.

Ainsi le vendeur seul signe l'acte de vente et le remet à l'acheteur contre paiement du prix convenu. La possession de l'acte est, d'après la coutume, une preuve de quittance.

Cette manière de procéder offre de grands inconvénients lorsque, par exemple, il s'agit de la vente temporaire de l'usufruit.

L'acheteur reçoit l'acte de vente et prend possession de la terre. Celui-ci a intérêt, s'il est de mauvaise foi, à faire disparaître l'acte qui constate un simple usufruit. La terre étant en sa possession, s'il a l'habileté de faire substituer au *Điền bộ*, son nom à celui du propriétaire, il sera fort difficile à ce dernier de revendiquer sa propriété. Il sera donc dépouillé de son bien.

Cette manœuvre qui était autrefois assez difficile, à cause du contrôle des mutations, est des plus faciles aujourd'hui.

L'acte sous seing privé peut être désavoué et dans ce cas, il appartient à celui qui le produit d'en prouver le sincérité. Or les expertises d'écriture sont très douteuses, la preuve par témoins, à laquelle la loi n'assigne nulle limite, est bien précaire.

L'acte authentique, au contraire, offre une force probante presque indestructible, car il faut, pour l'attaquer, prouver que la signature et le cachet du *lý trưởng* ont été falsifiés.

En général, les Annamites sont très attachés à leurs propriétés et ne consentent à les vendre que lorsque les événements ou les circonstances les y obligent impérieusement. Mais une coutume très répandue et généralement pratiquée est celle qui consiste à vendre sous condition de rachat; ils abandonnent ainsi temporairement leurs biens au profit d'un prêteur avec l'espoir de les reprendre dans des temps meilleurs.

Cette façon d'emprunter de l'argent est la plus économique parce que les revenus de la terre ou de l'immeuble mis en gage composent ou tout au moins atténuent les intérêts de la somme empruntée.

L'acte constatant cette opération doit toujours être authentique, il énonce la condition du rachat. La loi l'exige ainsi, du moins; en réalité, les contractants laissent généralement dans la rédaction de ces actes une obscurité voulue autant que fâcheuse. La condition de rachat est toujours indiquée mais, le plus souvent, il n'est pas question du délai de rachat.

Quoi qu'il en soit, le propriétaire remet l'acte entre les mains de son prêteur en même temps que ses titres de propriété. Il ne lui reste comme garantie que l'inscription au *Bộ*.

Dans le cas où le contrat ne stipule aucune limite pour la faculté de rachat, le propriétaire peut exiger le rachat dès qu'il est en mesure de rembourser la somme empruntée, et, si le prêteur y met obstacle, il encourt des dommages-intérêts. Il en sera de même si, à l'époque fixée pour le rachat, le nanti refuse de se dessaisir de sa possession.

Si, à l'époque fixée pour le rachat, le propriétaire n'est pas en mesure de rembourser la somme empruntée, quels sont les droits du prêteur? Il continue à jouir des revenus de l'immeuble, mais il a la faculté de transférer le nantissement à un tiers pour la même somme que celle qu'il a prêtée au propriétaire.

De son côté, ce dernier peut passer son gage à un nouveau prêteur en désintéressant le premier. Ainsi, à moins qu'il ne soit expressément stipulé dans l'acte, et c'est dans ce cas, une vente à réméré, le défaut de paiement au terme convenu, ne fait pas perdre ses droits au propriétaire.

On ne trouve dans le Code aucune disposition au sujet de la prescription trentenaire adoptée par la jurisprudence française en Cochinchine. Il existe, à la vérité, un décret de la 20ᵉ année de *Minh mang* qui établit d'une façon certaine cette prescription, mais si ce décret était exécuté dans toute sa rigueur, il ruinerait complètement la législation antérieure appliquée encore actuellement en Annam.

En effet, ce décret établit que la durée fixe écoulée, si le « bien n'est racheté, le détenteur sera reconnu

« propriétaire et l'on ne pourra plus autoriser le ra-
« chat ».

Si cette disposition s'applique aux nantissements
aussi bien qu'aux ventes à réméré, elle annule l'article 89 du Code. La pratique n'a d'ailleurs jamais
permis de suivre ce texte.

Le même décret ordonne que « si l'époque du ra-
« chat est indéterminée on considèrera le délai comme
« étant de trente ans ; passé trente ans, on n'autori-
« sera plus le rachat ».

Ces deux membres de phrases ne se peuvent concilier aisément. Si l'acte ne comporte pas de délai,
l'occupant peut refuser le rachat avant les trente ans
de la durée de l'acte. Au bout de 5o ans, il serait, par
suite, de plein droit, propriétaire. On ne saurait admettre une pareille explication qui, cependant, découle
naturellement des termes du décret. Aussi ne faut-il
pas s'étonner que ce décret n'ai jamais été incorporé
au Code. Enfin la prescription trentenaire n'existe
que dans le Code chinois et n'a jamais été reproduite
dans le Code annamite.

Le dol, en matière de vente, et l'agio, sont punis
par le Code annamite (art. 137).

Des successions. — Les biens patrimoniaux ne peuvent
être partagés du vivant des ascendants. L'agrégation
familiale ne peut se dissoudre pendant la vie du chef
de famille.

Les enfants ne peuvent donc, tant que les ascendants existent, rien posséder en propre, ni même jouir de la libre disposition de leur personne ; ils sont sous la tutelle paternelle jusqu'à la mort du père. L'Annamite ne devient civilement majeur qu'à la mort de ses parents. L'indivision du patrimoine doit encore subsister pendant toute la durée légale du deuil qui est de 3 ans.

D'après la loi, les enfants mâles héritent par parts égales des biens patrimoniaux et il n'est fait aucune distinction entre les enfants de l'épouse et des concubines.

Les filles sont exclues du partage.

La loi est formelle et l'on peut se demander d'où provient cette sévérité à l'égard des filles. C'est qu'en se mariant, les filles sortent de la famille d'une façon définitive. Or, le principe de la constitution de la famille, basé sur le culte des ancêtres, explique la répugnance des Annamites pour le morcellement de la propriété patrimoniale. La terre familiale doit rester dans la famille. « Par là, dit le commentateur du Code, « la loi enseigne aux hommes à respecter les devoirs « de la piété filiale ».

Il faut ajouter que la coutume a toujours été plus forte que la loi et que la coutume considère les filles comme aptes à hériter dans les mêmes limites que les garçons. La loi ne peut d'ailleurs intervenir dans les questions de partage et de succession que sur la plainte des intéressés.

Il est d'usage, lorsqu'une fille se marie, de lui donner une rizière ou une terre pour faciliter l'établissement des jeunes époux. Dans ces conditions, elle est exclue de la succession lorsque le partage a lieu ; la dot n'est pas considérée comme une avance d'hoirie mais comme une donation équivalente à sa part de l'héritage paternel.

Au point de vue légal, les filles ne sont habiles à hériter que lorsque la famille est éteinte et qu'il n'existe plus aucune personne de la même souche, apte à continuer la postérité.

S'il n'y a pas de filles, les biens sont vendus et le produit employé à un objet d'intérêt public.

Il résulte des dispositions de la loi que le droit de succession n'existe que dans la ligne directe de père en fils, seulement à l'exclusion des filles et de la ligne collatérale.

Cependant un décret de *Thiên Trị*, postérieur au Code, établit le droit à la succession des neveux et des cousins à défaut d'héritiers naturels.

La loi annamite ne contient aucune disposition fiscale en matière de succession ou de mutation d'immeubles.

Il est admis que le père et la mère peuvent partager leurs biens entre leurs enfants comme il leur convient, et même déshériter complètement les uns au profit des autres. C'est pourquoi la loi ne s'occupe que du partage des biens après le décès des parents et quand ceux-ci n'ont pas laissé de testament.

La veuve qui n'a pas de fils et qui conserve le deuil

de l'époux, hérite des biens de la communauté et, avec l'assistance des principaux membres de la famille, elle choisit quelqu'un, apte à être institué comme postérité de son époux.

La veuve qui a des enfants conserve l'usufruit des biens patrimoniaux et nul ne peut l'obliger au partage. Les biens restent inscrits sous le nom de l'époux décédé. Si elle se remarie, la succession doit être liquidée et la famille de l'époux peut reprendre les biens et même les enfants de l'époux. L'usufruit des biens patrimoniaux ne s'étend pas aux biens constitués en *hương hoả*.

Un acte de partage établi par la famille ne peut être annulé ni même attaqué.

Testaments. — Nous avons vu que le chef de famille est libre de disposer de ses biens comme il l'entend. Les testaments revêtent différentes formes. Il y a d'abord les testaments olographes, écrits et signés de la main du testateur ; il y a ensuite les testaments authentiques, faits en présence du *lý trưởng* qui les certifie par sa signature et son cachet ; il y a enfin les actes de partage faits en présence de tous les intéressés qui signent tous au testament avec le chef, de famille.

Quelle est la force probante de ces divers actes ? La loi ne l'indique point, mais, comme pour les actes de vente, les testaments authentiques sont ceux qui garantissent le mieux les volontés du testateur.

Les testaments olographes peuvent être soustraits ou anéantis par ceux qui y ont intérêt.

Les actes de partage, s'ils ne sont pas faits en un nombre suffisant d'expéditions, peuvent donner lieu à des contestations.

Du vol des immeubles. — L'expression « vol des immeubles », indique la différence entre le droit français et le droit annamite. Dans le premier, cette expression n'a pas de sens légal ; au contraire, le second admet le vol des immeubles.

Le vol des immeubles consiste dans le fait de vendre la propriété d'autrui ; c'est ce que nous appelons le stellionat.

Le stellionat n'est pas puni par les lois françaises : il est, au contraire, sévèrement réprimé par le Code annamite.

La peine est graduée d'après l'étendue des terres vendues frauduleusement, la vente est annulée, le produit des biens usurpés doit être intégralement restitué au propriétaire.

S'il est établi que les terres usurpées n'ont rien produit, le propriétaire peut encore réclamer des dommages-intérêts basés sur ce que la propriété aurait pu rapporter entre ses mains. La réparation du dommage causé à autrui est donc un principe de droit annamite.

La loi est muette à l'égard de l'acheteur et des témoins caution, mais il paraît évident et conforme à la jurisprudence, que si ces derniers avaient connaissance de l'illégalité de la transaction, ils doivent être punis de la même peine que les auteurs.

Cette jurisprudence est d'ailleurs conforme à la règle générale d'incrimination de tous ceux qui ont participé à un fait délictueux.

CHAPITRE VIII.

Colonisation.

Ainsi qu'on a pu s'en rendre compte par les dispositions législatives en usage dans l'empire d'Annam, la colonisation était une des idées dominantes du gouvernement et chez nul peuple, on ne rencontre, à un pareil degré d'intensité, la force colonisatrice.

Nous avons vu combien l'accession à la propriété était facile. Les formalités pour la constitution des villages étaient également des plus simples.

Le reproche de centralisation outrancière si souvent adressé à l'administration annamite ne peut s'attaquer à la législation des concessions, empreinte du plus pur libéralisme et remarquable par sa simplicité. Les résultats dont témoigne l'histoire du peuple annamite, attestent suffisamment, d'ailleurs, la supériorité de l'efficacité de cette législation.

Dans leur marche envahissante du nord au sud, les Annamites tenaient surtout à peupler de leur race les territoires conquis,

Pour atteindre ce but, ils fixaient au sol conquis les familles des soldats, en donnant à ces derniers des concessions de terrain autour des postes qu'ils occupaient. Ces concessions étaient appelées *đồn điền*.

C'est grâce à ce système que la Cochinchine fut si 1apidement peuplée d'Annamites. Les ‚Cambodgiens, refoulés vers l'ouest, s'installèrent dans le Bassac; d'autres regagnèrent les montagnes de *Châu đốc*.

Cette population ne se mélangea pas avec les vainqueurs et encore de nos jours, les Cambodgiens vivent à part au milieu des Annamites qui absorbent graduellement tout le pays.

Le Protectorat annamite sur le Cambodge serait sans nul doute, devenu une annexion sans l'intervention française et la prise de la Basse-Cochinchine. Le royaume du Cambodge était déjà entamé et les Annamites considéraient déjà les provinces situées sur le Mékong, comme deux provinces annamites : celles de *Nam Vàng* et de *Gò sát* (Pursat).

Une colonie annamite assez importante était établie à Bangkok, mais insuffisamment protégée elle a périclité en nos mains, au lieu d'être le premier élément de l'absorption du Siam par la race annamite qui paraissait destinée à envahir toute la péninsule.

Il est regrettable de constater que cette admirable expansibilité de la race annamite s'est tarie à notre contact, au lieu d'être encouragée et fortifiée, parce que nous avons méconnu le génie et la civilisation ánnamites et que nous avons eu hâte d'importer dans ce pays des institutions que le peuple ne peut ni comprendre ni apprécier et qui sont contraires à ses mœurs et coutumes aussi bien qu'à son état social ; aussi nos institutions, bien loin de régénérer ce peuple, l'ont asservi et ont du même coup paralysé son essor et son activité.

Il eût été préférable au point de vue économique de perfectionner les institutions du pays au lieu de les supprimer. On ne change pas les mœurs d'un pays en substituant à la tradition nationale, une administration étrangère ayant toujours un caractère oppressif et plus on étudie la législation du pays plus on trouve qu'elle était en parfaite harmonie avec la civilisation.

Cette civilisation est très perfectible, mais il faut apporter à cette œuvre beaucoup de prudence et d'adresse ; il faut surtout lui laisser son caractère national, car bien que l'on ait prétendu que le patriotisme n'existe pas en Annam, la vérité est, au contraire, que nul peuple n'est aussi jaloux de son indépendance, de ses institutions et de ses traditions. Notre rôle consistait donc à perfectionner les institutions en leur laissant leur caractère national, à entreprendre des travaux d'utilité publique ayant pour but de multiplier les relations des habitants, et de combattre les effets des inondations ou des sécheresses, de manière à montrer aux populations les preuves tangibles de notre supériorité et de notre sollicitude pour leur bien-être matériel. La conquête morale est à ce prix et notre œuvre sera stérile jusque-là.

Après avoir constaté l'admirable fécondité de la législation annamite en matière de colonisation, il nous reste à examiner l'état de la colonisation française en Annam et au Tonkin. S'est-on inspiré de la législation annamite vis-à-vis de nos colons? Nullement. On a compliqué à plaisir les formalités administratives de manière à décourager les plus résolus.

L'arrêté du 5 septembre 1888 détermine les conditions dans lesquelles un Français peut obtenir une concession de terrains ruraux. Les dispositions essentielles sont les suivantes :

Le colon ayant fait choix d'un emplacement de terrain inculte doit rédiger une demande et y annexer un plan certifié par l'agent des travaux publics de la circonscription.

La demande doit rester déposée à la Résidence pendant trois mois;

La demande ne peut dépasser 100 hectares ;

La concession est provisoire pendant 5 ans; elle donne lieu à la perception d'un franc par hectare;

Le concessionnaire s'engage à mettre le terrain en culture ou en exploitation à raison d'un cinquième par an.

Au bout de 5 ans, les parties non cultivées font retour au domaine par simple décision administrative.

Enfin, l'administration *ne garantit pas* les concessionnaires des troubles, évictions ou revendications qui pourraient subvenir après la signature de l'arrêté.

« Donner et retenir ne vaut », dit un vieil adage de droit. Or, ici, tout en délivrant un titre de concession dont on a étudié le bien fondé pendant 3 mois, on ne garantit pas au concessionnaire la possession de la propriété c'est-à-dire la valeur du titre de consession.

Quoi qu'il en soit, cet arrêté résume tous les efforts faits par le Gouvernement du Protectorat pour le développement de la colonisation agricole jusqu'en 1896.

Cet arrêté ne se présente pas évidemment sous la forme d'un appel ou d'un encouragement à la colonisation française. Il a plutôt l'aspect d'une arme défensive au cas où quelque colon imprudent serait assez audacieux pour tenter de s'établir sur les nombreux terrains disponibles au Tonkin.

Je suis obligé, bien à regret, d'avouer l'existence d'un arrêté du 7 juillet 1888, réglementant les *concessions à accorder aux indigènes.*

La législation indigène ne paraît pas avoir été abrogée du fait de l'établissement de notre Protectorat ; il n'y est même fait aucune allusion dans le traité du 6 juin 1884. Dans ces conditions, et tant que l'annexion du pays n'est pas consommée en fait ni en droit, il semble que cet arrêté signé Richaud, ne peut recevoir aucune exécution, étant de nul effet.

Cependant cet acte fournit matière à de plus amples réflexions.

Si la législation annamite est toujours applicable

aux indigènes, il est certain que des concessions peuvent être accordéee par le *Tŏng dŏc* ou gouverneur de la province, ou même par le *Quan bŏ*, aux Annamites qui en font la demande en s'offrant à payer l'impôt des terres défrichées. Les Résidents chargés de contrôler l'administration indigène ne peuvent qu'approuver ces actes.

La haute sanction du Gouverneur général, ou même du Résident supérieur. paraît inutile.

Mais s'il s'agit de concession de terres à un Français, le Résident ne peut que soumettre la demande au Résident supérieur, son chef hiérarchique, et c'est le Gouverneur général qui accorde la concession par arrêté.

D'ou il résulte que nos Résidents ont des pouvoirs inférieurs à ceux des mandarins qu'ils sont chargés de contrôler ;

Que notre législation centralisatrice est plus défavorable aux colons français que ne l'est la législation annamite à l'égard des indigènes.

Il semblerait aussi plus logique, dans un pays protégé, que les concessions fussent accordées au nom du Roi. Cette opinion n'a pas pour but de faire reculer notre influence, toujours prépondérante, mais bien plus, de garantir sérieusement la propriété des concessionnaires.

Il est incontestable, en effet, qu'en droit, le domaine n'appartient pas au Protectorat, mais à la Couronne. Si nous supposons donc, un instant seulement que, par suite d'événements malheureux, la France soit obligée d'abandonner au profit d'une autre puissance européenne, le Protectorat de l'Annam, les concessionnaires investis par la France seraient purement et simplement évincés, tandis que les propriétaires dont les titres émaneraient du gouvernement annamite ne pourraient être dépossédés sans indemnité.

C'est donc à tort, selon nous, que le domaine est considéré comme propriété du Protectorat et les conséquences de ce mode d'agir sont pleines de dangers au point de vue politique aussi bien qu'au point de vue économique. L'ordonnance royale du 3 octobre 1888, a délégué au Gouverneur général les pouvoirs du Gouvernement annamite pour l'aliénation des terrains domaniaux aux Européens, mais elle n'a pas abandonné le domaine au profit de la France. Elle a, au contraire, cédé en toute propriété à la France, le territoire des villes de Hanoï, Haïphong et Tourane, qui sont devenues concessions françaises.

L'arrêté du 5 septembre 1888, a été modifié en 1896, par celui du 18 août, qui est actuellement en vigueur et qui marque déjà un pas en avant dans la voie du progrès.

Pour permettre aux colons désireux de fonder une exploitation agricole, de choisir un emplacement sans être obligés à des reconnaissances pénibles et dispendieuses sur toute l'étendue du territoire du Tonkin, M. Rousseau, gouverneur général, prescrivit aux

Résidents de faire le relevé de toutes les terres disponibles de leur province. Ces travaux, centralisés à Hanoï, facilitent aux colons le choix des terrains où ils ont l'intention de s'établir. Ils peuvent ainsi diriger plus aisément et plus sûrement leurs recherches et épargner beaucoup de temps et de frais.

Voici, in-extenso, l'arrêté du 18 août 1896, en vigueur actuellement au Tonkin.

ARTICLE PREMIER. — Des concessions de terrains ruraux libres et appartenant à l'État (1) pourront être, au Tonkin, accordées aux Français qui en feront la demande dans le but de créer des exploitations agricoles ou de s'adonner à l'élevage du bétail.

Ces terrains sont de deux catégories :

La 1re catégorie comprend les terrains libres dont le lotissement a pu être opéré conformément aux dispositions du paragraphe ci-après ;

La 2e catégorie comprend les terrains domaniaux dont le lotissement n'a pu encore être effectué.

Un état de terrains de la 1re catégorie ci-dessus est tenu, pour chaque province, dans les bureaux du chef de province. Le double de cet état est déposé à la Direction des affaires agricoles à Hanoï.

Cet état fait connaître pour chaque lot :

La situation ;

---

(1) Les terrains ruraux libres ne peuvent appartenir qu'à l'État annamite.

Les limites générales ;

La contenance approximative ;

La distance du chef-lieu de la province, d'un cours d'eau navigable ou de la voie ferrée ; l'itinéraire à suivre pour s'y rendre ; la nature du sol ;

La nature de la végétation ;

Les moyens de communication ;

Les cultures possibles ;

Il est publié au *Journal officiel*.

ARTICLE 2. — Les concessions ainsi accordées sont provisoires. Elles deviennent définitives sur la demande des concessionnaires, au fur et à mesure de leur mise en culture ou en exploitation dans les conditions et suivant les formes déterminées à l'art. 8 du présent arrêté.

Elles ne donnent lieu à aucune redevance autre que celle d'un franc par année et par concession, prévue à l'article 12 du présent arrêté.

ARTICLE 3. — Les concessions ne comprennent que la surface du sol ; les mines, les carrières autres que les carrières de matériaux de construction et généralement les produits du sous-sol sont réservés et soumis à des règles spéciales. Les carrières de matériaux de construction et les gîtes d'alluvions seront compris dans les concessions.

Les rivages de la mer sont réservés jusqu'à 80 mètres, à partir des plus hautes mers.

Il en est de même des rives des fleuves, jusqu'à 25 mètres des rivages.

ARTICLE 4. — Le pétitionnaire adresse sa demande

au Résident chef de la province où est situé le terrain demandé.

La demande indique les noms et prénoms, le lieu et la date de naissance, le domicile du pétitionnaire, qui devra joindre à sa demande les pièces attestant sa qualité de Français ; elle fait connaître, en outre, la situation, les limites générales, la contenance approximative des terrains dont la concession est sollicitée, et l'objet de la concession.

S'il s'agit de terrains de la 1re catégorie, le pétitionnaire pourra entrer en possession immédiate des terrains demandés, sur une simple autorisation écrite du chef de la province, qui sera confirmée par l'arrêté de concession provisoire. Cet arrêté sera publié dans le délai d'un mois au *Journal officiel*.

ARTICLE 5. — S'il s'agit de terrains de la 2e catégorie, le Résident chef de province délivre au pétitionnaire un récépissé de sa demande de concession.

Le Résident, aussitôt après avoir reçu la demande, procède à une enquête ayant pour objet d'établir le caractère domanial des terrains dont la concession est demandée. Il vérifiera, en même temps, d'une façon sommaire, l'exactitude des indications fournies par le pétitionnaire, au point de vue de la surface, des limites et de la situation des concessions demandées.

Il rend compte au secrétaire général (Résident supérieur), lors de la transmission du dossier, des résultats de sa vérification.

Les demandes de concession de terrain de la 2e catégorie sont portées, au cours de cette enquête, à la connaissance du public, par l'insertion au *Journal officiel* et au journal en caractères et par l'affichage, en français et en caractères, au chef-lieu de la province et dans les communes, sur le territoire desquelles les terrains demandés sont situés.

Le Résident chef de la province, dans les cinq jours qui suivent le dépôt de la demande, adresse une copie de celle-ci au secrétaire général, en vue de l'insertion à faire au *Journal officiel* et au journal en caractères.

L'affichage doit être effectué par ses soins dans le même délai.

ARTICLE 6. — Les oppositions visant les demandes de terrains de la 2ᵉ catégorie sont reçues au secrétariat général et dans les bureaux du Résident chef de la province, pendant un mois à compter du jour de l'insertion au *Journal officiel*.

Passé ce délai, les oppositions ne sont plus admises par l'autorité administrative, et il appartient, le cas échéant, à l'autorité judiciaire, de statuer.

Les oppositions reçues au secrétariat général sont envoyées d'urgence au Résident chef de la province. Celui-ci procède, sans délai, à l'examen de ces oppositions, ainsi que de celles qui lui ont été directement signifiées. Le règlement en est poursuivi par ses soins avec la plus grande diligence.

Dès que le dossier de la demande est complet et que le règlement des oppositions est achevé, le Résident transmet le dossier au secrétariat général.

Dans le cas où il ne s'est pas produit d'opposition,

cette transmission doit être opérée dans un délai de deux mois au maximum, à compter du jour du dépôt de la demande de concession.

Dans le même cas, le pétitionnaire est, dès l'arrivée du dossier au secrétariat général, autorisé par lettre du Secrétaire général à s'établir sur les terrains qui doivent lui être concédés.

Si des oppositions se sont produites, la même autorisation est donnée au pétitionnaire aussitôt après le règlement de ces oppositions.

Dès que le pétitionnaire a été autorisé par le Secrétaire général à s'établir sur les terrains qui doivent lui être concédés, il est tenu de marquer sur le sol, d'une façon apparente et réelle les limites de sa concession.

L'arrêté de concession provisoire pourra être signé aussitôt après l'achèvement de l'enquête.

ARTICLE 7. — En principe, toute personne ayant cultivé, depuis moins de deux ans, un terrain englobé dans une concession, a droit, même sans posséder de titre, à une indemnité fixée par le Secrétaire général sur la proposition du Résident chef de province.

Le pétitionnaire ne peut s'installer sur la concession qu'après avoir payé aux ayants droit, par l'intermédiaire du Résident chef de la province, les indemnités allouées par application du paragraphe précédent du présent article.

ARTICLE 8. — Les concessions deviennent définitives sur la demande des concessionnaires, au fur et à mesure de leur mise en état de culture ou d'exploitation, par fractions de dix hectares au minimum. Une commission composée du Résident chef de la province, d'un agent des travaux publics, d'un colon agriculteur français habitant la province, ou, à défaut, d'un colon agriculteur français habitant l'une des provinces limitrophes, est chargée de donner son avis, après examen des lieux, sur l'accomplissement de ces conditions de mise en état de culture ou d'exploitation et de superficie. Le procès-verbal des opérations de cette commission est transmis par le chef de la province au Secrétaire général.

A l'expiration de la deuxième année, à partir de la date de l'arrêté de concession provisoire, le concessionnaire est tenu d'avoir mis en état de culture ou d'exploitation le cinquième au moins de la surface des terrains qui lui auront été provisoirement concédés, sous peine d'encourir la déchéance immédiate de la partie de la concession provisoire nonencore cultivée ou mise en état d'exploitation. La commission prévue au 1er paragraphe du présent article donne son avis, après examen des lieux, sur l'accomplissement de cette condition. Le Résident chef de la province est tenu de réunir cette commission dans les deux mois qui suivent l'expiration de la deuxième année. Il invite par lettre le concessionnaire à assiter aux opérations de la commission. En cas de déchéance encourue, le Gouverneur général statue sur le rapport du secrétaire général.

La partie de la concession provisoire, mise à l'expiration de la deuxième année, en état de culture ou d'exploitation par le concessionnaire et n'atteignant pas au moins le cinquième de la surface des territoires concédés, sera néanmoins concédée définitivement à celui-ci, s'il en fait la demande, même avant l'expiration de la cinquième année.

ARTICLE 9. — A l'expiration de la cinquième année, à partir de la date de l'arrêté de concession provisoire, les parties de la concession non mises en état de culture ou d'exploitation font retour au domaine public par simple décision administrative. Le concessionnaire est envoyé, par arrêté du Gouverneur général, en possession définitive des terrains mis par lui en état de culture ou d'exploitation et non encore définitivement concédés.

ARTICLE 10. — Les arrêtés de concession définitive, soit partielle, soit totale, ne peuvent être signés, que si le concessionnaire a fourni, au préalable, le plan du terrain dont il demande à être envoyé en possession définitive.

Ce plan est levé par les soins et aux frais du concessionnaire. Il est fourni en double expédition et est remis au Résident chef de la province où est située la concession. Ce fonctionnaire en délivre récépissé.

Le plan doit réunir les conditions suivantes :

1º Être dressé à l'échelle de un dix millième ;

2º Être coté de façon à donner la surface exactedes terrains dont la concession définitive est demandée ;

3º Être orienté au nord vrai et rattaché à quelque point fixe remarquable à la surface.

Il est vérifié, sans frais pour le concessionnaire, par les soins de l'administration, dans un délai maximum d'un mois, à partir de la date de son dépôt dans les bureaux du Résident chef de la province. Passé ce délai, il sera considéré comme exact et l'arrêté de concession définitive pourra être signé.

ARTICLE 11. — En cas de décès du concessionnaire avant l'expiration du délai de cinq années, les héritiers du concessionnaire lui sont substitués de plein droit. Ils devront, s'ils ne sont pas présents, se faire représenter par un mandataire spécial dans le délai maximum d'une année à partir du jour du décès du concessionnaire, faute de quoi leurs droits deviendront caducs en ce qui concerne les parties de la concession non encore concédées au moment du décès. En cas d'association, le droit des associés est reconnu, à la condition que lesdits associés soient Français et que les actes d'association aient été déposés, au préalable, au secrétariat général. Ces actes sont restitués aux intéressés dans un délai maximum de quinze jours à compter du jour de leur dépôt. Une copie certifiée desdits actes est jointe au dossier de la concession.

ARTICLE 12. — Les concessions de terrains ruraux sont exemptes de l'impôt foncier pendant cinq années à partir de l'arrêté de concession provisoire. Le concessionnaire est toutefois tenu de verser à la caisse du receveur des Domaines, jusqu'à l'expiration de la cinquième année à partir de la date de l'arrêté de concession provisoire, une redevance fixe d'un franc par année et par concession, quelle que soit la surface de la concession.

L'impôt foncier sera exigible à l'expiration de ce délai de cinq années, d'après la nature des cultures ou de l'exploitation par la totalité de la surface concédée.

Article 13. — L'administration se réserve le droit de reprendre, jusqu'à l'expiration de la cinquième année, à partir de la date de l'arrêté de concession provisoire, les parties de terrains non encore concédées à titre définitif, qui lui seraient nécessaires pour l'établissement de routes et terrains d'utilité publique de toute nature, moyennant le paiement de la valeur des constructions, des cultures et des installations diverses qui se trouveraient sur ces parties de terrain.

Une commission détermine sans appel, après examen des lieux, la valeur des constructions, cultures et installations. Cette commission est composée comme suit :

Le Résident chef de la province où est située la concession, Président ;

Un membre de la Chambre d'Agriculture, membre désigné par le Secrétaire général ;

Un colon français agriculteur, membre désigné par le Secrétaire général.

Article 14. — Les tombeaux, pagodes et constructions de toutes sortes affectées au culte, ne devront subir aucune dégradation du fait du concessionnaire, qui est tenu d'en laisser l'accès toujours libre.

Article 15. — Le terrain concédé est grevé d'un

droit de servitude de passage au profit des propriétés privées et communales qui existent ou pourraient
exister dans le voisinage.

ARTICLE 16. — Tout arrêté de concession provisoire ou définitive sera enregistré et transcrit aux
frais des concessionnaires.

Dispositions transitoires.

ARTICLE 17. — Les dispositions du présent arrêté
sont applicables aux concessions provisoires accordées depuis moins de cinq années. Ces concessions
restent toutefois soumises aux conditions stipulées
dans les arrêtés qui les ont accordées, en tout ce qui
n'est pas contraire aux dispositions du présent arrêté.

Les redevances acquittées par les concessionnaires
sont,.en ce qui les concerne, définitivement acquises
au budget du Protectorat.

Les dispositions de l'article 13 du présent arrêté
sont applicables aux concessions devenues définitives sous le régime des arrêtés du 5 septembre 1888
et du 11 mai 1891.

ARTICLE 18. — Sont et demeurent abrogées sous
la réserve inscrite au deuxième paragraphe de l'article
17 ci-dessus, les dispositions des arrêtés antérieurs
relatifs aux concessions de terrains ruraux au Tonkin, et notamment celles des arrêtés des 5 septembre
1888 et 11 mai 1891.

A. ROUSSEAU.

Comparée à la législation introduite en Cochinchine, en 1882, par M. Le Myre de Villers, la réglementation mise en vigueur au Tonkn par l'arrêté précité, est moins libérale, moins féconde et moins inspirée de la législation annamite.

La centralisation outrancière de l'administration du Protectorat, ne laisse aucune initiative aux Résidents placés ainsi dans des conditions d'infériorité marquée vis-à-vis des fonctionnaires indigènes auprès desquels ils se trouvent.

L'enquête, l'affichage, l'insertion au *Journal officiel* sont autant de formalités onéreuses pour les colons, par suite du temps perdu, et inutiles, puisque, en droit annamite, tout terrain inculte peut être attribué à quiconque le défriche et offre d'en payer l'impôt.

La législation de Cochinchine a admis, comme la législation annamite que le non paiement de l'impôt foncier suffit pour entraîner la déchéance et faire retourner les immeubles concédés, au Domaine.

L'arrêté du 18 août 1896 est, semble-t-il, d'une rigueur exagérée en imposant au concessionnaire l'obligation de payer l'impôt foncier pour toute la concession de la 6ᵉ année. On aurait pu admettre, conformément à la coutume annamite, que les parties concédées définitivement seraient soumises à l'impôt foncier trois ans après la concession définitive.

Sous ce rapport, nos compatriotes sont moins bien traités que les indigènes.

L'injustice est encore plus criante en ce qui concerne le tarif de l'impôt foncier. Tandis que l'indigène paie 2 piastres 70 par hectare de rizières de 1re classe, le Français, lui, doit payer 3 piastres 50.

Pour les cultures diverses, l'Annamite est soumis à un impôt variant entre 0 \$ 12 et 5 \$ 26 par hectare, tandis que les classes de cultures diverses des Européens ont été réduites à trois, imposées au minimum à 1 \$ 10 par hectare.

Le Tonkin est un pays qui offre les plus grandes ressources à la colonisation agricole, et c'est vers ce but que doivent tendre tous nos efforts. Il serait à désirer qu'une législation calquée sur celle qui a si bien réussi aux Annamites, soit adoptée par le Protectorat pour faciliter l'immigration des colons français au Tonkin.

Je suis résolument opposé à la colonisation officielle, parce que toutes les entreprises de l'administration, en matière colonisatrice, ont été stériles, mais je crois que l'administration a pour mission principale de favoriser l'initiative individuelle et de lui prêter un concours permanent et efficace, en diminuant les prohibitions et les formalités et en réduisant les impôts au même taux que ceux qui frappent la propriété indigène.

La Résidence supérieure au Tonkin, où se centralise l'administration de toutes les provinces comprend cinq bureaux occupés d'administration seulement.

Il semble que nous ne sommes pas au Tonkin uniquement dans le but d'administrer le pays. Après les difficultés des années troublées qui ont précédé notre établissement définitif et qui ont absorbé toutes nos facultés vers la pacification, il conviendrait, sans doute, d'étudier les moyens d'assurer la prospérité et le progrès du pays et de mettre en valeur ses ressources naturelles.

Or, si nous voulons attirer les capitaux français, il est indispensable de faciliter aux colons leur établissement. En France, nul n'est disposé à s'expatrier s'il n'y trouve la quasi certitude de rencontrer dans nos colonies plus de liberté, plus de facilités et moins de tracas administratifs que dans la métropole. Il faut aussi que l'émigrant soit renseigné sur les cultures qu'il peut entreprendre et qu'au lieu de perdre son temps et son argent à chercher lui-même l'emplacement de sa concession, il soit, dès son arrivée, mis à même de s'installer.

Tous ces renseignements ainsi que tout ce qui est susceptible d'intéresser les Français désireux de coloniser, devraient faire l'objet d'une brochure officielle, adressée périodiquement aux Chambres d'agriculture, aux Syndicats agricoles et aux Chambres de commerce.

Un service de la colonisation pourrait être créé à Hanoï pour s'occuper uniquement de cette question. Il ne manque pas de fonctionnaires pour organiser ce service qui, pour la législation à adopter en matière de colonisation, pourrait être rattaché à une Direction des affaires indigènes.

Dans chaque province serait créé, sous la présidence du Résident, un comité de colonisation ayant pour objet l'étude des questions particulières à la province, le levé des terres disponibles et la mise en possession des terrains aux colons.

Il semblerait avantageux de baser l'avancement des fonctionnaires sur les résultats obtenus dans la colonisation, de manière à transformer les mœurs de l'administration dans le sens patriotique de la protection réelle et efficace de nos nationaux et de la prospérité matérielle du pays.

J'aurais encore à dire un mot de la colonisation militaire, qui paraît séduire un certain nombre de personnes s'occupant de la question de la colonisation.

Ce système a été essayé en Algérie à la demande du maréchal Bugeaud et n'a produit aucun résultat, ainsi que l'a affirmé récemment à la Chambre, M. Cambon, gouverneur général de l'Algérie.

La colonisation militaire semble, en effet, une utopie pour plusieurs raisons, dont la principale est qu'elle exige la création d'une caisse de colonisation, les militaires libérés n'ayant pas de capitaux pour créer une exploitation agricole. Cela revient donc à la colonisation officielle, les militaires ne seraient que des fonctionnaires d'un nouveau genre, attendu qu'ils ne peuvent travailler eux-mêmes et qu'ils seraient incapables d'organiser le métayage avec les sommes mises à leur disposition par la caisse de colonisation.

La colonisation agricole ne peut donc, selon moi, se développer que par l'initiative privée, très libre et très indépendante des procédés administratifs. Elle s'offre surtout aux jeunes gens qui, se groupant, de manière à réunir un capital d'au moins trente mille francs, veulent consacrer leur intelligence et leur activité à se créer une situation indépendante et lucrative impossible à trouver en France.

La question de la dépopulation de la France est intimement liée à celle de l'émigration et si celle-ci était dirigée vers l'Indo-Chine, elle contribuerait doublement à la prospérité de la France en même temps qu'à celle des possessions françaises.

Le système de colonisation agricole qui paraît donner les meilleurs résultats au Tonkin est le métayage.

Le colon qui a obtenu une concession se trouve, en appliquant ce système, le directeur et le banquier de son exploitation agricole ; il fournit la terre, les animaux, les semences et les instruments aratoires ; il fait aux indigènes une légère avance à rembourser à la première ou à la deuxième récolte. L'élevage se fait en même temps que la culture du riz, du maïs et du jute.

Il existe actuellement, au Tonkin, plusieurs exploitations agricoles basées sur ce système et elles sont toutes très florissantes.

Certains colons ont demandé à l'administration la concession de territoires comportant sur leur étendue un certain nombre de villages disposés à devenir les fermiers des concessionnaires et à abandonner à ces derniers l'exploitation, sinon la propriété de leurs terres publiques et particulières.

Ce mode de colonisation, assez analogue à celui des compagnies de colonisation, paraît assez difficile à appliquer au Tonkin. Ses inconvénients sont assez graves pour que le Gouvernement du Protectorat ait hésité et se soit montré plutôt défavorable.

Un certain nombre de colons du Tonkin ont essayé la culture du caféier. Les essais faits sur différentes graines ont permis de constater que le café de l'espèce *arabica* donne de bons résultats. Les plantations de café actuellement en rapport, permettent d'affirmer que cette culture offre un grand avenir. La production de l'année 1896 a été d'environ 50,000 kilog. livrés à la consommation locale.

Le climat de l'Annam paraît beaucoup plus favorable à la culture du coton que celui du Tonkin. Presque toute la production est exportée en Chine, dont le marché sera toujours rémunérateur. Le coton d'Annam est le seul, en effet, qui ait la propriété de ne pas s'agglomérer au séchage ; aussi est-il toujours sûr de trouver un placement avantageux en Chine, où il est employé au ouatage des vêtements d'hiver. Le prix de vente est supérieur au prix normal de ce produit. Il se vend de 90 à 95 francs les 100 kilog. Il ne paraît donc pas avantageux de le destiner à la filature et de l'améliorer dans ce but.

Le jute sera un des produits les plus rémunérateurs et sa culture est appelée à prendre une grande extension.

Pour terminer la question de la colonisation agricole, il ne paraît pas inutile de donner un devis d'exploitation d'une concession de 3,000 hectares, basée sur un capital de 30,000 francs et exploitée en métayage.

Pour l'intelligence des évaluations, nous transformerons notre capital de 30,000 francs en piastres au taux de 2 fr. 70 valeur moyenne de la piastre en 1896.

Capital engagé : 11,000 piastres, soit 29,700 francs.

DÉPENSES

1re ANNÉE.

	Piastres
Installation provisoire : maison d'habitation, dépendances, écuries, hangars, le tout en paillottes	1.500
Achat de 50 buffles ou bufflesses à 20 $ l'un.	1.000
Achat de 50 bœufs à 12 $ l'un	600
Avances aux villages pour semences, etc... à 3 $ par hectare sur 250 hectares	750
Impôt personnel et corvées des villages	500
Entretien du colon pendent 12 mois à 200 $ par mois	2.400
Total de la 1re année	6.750

La récolte de la 1re année est abandonnée aux villages. Il reste donc au colon, au commencement de la 2e année : $11.000 - 6.750 = 4.250$ piastres.

2e ANNÉE

DÉPENSES

Avances aux villages sur 250 nouveaux hectares à 3 $ par hectare 750

Impôt foncier et corvées 500

Entretien pendant 12 mois à 200 $ par mois   2.400

Total 3.650

3e ANNÉE

Avances aux villages sur 200 nouveaux hectares à 3 $ par hectare 600

Impôt foncier et corvées à de nouveaux villages 800

Entretien pendant 12 mois à 200 $ par mois   2.400

Total 3.800

4e ANNÉE

Impôt foncier et corvées des villages . . . 800

Entretien pendant 12 mois à 200 $ par mois   2.400

Total 3.200

5e ANNÉE

Impôt foncier et corvées des villages (1). .   1.000
Entretien pendant 12 mois à 200 $ par mois.   2.400

Total 3.400

RECETTES

2e ANNÉE

Avoir. 4.250
Récolte sur 250 hectares à 30 paniers par hectare (2), soit 7.500 paniers dont le poids à raison de 20 kilogr. au panier, est de 150.000 kilog. à 1 $ 50 les 0/00 kilog. (3). 2.250
Remboursement des avances de la 1re année   750

Total 7.250
Report des dépenses . . 3.650

Avoir. 3.600

---

(1) Le chiffre de l'impôt augmente jusqu'à la 5e année parce que chaque année on traite avec un nouveau village ou hameau.

(2) La récolte moyennne, pour éviter tout mécompte est évaluée à 60 paniers de paddy ou riz non décortiqué par hectare. Il revient donc 30 paniers au colon et 30 paniers au fermier.

(3) Le prix de 1 $ 50 par 0/00 kg. est faible, mais en calculant ainsi on ne s'expose à aucune déception.

3ᵉ ANNÉE

Récolte sur 500 hectares. 4.500
Remboursement des avances   750

Total 8.850
Report des dépenses . . 3.800

Avoir. 5.050

4ᵉ ANNÉE

Récolte sur 700 hectares. 6.300
Remboursement des avances   600

Total 11.950
Report des dépenses . . 3.200

Avoir. 8.750

5ᵉ ANNÉE

Récolte sur 1.000 hectares (1) 9.000

Total 17.750
Report des dépenses . . 3.400

Avoir. 14.350

On voit qu'au bout de 5 ans le capital qui était primitivement de 11,000 piastres s'élève à 14,350 piastres

----

(1) Le nombre d'hectares est porté à 1000 parce que, la 4ᵉ année, les villages n'ont plus besoin d'avances et ont pu cultiver 300 hectares de plus.

soit 3,350 piastres de bénéfice ou 9,045 francs c'est-à-dire 6 o/o.

Mais à partir de la 6e année, il faut payer l'impôt foncier qui est très élevé comme nous l'avons vu. En outre, il faut remplacer les constructions provisoires en paillotes par des constructions définitives en maçonnerie. Il faut également augmenter le bétail afin d'arriver à mettre en culture 2,000 hectares.

On estime qu'un buffle peut cultiver de 3 à 5 hectares :

Voici les chiffres qui peuvent s'appliquer aux 5 années suivantes :

6e ANNÉE

DÉPENSES

Constructions définitives, en 2 annuités, 1re. 3.000

Achat de 50 buffles à 20 $. 1.000

Achat de 50 bœufs à 12. 600

Impôt personnel et corvée. 1.000

(1) Impôt foncier 1.000 hectares, rizières de 3e classe à 1 $ 77 . . . . . 1.770 }
Impôt foncier 2.000 hectares, culture des pâturages à 1 $ 10 . . . 2.200 } 3.970

---

(1) Chiffres basés sur les plus bas tarifs parce qu'il est permis d'espérer que les taxes appliquées aux Français seront réduites au même taux que celles des indigènes.

Entretien personnel à 200 $ par mois . .   3.600

Total. 13.170

7ᵉ ANNÉE

Constructions définitives, 2ᵉ annuité. . .   3.000
Impôt personnel et corvées 1.500
Impôt foncier 3.970
Entretien personnel à 300 $ par mois (1).   3.600

Total. 12.070

8ᵉ ANNÉE

Impôt personnel et corvées 1.500
Impôt foncier 3.970
Entretien personnel à 300 $ par mois . .   3.600

Total. 9.070

9ᵉ ANNÉE

Mêmes dépenses que la 8ᵉ année. . . .   9.070

10ᵉ ANNÉE

Mêmes dépenses que la 8ᵉ année. . . .   9.070

---

(1) Les dépenses personnelles sont augmentées en raison du long séjour et de la prospérité de la situation.

RECETTES

6e ANNÉE

Avoir	14.350
Récoltes sur 1.000 hectares	9.000
Total	23.350
Report des dépenses .	13.170
Avoir	10.180

7e ANNÉE

Récoltes sur 1.500 hectares	13.500
Total	23.680
Report des dépenses .	12.070
Avoir	11.610

8e ANNÉE

Récoltes sur 2.000 hectares	18.000
Total	29.610
Report des dépenses .	9.070
Avoir	20.540

9e ANNÉE

Mêmes recettes que la 8e année	18.000
Total	38.540
Report des dépenses .	9.070

Avoir 29.470

10e ANNÉE

Mêmes recettes que la 8e année 18.000

Total 47.470

Report des dépenses . 9.070

Avoir 38.400

Si je n'ai pas tenu compte de certaines dépenses imprévues, je n'ai pas fait état des recettes de même nature provenant de l'élevage, de la vente des produits de basse-cour, qui peuvent se balancer.

Il résulte de l'exposé qui précède, que le capital engagé sera plus que triplé au bout de 10 ans.

Les éléments matériels qui servent de base à l'établissement de ce devis sont conformes aux données qu'il m'a été permis de recueillir au Tonkin.

Il ne faut pas se dissimuler toutefois que de pareilles entreprises exigent d'abord une bonne santé, puis une activité et un courage indomptables et sans faiblesse. La vie de la brousse est pénible, mais elle offre aussi d'immenses avantages dont le premier est l'indépendance la plus complète.

COLONISATION COMMERCIALE.

Depuis la conquête de la Basse-Cochinchine, on s'était occupé à différentes reprises de la voie commerciale du fleuve Rouge.

La mission confiée par le Ministre de la Marine, M. de Chasseloup-Laubat, au capitaine de frégate Doudart de Lagrée sur la proposition de l'amiral de La Grandière, gouverneur de Cochinchine, avait pour but l'exploration du Mékong et l'étude des moyens pratiques pour amener dans nos possessions le commerce de la province chinoise du Yun nan. Elle devait également « étudier les voies commerciales qui nous intéressent et les contrées qui, dans l'avenir, peuvent entrer en relations avec nous, particulièrement reconnaître le Haut Song Koi et la frontière du Tonkin ».

Après avoir reconnu l'impossibilité de faire du Mékong la voie principale de notre trafic, elle constata l'importance de la voie du fleuve Rouge. Ainsi, dès 1868, l'occupation du Tonkin était projetée et nous lisons dans le « Voyage en Indo-Chine et dans l'Empire chinois », par le vicomte L. de Carné (1868) les lignes suivantes :

« L'ouverture du Tonkin est une suite nécessaire
« de notre établissement dans les provinces de la
« Basse-Cochinchine. Cette partie de l'Empire anna-
« mite paraît être un des pays les plus riches du
« monde. »

L'année suivante, Francis Garnier, devenu, à la mort de Doudart de Lagrée, chef de la mission, écrivait :

« J'ai développé dans mon rapport d'ensemble les
« avantages immenses que pourrait retirer notre com-
« merce de relations directes avec le Yun nan et le Se
« Tchouen, établies par le moyen du fleuve du Ton-

kin... » Il sera facile, je crois, d'obtenir de la Cour de Hué qu'elle n'y mette aucun obstacle... En même temps, une exploration de la vallée du Song koi devrait venir compléter les renseignements obtenus déjà par la Commission lors de son passage au Yun nan.

Peu de temps après, en 1871, Jean Dupuis, accompagné d'un seul domestique, ayant exploré le fleuve Rouge, dans le Yun nan jusqu'à Lao kai, remonta le fleuve tonkinois et traita avec le maréchal chinois Ma, une importante affaire commerciale.

En 1872, Dupuis remonta le fleuve à travers le Tonkin, avec deux canonnières et une jonque chargée de matériel de guerre à destination du maréchal Ma. Parti en décembre 1872, il arriva à Mang hao, le 4 mars 1873. Le 21 avril, il quitte Mang hao avec ses bateaux chargés de l'étain et du cuivre reçus en paiement de ses marchandises et le 30 avril il arrivait à Hanoï, où il se trouva arrêté par la résistance de l'autorité annamite. Celle-ci lui interdit de faire remonter vers la frontière chinoise une cargaison de sel et pour protéger sa flotille, Dupuis est obligé de se défendre militairement.

C'est à ce moment que le Gouvernement annamite s'adresse au Gouverneur de la Cochinchine pour lui demander d'expulser Dupuis. En même temps, Dupuis sollicite l'appui du Gouverneur, pour obtenir du Gouvernement annamite le paiement d'une indemnité pour le dommage qu'il lui a fait subir.

La question du Tonkin était ouverte et ce fut Francis Garnier qui fut désigné pour se rendre à Hanoï afin de régler la question Dupuis.

On sait les évènements qui suivirent et c'est avec raison que J. Ferry a écrit au sujet de la question du Tonkin que l'amiral Dupré en fut l'apôtre, Francis Garnier le héros et Dupuis l'occasion et la victime.

La voie commerciale du fleuve Rouge a donc été le prétexte de notre intervention au Tonkin.

La Cour de Hué à qui la conquête de la Basse-Cochinchine n'avait pas dessillé les yeux, conserva la même attitude dédaigneuse et son fol entêtement à refuser toute transaction commerciale la précipita dans des aventures où elle devait perdre son indépendance.

L'objectif de nos revendications était la liberté du fleuve Rouge; les évènements amenèrent l'occupation du pays entier.

Quelle était la valeur de cette voie commerciale du fleuve Rouge? on n'a jamais pu la déterminer d'une façon précise.

On a toujours vanté la richesse des provinces méridionales de la Chine : Quang Si, Yun nan, Se Tchouen, mais les données sont insuffisantes pour l'évaluer.

Il est certain que le Yun nan est un pays minier où l'on trouve en abondance, le cuivre, le zinc et le plomb; que l'or, l'argent, le cinabre y furent exploités et qu'enfin la province produit du thé, de l'opium, des plantes médicinales, mais les renseignements que l'on possède à ce sujet ne permettent pas de se rendre compte d'une façon complète du développement réservé au commerce de ces contrées.

Les marchandises ne s'échangent point contre de l'argent, mais contre d'autres marchandises.

D'après M. de Kergaradec, consul de France à Hanoï, après le traité de 1874, la valeur des marchandises expédiées de Hanoï à destination du Yun nan, pendant l'année 1879 se monte à 1,170,000 francs.

Dans ce chiffre, les marchandises européennes entrent pour environ 110,000 francs. Pendant la même année, les marchandises provenant du Yun nan arrivées à Hanoï représentent une valeur de 2,055,000 francs dont 1,700,000 francs d'étain et 240,000 francs d'opium.

La différence entre ces deux chiffres, soit 885,000 francs, représente donc :

1º Les frais de transports ;

2º Les droits de douane ;

3º Les bénéfices des expéditeurs.

Le sel forme, en poids, les quatre cinquièmes des chargements. En temps ordinaire, on mettait 30 à 40 jours de Hanoï à Lao kai et 10 à 12 de Lao kai à Mang Hao. Un courrier mettait la moitié de ce temps. Pour descendre, on mettait 2 jours de Mang Hoa à Lao kai et 5 à 6 jours de Lao kai à Hanoï.

De nombreux essais ont été tentés dans le but d'étudier la possibilité d'organiser un service régulier de chaloupes à vapeur de Hanoï à Lao kai. On y a peu réussi jusqu'à ce jour et il semble que la question ne pourra être résolue qu'à la suite de grands travaux de dragages et de forages ayant pour objet l'établissement d'un chenal praticable aux basses eaux, aussi bien que pendant les crues qui rendent la navigation fort dangereuse.

La voie commerciale du fleuve Rouge, tant vantée, a-t-elle justifié les espérances qu'elle avait fait naître? A-t-elle servi de voie de pénétration à notre commerce, à nos marchandises? Nullement.

Malgré tous les sacrifices faits pour l'amélioration et la sécurité de cette voie, le commerce français n'a pas fait un pas vers les provinces méridionales chinoises; seul le commerce anglais de Hong kong accapare le fleuve Rouge pour y faire transiter des marchandises. Notre Protectorat bénéficie, à la vérité de ce transit, mais le commerce de la métropole n'a pas cherché à tirer parti de la situation pour explorer les marchés chinois et y porter ses marchandises.

Les principaux articles transitant à travers le Tonkin sont à l'aller (de Hong kong au Yun nan), les cotons filés n° 10 et au retour (du Yun nan à Hong Kong) les saumons d'étain.

Avant notre occupation, Hanoï était le grand marché des saumons d'étain du Yun nan. Depuis que le Tonkin est sous notre Protectorat, le marché s'est transporté à Hong kong.

Une des causes qui ont été le plus funestes à notre trafic avec le Yun nan, c'est l'interdiction d'exporter au Yun nan le sel du Tonkin.

Voici, d'après le rapport général des douanes de l'Indo-Chine, les chiffres s'appliquant aux marchandises d'origine anglaise ayant transité en 1896, du Yun nan à Hong kong.

Coton filé, n° 10. 2.355.012 kilog. valeur 3.050.887 fr.
—   n° 20.   393.579   —   594.312
Tissus de coton
blanchis . . .   87.639   —   311.344
Tissus de coton
teints . . . . .   18.965   —   74.451
Tissus de laine .   16.549   —   115.893

Le Yunnan a expédié à Hongkong par le fleuve Rouge :

Thé . . . .   9.640 kilog. valeur   14.304 fr.
Cunau (tubercule
tinctorial) . . .   107.655   —   7.053
Etain en saumons 2.176.213   —   2.757.633

D'après le même document nous relevons ci-après le tableau du transit depuis l'établissement des douanes au Tonkin :

Années	A l'aller	Au retour	Total	Années	A l'aller	Au retour	Total
			francs	1885	»	115.000	francs 115.000
1875	810.000	»	810 000	1886	410.000	200.000	610 000
1876	1.220 000	30.000	1.250.000	1887	485 000	18.000	503.000
1877	1.050.000	»	1.050.000	1888	338.500	119.000	457.500
1878	1 700 000	»	1 700.000	1889	510.596	377.776	888.372
1879	1 200.000	150.000	1.350.000	1890	3.392.812	1.692.628	5 085.440
1880	110 000	»	110.000	1891	2.764.514	2.232.144	4.996.658
1881	»	»	»	1892	4 990.033	3 182.287	8.172.320
1882	350.000	80.000	430.000	1893	5.289.802	3 166.123	8.455.925
1883	280.000	»	280 000	1894	3.855 905	2.832.354	6.688.259
1884	»	»	»	1895	5.783 202	2.812.894	8.596.096

Nous avons vu que pour assurer la liberté commerciale du fleuve Rouge, la France avait été amenée à faire la conquête du Tonkin.

Cette opération nous assurait donc, non seulement la voie de pénétration en Chine, mais encore tout le commerce de l'Annam et du Tonkin.

Nous avons donc à examiner l'importance de ce nouveau marché commercial et l'influence prise par le commerce français dans sa nouvelle possession.

Avant notre arrivée au Tonkin, le pays était fermé au commerce extérieur. Les produits venant de l'extérieur, tels que l'opium, les médicaments chinois, le papier, était sévèrement contrôlés et les transactions se faisaient par l'intermédiaire ou en présence des mandarins.

Les Annamites ne connaissaient pas les produits européens : le gouvernement s'opposait, par les lois somptuaires et rituelles au développement du luxe, à l'étalage de la fortune. Le peuple, habitué à la pauvreté, n'éprouvait aucun besoin.

Dans ces conditions, le marché n'offrait pas au commerce de grands débouchés, lorsque survint le régime du Protectorat français.

L'activité commerciale ne peut se développer que dans une population aisée. Ce n'était pas le cas ; en outre, la guerre avait encore appauvri le pays. Après la pacification commençait le rôle de la colonisation et de la conquête morale d'un peuple vaincu et humilié.

Mais pour acheter les produits de notre commerce,

fallait-il que les Annamites fussent familiarisés avec
eux et en même temps fallait-il créer la richesse, c'est-
à-dire augmenter le bien-être des populations. Or la
richesse des Annamites ne peut être obtenue que des
produits du sol, c'est-à-dire de l'agriculture.

C'est donc en favorisant l'agriculture que l'on peut
développer la prospérité du pays. La colonisation
agricole s'imposait donc comme un des éléments les
plus précieux de la fortune publique. La prospérité
commerciale n'est guère possible que dans un pays
suffisamment riche pour consommer les produits
étrangers.

Ces considérations sont nécessaires pour répondre
à l'impatience du gros public français qui ne voit,
dans nos conquêtes et nos possessions, qu'une clientèle immédiate pour nos manufactures, et qui ne comprend pas que le commerce ne s'improvise pas, et
qu'en tout cas, il faut qu'avant d'enrichir nos commerçants, il soit nécessaire d'enrichir ou du moins de fournir à nos protégés les moyens d'acheter nos produits.

Il y a surproduction vraiment et la consommation
ne suffit pas, malgré l'augmentation du nombre des
consommateurs, parce que les nouveaux consommateurs n'ont pas encore les moyens ni les habitudes
que nous avons depuis longtemps.

On nous objecte que le pays est riche, c'est fort
vrai, mais les habitants ne le sont pas et notre devoir
est justement de développer parmi les habitants les
richesses du pays.

La colonisation agricole et par suite la colonisation

commerciale sont œuvres de longue haleine et on peut dire que ce n'est pas la génération qui a acquis nos possessions, celle qui en profitera. Il ne faut donc pas s'étonner que le Tonkin, au bout de dix ans à peine, ne puisse encore permettre à la France de récupérer les sacrifices qu'elle a faits pour s'en assurer la possession.

Pour développer la richesse, pour créer le marché commercial, il semble indispensable de favoriser la concurrence entre tous les produits, de les laisser pénétrer en abondance dans le pays pour en répandre l'usage et créer des besoins nouveaux.

La liberté commerciale est le premier élément de richesse puisque tous les produits entrant en franchise, la concurrence abaisse les tarifs et répand ainsi dans tout le pays, l'usage des produits étrangers. Il est certain, et c'est un axiôme d'ordre économique, que la douane est un impôt sur le pays où elle est établie.

On objectera de suite que nos colonies ne nous servent à rien, si elles ne profitent pas au commerce métropolitain et qu'avec la liberté commerciale nous sommes incapables de lutter contre nos voisins et rivaux.

Il semble donc que l'on se trouve en présence d'une équation irréductible et que les colonies et la métropole ont des intérêts opposés. Dans ces conditions, les colonies doivent être sacrifiées à la métropole.

Cette théorie ne résiste pas à un examen sérieux.

Il est hors de doute que les colonies doivent profiter à la métropole de préférence à toute autre puissance commerciale étrangère, mais la protection accordée au commerce français dans les colonies n'est qu'un leurre, un trompe-l'œil.

Si la protection peut être avantageuse à un pays outillé, organisé, il n'en est pas de même lorsqu'il s'agit d'un pays neuf où les besoins n'existent pas, où il faut créer la clientèle, en l'habituant peu à peu à la consommation des produits étrangers. Si dès l'origine, on veut imposer ses produits exclusivement, il faut établir à l'entrée des droits prohibitifs sur les produits similaires étrangers et dans ce cas les produits se vendront difficilement en raison de leurs prix trop élevés pour les ressources des habitants et le commerce sera nul.

Si, au contraire, on veut créer le marché commercial, il est de toute nécessité de laisser pénétrer tous les produits pour permettre d'en généraliser l'usage dans la population. Lorsque l'indigène ne pourra plus se passer des produits européens, il pourra alors seulement, être établi un traitement de faveur pour les produits français.

Malheureusement, les tarifs de douane appliqués au Tonkin semblent plutôt avoir un caractère fiscal que celui d'une protection du commerce national.

C'est ainsi que les produits n'ayant point de similaires en France sont frappés de droits comme ceux que l'on veut protéger. Ainsi, le pétrole, avant l'application du tarif général, se vendait 4 à 5 cents le litre et l'usage s'en était rapidement répandu dans tous les villages. Depuis le 1er janvier 1893, grâce aux nouveaux droits de douane, aggravés encore par des droits de consommation, le litre de pétrole se paie 11 à 12 cents. Aussi les Annamites ont-ils renoncé à l'éclairage au pétrole pour revenir à leur éclairage primitif, à l'huile de ricin.

J'en dirai autant des droits sur tous les produits exclusivement consommés par les Européens, aussi impolitiques que contraires à l'économie et à la colonisation.

Les taxes douanières sur les produits n'ayant point de similaires en France, devraient, au contraire, être très légères pour en favoriser la consommation, ce qui, en même temps, en augmenterait le produit fiscal.

Les colonies anglaises de Singapour et de Hong kong ne doivent leur prospérité colossale qu'à la franchise de leurs ports.

Quels sont les éléments du commerce entre la France et l'Indo-Chine ?

Si nous n'envisageons que les produits européens consommés par les indigènes, ils se réduisent à un petit nombre d'articles qui sont les filés de coton, les tissus de coton, la bijouterie et la quincaillerie.

Les filés de coton sont importés au Tonkin exclusivement par le commerce étranger. Les filatures françaises ne peuvent lutter contre celles de Bombay.

La valeur des importations atteint plus de 3 millions de francs.

Les tissus de coton écrus et blanchis sont importés de France en majorité ; en 1895, nous trouvons dans la statistique des Douanes, les chiffres suivants :

Tissus de coton écrus : de France, 10.372 kilog. ; de l'étranger, 3.777 kilog.

Tissus de coton blanchis : de France, 46.046 kilog.; de l'étranger, 39.518 kilog.

Au contraire, les tissus de coton teints viennent en majorité de l'étranger.

Ils figurent, en 1895, pour 16.601 kilog. de France et 38.443 kilog. de l'étranger ; l'andrinople de mauvaise qualité est fourni par les Indes à des prix dérisoires de bon marché.

De même les cotons imprimés entrent dans l'importation du Tonkin pour les chiffres suivants :

De France, 228 kilog. ; de l'étranger, 1.196 kilog.

Citons encore parmi les tissus de coton, les parapluies de coton très demandés par les indigènes :

En 1895, il en a été importé de France, 1.476 pièces d'une valeur de 4.740 francs.

De l'étranger, 6.813 pièces d'une valeur de 15.215 francs.

La bijouterie fausse figure, en 1895, pour 622 kilog., valant 8.390 francs.

L'étranger n'a importé que 94 kilog., valant 2.065 francs.

Les montres en or, argent ou autres viennent en grande majorité de France : 480 pièces contre 73 de l'étranger.

Les horloges et pendules sont fournies pour

985 kilog., valant 6.610 fr., par la France et pour 1.543 kilog., valant 11.408 francs par l'étranger.

Les ouvrages en cuivre, lampisterie et autres, viennent de France pour 14.000 kilog., valant 50.000 francs, et de l'étranger pour 6.400 kilog., valant 24.000 francs.

Les ouvrages divers en bois, sont importés de France presque en totalité ; ils représentent une valeur de 34.000 francs.

La majorité des autres produits sont de consommation européenne et concernent l'alimentation et le vêtement des Européens, ou les industries créées par eux, industrie du bâtiment principalement.

Le montant des importations de France au Tonkin, en 1895, a été de 10.566.344 fr. de marchandises, pour 16.598.805 fr. de marchandises de l'étranger.

Le mouvement commercial augmente chaque année, mais dans une proportion très lente, en raison du tarif douanier et de la situation fâcheuse du pays.

Voici le relevé des chiffres du commerce d'importation des marchandises, depuis la création des douanes françaises au Tonkin :

ANNÉES	IMPORTATIONS	
	DE FRANCE	DE L'ÉTRANGER
1875	14.400	835.600
1876	77.100	4.368.500
1877	1.113.500	7.315.400
1878	1.600.000	7.619.600
1879	940.400	2.839.300
1880	25.300	5.004.000
1881	68.900	4.867.300
1882	118.100	4.707.200
1883	405.600	2.922.600
1884	2.015.700	7.126.300
1885	3.421.610	14 667.000
1886	4.654.800	18 220.200
1887	7.328.100	20.824.600
1888	6.521.400	17 779.200
1889	6.574.600	17.170 300
1890	8 907.700	11.897 000
1891	9.604.500	15.554.400
1892	9.505.000	18.927.800
1893	9.824.000	17 253.900
1894	9.949 700	16.846 600
1895	10.585.000	16.598.800

Ce tableau indique suffisamment l'augmentation en faveur de la France du commerce d'importation.

Le montant des exportations de marchandises a atteint, en 1895, le chiffre de 8.789.525 francs.

Dont 636.183 fr. à destination de la France.

Les principaux articles exportés en France sont les suivants :

Jaune d'œufs pour
   l'industrie. . . . 283.772 kilog. valant 251.673 fr.
Albumines d'œufs. 41.952   —   60.255
Gomme stick laque 41.439   —   39.422
Gomme diverse. .   6.203   —   11.301
Peaux brutes . . . 29.455   — .   20.225
Bourre de soie . . 33.816   —   102.400
Cornes. . . . . . . 17.000   —   11.000
Jute . . . . 28.675   —   14.625
Article en rotin . . 6.362   —   10.696
Et enfin riz 215 tonnes valant 15.121 francs.

Signalons encore comme un des principaux articles
d'exportation le charbon de terre, dont il n'a été expédié à destination de France, que 5 tonnes valant
90 francs.

Tels sont les principaux articles que la France peut
demander au Tonkin. Il en est une quantité d'autres
qui, dans un avenir prochain, s'ajouteront à la liste
ci-dessus. Je me bornerai à citer les produits végé-
taux tels que les parfums, extrait de fleur de pample-
mousse, huile essentielle de citronelle.
De nombreuses industries sollicitent l'activité de
nos concitoyens et si l'agriculture tient la première
place dans la colonisation, de nombreuses exploitations industrielles peuvent être créées en même temps.
Pour ne parler que de la soie, il est regrettable que
jusqu'à ce jour, aucune magnanerie française ne se
soit établie au Tonkin pour améliorer la race indi-

gène des vers à soie. La production de la soie pourrait facilement atteindre un chiffre de 20 à 25 millions.

Tous les villages produisent des cocons, mais l'élevage du ver à soie est fait dans des conditions tellement défectueuses, que l'on peut s'étonner que la race n'ait pas encore disparu.

Les indigènes ne cultivent que le mûrier annuel pour nourrir les 9 ou 10 générations de vers qui éclosent chaque année.

Les cocons sont dévidés dans chaque famille au moyen de bassines très primitives.

Une usine française comprenant 110 bassines, avait été installée à Hanoï et avait fourni de très beaux produits à l'exposition de Lyon, mais le propriétaire a dû, faute de capitaux, céder son affaire à un groupe de Chinois. Cela est d'autant plus regrettable que le Protectorat avait témoigné par de grandes libéralités, de l'intérêt qu'il attachait à cette industrie.

Le prix de revient était, d'après le propriétaire dont il vient d'être question, de 18 à 20 fr. le kilog., franco Marseille.

Les jaunes d'œufs employés dans la mégisserie font l'objet d'une industrie nouvelle créée dans nos possessions, par un de nos compatriotes. Cette industrie paraît très prospère, la production des œufs de cane surtout, étant immense dans tout le delta du fleuve Rouge ainsi que dans l'Annam.

Le riz, exporté en France, ne comprend que 215

tonnes, tandis que la Cochinchine en exporte 54.000 tonnes.

Ces chiffres sont significatifs. Ils démontrent d'une façon péremptoire l'état du pays. Tandis que 2 millions d'habitants en Cochinchine peuvent exporter en France 54.000 tonnes de riz, les 15 millions d'habitants de l'Annam-Tonkin ne peuvent exporter que 215 tonnes.

Ce dernier pays ne produit donc pas suffisamment. Il y a à cela plusieurs raisons. D'abord la population tonkinoise est très dense, la propriété très morcelée et les récoltes très aléatoires. Ensuite la détresse continuelle du Trésor ne permet pas d'accorder aux habitants des dégrèvements, sinon quand ils sont complètement ruinés et qu'ils abandonnent leurs villages. Cette crise pécuniaire permanente ne permet pas davantage d'entreprendre des travaux ayant pour but de régler le régime des eaux fluviales et de parer ainsi aux désastres résultant soit des inondations, soit de la sécheresse.

Les mines du Tonkin ont exporté, en 1895, à l'étranger : 71.523 tonnes de charbon en morceaux et 2.643 tonnes de charbon en briquettes.

Ces mines ne peuvent atteindre leur développement normal faute de capitaux.

Voici le tableau des exportations de marchandises depuis la création des douanes françaises au Tonkin :

ANNÉES	EXPORTATIONS	
	DE FRANCE	POUR L'ÉTRANGER
1875	55.200	583.200
1876	1.233.600	4.489.300
1877	1.468.000	6.200.500
1878	1.605.900	5.456.800
1879	445.300	4.865.900
1880	1.149.100	5.103.500
1881	796.800	5.826.600
1882	741.100	4.066.600
1883	650.000	3.440.300
1884	79.500	541.100
1885	49.700	593.300
1886	65.200	605.900
1887	82.200	335.500
1888	164.200	6.586.800
1889	477.400	10.161.500
1890	1.700.000	5.321.600
1891	583.500	11.146.200
1892	420.200	10.315.600
1893	305.700	9.825.300
1894	332.200	12.885.800
1895	636.183	8.153.300

Ainsi qu'il résulte de ce tableau, les exportations sont soumises à beaucoup de fluctuations ce qui indique l'incertitude de l'état économique du pays. Elles sont encore très inférieures aux importations, mais montrent une tendance à s'accroître.

Le tableau des exportations ne peut d'ailleurs donner une idée très exacte de la quantité des marchandises exportées, car un certain nombre de produits sont expédiés en cabotage à destination de la Cochinchine, dans le seul but d'éviter les droits de sortie du Tonkin.

La conclusion de l'exposé ci-dessus est que malgré les barrières et les entraves fiscales qui pèsent sur le commerce à l'entrée et à la sortie, il y a progression dans l'état économique, progression lente, pénible, due surtout aux efforts du commerce français et à l'augmentation de la population européenne, due aussi aux incessants besoins de la colonie rivale de Hong kong.

Mais il faut se hâter d'ajouter que le mouvement commercial n'a encore eu aucune influence sur la masse de la population dont les charges sont beaucoup plus considérables qu'avant notre arrivée, sans aucune compensation.

La colonisation commerciale offrira plus tard comme la colonisation agricole et industrielle l'offre, dès à présent, un vaste champ à l'activité de nos compatriotes. Les capitaux sont plus rémunérateurs qu'en France et avec moins de fonctionnarisme et de réglementation, nos possessions indo-chinoises se développeraient avec une merveilleuse rapidité.

Si nous poussons à l'émigration de nos compatriotes vers l'Indo-Chine, c'est dans le but d'enrichir à la fois les émigrants et le pays ; c'est aussi parce que nous avons la conviction, en développant l'esprit d'initiative nécessaire à la colonisation, de contribuer au relèvement moral et matériel de la mère patrie. Cependant il convient d'examiner le cas où les capitaux français ayant consenti à s'expatrier, l'Indo-Chine deviendrait elle-même un centre de production, au lieu d'être uniquement un centre de consommation. L'axe du commerce serait complètement changé et certain nombre d'exportateurs français ne manqueront pas de récriminer et de s'élever contre la concurrence des producteurs coloniaux. On a déjà aperçu ces symptômes dans les délibérations de certaines Chambres de commerce. Mais il faut se rappeler que cette situation s'est déjà présentée pour l'Angleterre, qui s'est trouvée en présence d'un cas économique semblable à l'égard des Indes. Cependant la prospérité remarquable de l'Inde n'a eu aucune conséquence fâcheuse pour la métropole, et l'antagonisme qui peut se manifester, à un moment donné, entre les intérêts de la métropole et ceux de la colonie ne peut créer un dualisme dangereux ni constituer une antinomie économique.

Nous voilà bien loin de l'ouverture du fleuve Rouge, prétexte de notre intervention au Tonkin.

Aujourd'hui, cette voie commerciale est ouverte, mais elle est loin d'avoir l'importance qu'on lui attribuait, par suite de la difficulté éprouvée par la navigation à vapeur pour remonter le fleuve jusqu'à Lao-kai.

Si des travaux avaient été entrepris tout de suite pour permettre aux chaloupes à vapeur de remonter sans difficultés, il est certain que le commerce chinois du

Quang tong et du Yun nan aurait pris l'habitude d'utiliser cette voie qui est de beaucoup la plus courte.

Il est malheureusement à craindre que par suite des difficultés de toute nature opposées au commerce, cette voie médiocre de transit ne continue à végéter entre nos mains.

En effet, outre les difficultés matérielles de la navigation du fleuve, il faut encore tenir compte de la sécurité relative éprouvée par la batellerie dans le haut fleuve et des multiples formalités et tracasseries imposées par la douane au commerce chinois.

Le transit, à peu près nul jusqu'en 1889, où il atteignait le chiffre de 888.400 fr. pour l'aller et le retour, a repris en 1890, et a donné, depuis cette époque, les résultats suivants :

ANNÉES	A L'ALLER	AU RETOUR
1890	3.392.800	1.692.600
1891	2.764.514	2.232.100
1892	4.990.000	3.182.300
1893	5.289.800	3.166.100
1894	3.855.900	2.832.300
1895	5.783.200	2.812.900

NAVIGATION.

Pendant l'année 1895, les ports du Tonkin ont été fréquentés par 35 vapeurs, 1 voilier et 3 chaloupes chinoises ayant opéré 177 voyages avec un tonnage officiel de 175,274 tonnes.

Les marchandises transportées représentent 189,253 tonnes d'une valeur de 55 millions de francs.

Il faut ajouter à ces chiffres : 2,117 voyages de jonques chinoises d'un tonnage officiel de 47,280 tonneaux ayant transporté 5,300 tonnes de marchandises d'une valeur de 48,000 francs.

Les 35 vapeurs se décomposent en :

16 vapeurs français.

5 — anglais ;

3 — danois.

7 — allemands.

4 — norwégiens.

Les vapeurs français comprennent les paquebots des Messageries maritimes, les vapeurs affrêtés par l'état, de la Compagnie nationale, et les vapeurs libres de cette dernière compagnie.

Si nous comparons le mouvement de la navigation du Tonkin avec celui des ports voisins nous trouvons dans la statistique des douanes les renseignements suivants pour l'année 1895 :

Port de Hong Kong.

Nombre de vapeurs et voiliers de mer : 586.

Pavillon anglais   334 navires 1813 entrées.

— allemand . 91 — 638

— américain . 39 — 51

Pavillon scandinave 34 navires 135 entrées.
—   japonais . 18 — 27
—   français . 17 — 123
—   chinois . 17 — 98
—   russe . . 7 — 9
—   danois. . 6 — 97
—   autrichien. 0 — 24
—   italien . . 5 — 14
—   espagnol . 4 — 4
—   hollandais. 3 — 15
—   hawaï . . 2 — 2
—   siamois . 1 — 1

L'importation a été de 3.359,141 tonnes de marchandises.
Le transit. . . . 1.623,883 —
L'exportation . . 2,678,928 —

Port de Bangkok.

Nombre de vapeurs et de voiliers rentrés : 518.
Pavillon anglais . . 335
—   norwégien. 110
—   allemand . 39
—   français. . 26
—   hollandais . 2
—   siamois. . 2

Italien, russe, autrichien et japonais, 1 chacun.

L'importation a été de 393,479 tonnes d'une valeur de 52.338.185 francs.

L'exportation a été de 411,708 tonnes d'une valeur de 68, 257,614 francs.

Il suffit en passant de signaler l'importance du pays sur lequel devrait s'exercer le Protectorat de la France depuis le 14 juillet 1893.

NOTE SUR LES MONNAIES, POIDS ET MESURES ANNAMITES.

La monnaie généralement usitée en Annam est la sapèque de zinc, pièce ronde de 0^{m}024 de diamètre, percée au centre d'un trou carré servant à l'enfilage des pièces sur un lien en bambou.

L'unité monétaire est le *quan* ou ligature de 600 sapèques.

Le *quan* se divise en 10 *tiên* de chacun 60 sapèques ou *dông tiên*.

    Môt dông = 1 sapèque.

    Môt tiên = 60 sapèques.

    Môt quan = 600 sapèques ou 1 ligature.

Cette monnaie est la seule qui soit frappée par le Gouvernement annamite.

Les métaux précieux servaient aussi de valeur d'échange, mais ils n'étaient pas monnayés. Ils étaient mis en circulation sous forme de barres appelées *nên* et représentaient un certain poids d'argent ou d'or pur. On avait ainsi le *nên bac* barre d'argent et le *nên vàng* barre d'or.

Les sapèques d'or et d'argent ne sont pas une monnaie mais bien des médailles honorifiques. On pouvait acquérir autant de sapèques d'or ou d'argent qu'on avait mérité de récompenses dans différentes circonstances de la vie.

La piastre mexicaine était fort répandue et sa valeur libératoire par rapport à la ligature variait suivant l'abondance ou la rareté c'est-à-dire suivant le cours du métal argent.

La France a fait frapper à l'usage de nos possessions de l'Indo-Chine, des piastres en argent dites : « piastres du commerce » ; leur poids est de 27 grammes et leur titre, 0,900. On a frappé également la monnaie d'argent divisionnaire de la piastre divisée en 100 cents.

Ce sont les pièces de 5o cents.
—   20 cents.
— et de 10 cents.

Enfin il est également frappé en France une monnaie de cuivre de 1 cent. C'est une pièce du volume et du poids d'une pièce de 5 centimes, mais percée d'un trou rond pour éviter la confusion avec la monnaie française.

Il n'y a pas de monnaie d'or en circulation en Indo-Chine.

La piastre n'a pas de valeur fiduciaire ; elle représente une valeur commerciale dont le taux varie chaque jour et est fixée en banque à Saïgon, à Hong kong et à Shang Hai. Actuellement le taux officiel, c'est-à-dire fixé mensuellement par le gouvernement général de l'Indo-Chine, est de 2 fr. 70.

La valeur de la ligature varie également par rapport à la piastre. En moyenne, à Hanoï, la piastre vaut 7 ligatures = 70 tiền — 4,200 sapèques.

La banque de l'Indo-Chine a le privilège d'émettre des billets de banque par coupons de 100, 20, 5 et 1 piastre, mais les billets émis à Saïgon, par exemple, ne sont remboursables à Haïphong qu'avec retenue d'une commission, ce qui peut paraître bizarre étant donné que ces établissements ne sont que les succursales d'une même banqne.

La monnaie française n'a pas cours en Indo-Chine.

Mesures de longueur.

L'unité de longueur est le *thước* qui équivalait à 22 diamètres de la sapèque de Gia Long.

Mais par ordonnance de la 25ᵉ année de *Tự Dức* (1872) il a été établi trois *thước* étalons qui sont déposés au Ministère des Travaux publics (*Bộ công*).

Ce sont : le *thước mộc* ou *quanmộc xích*, servant à mesurer les bois. Sa longueur est de 0ᵐ425.

Le *thước do ruộng* ou *quan diền xich* servant à mesurer les champs. Sa longueur est de 0ᵐ470.

Le *thước vai* qui vaut 0ᵐ644 destiné à mesurer les étoffes. Ce dernier n'est pas entré dans l'usage, les Annamites se contentant de vendre les étoffes au carré, c'est-à-dire une longueur égale à la largeur de l'étoffe.

Un seul multiple du *thước* est d'un usage fréquent ; c'est le *trượng* qui vaut 10 *thước*.

Le *tầm* qui vaut 5 *thửớc* n'est guère usité.

Les sous-multiples du *thửớc* sont décimaux ; ce sont :
le *tấc*, 10ᵉ partie du *thửớc*.

Le *phân*, 10ᵉ partie du *tấc*.

Le *ly*, 10ᵉ partie du *phân*.

Quand il s'agit d'évaluer les distances on emploie
la lieue *dặm* ou *lý*. C'est la distance à laquelle l'œil
aperçoit en plaine un buffle réduit à la grosseur d'un
homme accroupi.

Dans le peuple on ne parle pas de lieue ; au lieu
d'évaluer la distance, on évalue le temps et on dit :
pour aller d'un point à un autre, il y a le temps de
mastiquer une chique de bétel ou de cuire une mar-
mite de riz.

Mesures agraires.

L'unité des superficies rurales est le *mẫu*, carré de
15o *thửớc* de côté soit une surface de 49 ares 70 cen-
tiares 25.

Le *mẫu* se divise en 10 *sào*.

Le *sào* est un rectangle de 15o *thửớc* de longueur et
de 15 *thửớc* de largeur ; on l'obtient en divisant un
des côtés du *mẫu* en 10 parties égales valant chacune
par conséquent 15 *thửớch*, et en mesurant par ces points
de divisions des parallèles au 2ᵉ côté du carré.

Le *thửớc* superficiel est un rectangle de 15 *thửớc* de
longueur et 10 *thửớc* de largeur. C'est donc la 15ᵉ partie du *sào*.

En résumé, 1 *mẫu* = 10 *sào* = 15o *thửớc*.

Mesures de capacité.

Les mesures de capacité officielles sont :

Le *hộc* = 76 lit. 226 qui vaut 26 *thăng* de 2 lit. 932.

Le *thăng* vaut 10 *cáp* de 0 l. 2932.

Le *cáp* vaut 10 *thước* de 0 l. 02932.

On emploie aussi ;

Le *bát* = 2 lit. 5408 qui vaut 2 *nyển*.

Le *nyển* = 1 lit. 2704.

Le *hộc* est une mesure en bois délivrée par le Ministre des travaux publics; elle sert à mesurer le paddy.

Quand il s'agit de riz blanc ou décortiqué on emploie le *phương* ou *vuông* qui vaut 1/2 *hộc* parce qu'on estime qu'il faut 2 *hộc* de paddy pour obtenir 1 *hộc* de riz.

Le *vuông* vaut donc 13 *thăng*.

Dans le commerce on emploie des mesures locales très variables, principalement le *thung* ou panier.

Mesures de poids.

L'unité de poids est le picul ou *tạ* de 60 kg 400. C'est le poids de 42 ligatures de sapèques en zinc.

Le *tạ* vaut 10 *yển*.

Le *yển* vaut 10 *cân*.

Le *cân* vaut 16 *lượng* ou onces ou taëls.

Le *lượng* vaut 10 *dồng* = 37 g. 875.

Le *dồng* vaut 10 *phân*.

Le *phân* vaut 0 gr. 37875.

CONCLUSION

Les chapitres qui précèdent ont eu pour but de vous initier à la législation du pays que vous êtes appelés à administrer et aussi de vous intéresser à l'état économique du pays dont la prospérité dépend en grande partie de vos effors et de votre sollicitude pour la question de colonisation.

L'administration coloniale doit surtout éviter les reproches si souvent signalés d'entraver la colonisation. Elle doit au contraire, la favoriser largement et continuellement. Les colonies n'ont pas été conquises pour être administrées, mais surtout pour être colonisées.

Votre rôle ne doit donc pas se borner à étudier et à chercher l'application des réglements; il est plus grand, plus élevé et plus digne de votre activité.

Habitués à l'étude, familiers avec l'administration indigène, avec les mœurs et coutumes du pays, vous êtes appelés à répandre autour de vous les bienfaits de la science acquise, à contribuer au développement de la colonisation française en associant les indigènes aux efforts tentés dans ce but par nos colons, en indiquant et facilitant à ces derniers les voies et moyens nécessaires pour réussir, c'est-à-dire les rapports entre les indigènes et nos compatriotes.

L'esprit vivifie, la lettre tue. Évitez la mesquinerie dans vos actes. Soyez les champions de la colonisation et non les esclaves des règlements. C'est pour fuir la tyrannie administrative que nombre de colons sont venus demander la liberté à ce pays où l'initiative est féconde et la lutte pour l'existence moins âpre.

Lorsque le colon français, sera conseillé, favorisé, aidé efficacement par vous, l'émigrant français viendra mettre en valeur le pays, au lieu de se diriger vers la République Argentine et l'expatriation sera pour lui, moins douloureuse ; elle ne sera plus un exil, mais la terre promise.

Il faut évidemment pour cela une révolution dans les mœurs administratives, mais vous aurez bien mérité de la mère patrie si vous en devenez les promoteurs et les acteurs résolus. Votre intelligence et votre bonne volonté ne sont pas au dessous de ce but patriotique.

Paris, 1ᵉʳ avril 1897.

E. SOMBSTHAY.

SUPPLÉMENT

Pendant l'impression de cet ouvrage de profondes modifications ont été apportées à la législation en vigueur dans le Protectorat de l'Annam et du Tonkin.

Il m'a paru indispensable d'ajouter à ce Cours les textes officiels comprenant les réformes édictées par le nouveau Gouverneur général de l'Indo-Chine, M. Paul Doumer, ancien Ministre des Finances de la République.

Ces réformes hardies ont pour but l'augmentation des ressources budgétaires par la transformation du régime financier appliqué au Protectorat.

IMPOTS DIRECTS

Impôt personnel.

Le Gouverneur général de l'Indo-Chine,

Vu le décret du 21 avril 1891 ;

Vu les dispositions relatives à l'impôt personnel indigène au Tonkin, notamment les arrêtés ou circulaires des 9 et 26 décembre 1889, 15 avril 1890 et 20 septembre 1892 ;

Vu les arrêtés des 23 février et 30 juin 1889, concernant le régime de la corvée au Tonkin ;

Considérant que le mode d'assiette de l'impôt personnel indigène en usage au Tonkin présente de nombreux inconvénients ; qu'il permet à un grand nombre de contribuables de se soustraire indûment au payement de l'impôt ; qu'il admet des exemptions injustifiées et qu'il entraîne ainsi une répartition imparfaite des charges de l'impôt ;

Considérant qu'il importe, dès lors, de le fixer sur de nouvelles bases, plus équitables et tout ensemble plus conformes à l'intérêt de l'État ;

Considérant que la baisse du taux de la piastre a amené une diminution du rendement de l'impôt personnel et qu'il convient d'effectuer, en conséquence, le relèvement de cet impôt ;

Considérant enfin que le mode de perception de cet

impôt donne lieu à des critiques fondées et qu'il y a lieu d'y substituer un nouveau mode de perception, basé sur la délivrance de cartes individuelles, tant aux imposés qu'aux exempts et aux dispensés;

Sur la proposition du Secrétaire général de l'Indo-Chine, Résident supérieur au Tonkin;

Le Conseil du Protectorat entendu;

ARRÊTE :

Article premier. — A partir du 1er janvier 1898, l'impôt personnel indigène au Tonkin sera perçu sur les bases et dans les conditions ci-après déterminées.

Art. 2. — L'impôt personnel indigène au Tonkin est dû, sous la réserve des exemptions et des dispenses énumérées au présent arrêté, par tout homme valide âgé de dix-huit ans à soixante ans révolus.

Il est fixé, par année, y compris le montant du rachat des 20 journées de corvées obligatoirement rachetables, qui cessera d'être perçu à titre distinct :

Pour les inscrits, à deux piastres cinquante cents (2 $, 50);

Pour les non-inscrits, à trente cents (0 $, 30).

Il est payable en entier dans le courant du premier semestre de chaque année.

Art. 3. — Sont seuls exemptés de l'impôt personnel et reçoivent gratuitement, à l'exception des militaires, des cartes d'identité, renouvelées chaque année et dont le modèle est déterminé par une décision du Secrétaire général de l'Indo-Chine, Résident supérieur au Tonkin :

1º Toute personne munie d'un brevet du 9º degré (2º classe) et au-dessus, sous la réserve que le brevet ait été approuvé par le Secrétaire général de l'Indo-Chine, Résident supérieur au Tonkin et qu'il soit, à partir du 1er janvier 1898, sauf pour les mandarins en fonctions, soumis tous les trois ans à la formalité de l'enregistrement en chancellerie, formalité entraînant chaque fois le payement d'une taxe de cinq piastres (5 $). Les titulaires actuels de brevets devront, pour être admis à bénéficier des dispositions du présent paragraphe, faire viser et enregistrer leurs titres à la résidence avant le 31 décembre 1897. Faute par eux de remplir cette formalité, ils seront portés d'office sur les rôles en qualité d'inscrits et seront astreints au payement de l'impôt personnel de 2 $ 50;

2º Les employés de l'Administration annamite recevant une solde mensuelle (thông-lai, linh-co, linh-lê, linh-tram);

3º Les militaires (tirailleurs, gardes indigènes, matelots de la flotte);

4º Les interprètes et lettrés des services civils et militaires en fonctions et nommés par le Secrétaire général de l'Indo-Chine, Résident supérieur au Tonkin, ou dont la nomination a été approuvée par lui;

5º Les chefs de canton et les sous-chefs de canton en fonctions, les thiên-hô, les ba-hô, les giam-sinh, les âm-sinh, les bonzes, les vieillards âgés de plus de soixante ans révolus, ainsi que les infirmes.

Art. 4. — Sont dispensés de l'impôt personnel des inscrits, mais sont astreints au port d'une carte spéciale d'identité, dont le modèle est déterminé par une décision du Secrétaire général de l'Indo-Chine, Résident supérieur au Tonkin et dont le prix est fixé à quarante cents (0 $ 40), les pères de mandarins, les fils de mandarins les ly-truong, les pho-ly, les gardiens de pagode, les étudiants. En ce qui concerne ces derniers, les exemptions seront pour chaque province, numériquement déterminées chaque année.

Art. 5. — Les inscrits et les non-inscrits qui ne sont ni exemptés ni dispensés reçoivent, par l'intermédiaire des communes, des cartes individuelles constatant qu'ils ont acquitté l'impôt personnel.

Ces cartes sont d'un modèle qui est distinct pour les inscrits et pour les non-inscrits et qui est déterminé par une décision du Secrétaire général de l'Indo-Chine, Résident supérieur au Tonkin.

Les cartes sont sur papier de couleur.

La couleur varie suivant la catégorie. Elle est changée chaque année.

Toute carte délivrée doit être revêtue du diêm-chi du titulaire, apposé en présence du ly-truong de la commune à laquelle appartient celui-ci.

Le ly-truong est tenu d'apposer son cachet sur la carte, après y avoir porté en caractères les indications qu'elle comporte.

Art. 6. — Le port de la carte est obligatoire.

La carte devra être exhibée à toute injonction des agents de l'autorité.

Tout individu appartenant à l'une des catégories astreintes au port de la carte qui sera trouvé non muni de sa carte d'identité, pourra être incarcéré par simple mesure administrative de police.

Il sera, en outre, inscrit d'office parmi les contribuables devant payer l'impôt personnel de 2 $ 50, sans que son inscription puisse entraîner pour lui dans la commune aucun des avantages attachés à la qualité d'inscrit.

La commune à laquelle appartiendra le contrevenant sera pécuniairement responsable.

Sera puni administrativement d'une amende de 5 à 10 piastres, sans préjudice du payement du prix de la carte qu'il est tenu de posséder personnellement, tout individu trouvé porteur d'une carte reconnue ne pas lui appartenir.

Sera puni de la même amende le prêteur ou le vendeur de la carte trouvée en la possession d'un individu au nom de qui la carte n'est pas établie.

La carte sera saisie et annulée. Une nouvelle carte devra être délivrée en remplacement de la carte ainsi annulée. La délivrance de cette carte donnera lieu au payement d'une somme égale au prix de la carte annulée ou de l'impôt dont cette carte représentait le payement.

En cas d'insolvabilité des contrevenants, la contrainte

par corps pourra leur être administrativement appliquée. Les frais de nourriture des contrevenants, pendant leur incarcération, seront à la charge de la commune à laquelle ils appartiennent.

Si la complicité du ly-truong est établie, des poursuites seront exercées contre lui.

En cas de perte de la carte, le titulaire devra en faire immédiatement la déclaration au ly-truong de sa commune.

Une nouvelle carte lui sera délivrée contre le payement du prix de la carte perdue ou de l'impôt dont cette carte représentait le payement.

Art. 7. — Les cartes sont remises par la résidence aux communes dans le courant du premier semestre de chaque année, contre le versement d'une somme égale au montant total de l'impôt personnel dû pour l'année par les contribuables inscrits ou non-inscrits de la commune et du prix des cartes d'identité des dispensés de la commune.

Dans le cas où le nombre de cartes remises à la commune serait reconnu insuffisant, il lui serait délivré ultérieurement, dans les mêmes conditions, le nombre supplémentaire de cartes qui serait nécessaire.

Art. 8. — Celles des cartes qui, pour une cause quelconque, n'auront pas été délivrées par la commune pendant l'année à laquelle elles s'appliquaient, seront, lors de la remise des cartes de l'année suivante, restituées à la résidence, où elles seront immédiatement annulées.

Cette restitution ne donnera lieu à aucun remboursement.

Art. 9. — Il sera alloué au ly-truong de chaque commune, par les soins de la résidence, lors de la délivrance annuelle des cartes; une remise de deux cents par carte, pour toutes les cartes à o $ 30 destinées aux non-inscrits.

Art. 10. — Les communes devront déclarer à la résidence, avant le 31 décembre 1897, le nombre de non-inscrits existant sur leur territoire.

En cas de retard ou de dissimulation manifeste dans leur déclaration, le résident leur imposera d'office le nombre de cartes qu'il jugera être en rapport avec l'importance de leur population.

Art. 11. — Sont et demeurent abrogées toutes dispositions contraires à celles du présent arrêté.

Art. 12. — Le Secrétaire général de l'Indo-Chine, Résident supérieur au Tonkin, est chargé de l'exécution du présent arrêté.

Hanoï, le 2 juin 1897.

PAUL DOUMER.

Impot foncier

Le Gouverneur général de l'Indo-Chine,

Vu le décret du 21 avril 1891 ;

Vu l'arrêté du 21 juillet 1888, réglementant la perception de l'impôt indigène au Tonkin ;

Vu la circulaire du 26 décembre 1889, fixant la classification des terrains au point de vue de l'impôt foncier ;

Sur la proposition du Secrétaire général de l'Indo-Chine, Résident supérieur au Tonkin ;

Le Conseil du Protectorat entendu,

ARRÊTE :

Article premier. — A partir du 1er janvier 1898, la propriété foncière indigène au Tonkin sera divisée, au point de vue de l'impôt foncier, en deux catégories ;
Savoir :

1re *Catégorie :* Terrains propres à la culture du riz ;

2e *Catégorie :* Terrains impropres à la culture du riz et propres aux autres cultures, terrains d'habitation, terrains incultes, terrains vaseux, mares et salines.

Art. 2. — Les terrains propres à la culture du riz seront, suivant leur degré de fertilité, divisés en trois classes, auxquelles seront respectivement appliquées les taxes ci-après :

Rizières de 1re classe : par mâu et par an....   1 $ 50
—   2e   — 1 10
—   3e   — 0 80

Art. 3. — Les terrains impropres à la culture du riz et propres à d'autres cultures, les terrains d'habitation, les terrains incultes, les terrains vaseux, les mares et salines, seront divisés en quatre classes auxquelles seront respectivement appliquées les taxes ci-après :

Terrains de 1re classe : par mâu et par an....   2 $ 00
—   2e   — 0 50
—   3e   — 0 30
—   4e   — 0 10

Seront compris :

1° Dans les terrains de la 1re classe, ceux qui sont propres à la culture du tabac, du bétel, de l'aréquier, du cocotier, de la canne à sucre ;

2° Dans les terrains de la 2e classe, ceux qui sont propres à la culture du mûrier, du thé, du coton, du jute indigène, de la ramie, du ricin ;

3° Dans les terrains de la 3e classe, ceux qui sont propres à la culture du maïs, du sésame, des patates, du taro, des haricots, des légumes divers, des arbres fruitiers, des joncs à nattes, des arachides, ainsi que les terrains d'habitation ;

4° Dans les terrains de la 4e classe, les terrains incultes les terrains vaseux, les mares et les salines.

Art. 4. — Seront seuls exemptés de l'impôt foncier, les terrains occupés par les cimetières, les temples, les églises, les pagodes, les édifices divers des différents cultes, ainsi que les terrains compris dans l'enceinte de ces édifices.

Seront, en outre, provisoirement exemptés du paiement de l'impôt foncier, les terrains plantés en caféiers ou autres cultures coloniales à introduire dans le pays et les terrains affectés exclusivement à la culture du jute exotique, à la condition que ces derniers terrains aient été classés comme terrains incultes avant d'avoir été cultivés en jute.

Art. 5. — Sont et demeurent abrogées toutes les dispositions contraires à celles du présent arrêté.

Art. 6. — Le Secrétaire général de l'Indo-Chine, Résident supérieur au Tonkin, est chargé de l'exécution du présent arrêté.

Hano,ï le 2 juin 1897.

PAUL DOUMER.

Le Gouverneur général de l'Indo-Chine,

Vu le décret du 21 avril 1891 ;

Vu l'arrêté du 19 septembre 1895, créant une taxe additionnelle de 5 o/o au principal des impôts annamites au Tonkin ;

Sur la proposition du Secrétaire général de l'Indo-Chine, Résident supérieur au Tonkin ;

Le Conseil du Protectorat entendu,

ARRÊTE :

Article premier. — Sera supprimée, à compter du 1er janvier 1898, la taxe additionnelle de 5 o/o au principal des impôts annamites au Tonkin (impôt foncier, impôt personnel et rachat des corvées), créée par l'arrêté du 19 septembre 1895.

Art. 2. — Sont et demeurent abrogées toutes dispositions antérieures contraires à celles du présent arrêté.

Art. 3. — Le Secrétaire général de l'Indo-Chine, Résident supérieur au Tonkin, est chargé de l'exécution du présent arrêté.

Hanoï, le 2 juin 1897.

PAUL DOUMER.

CAPITATION

Le Gouverneur général de l'Indo-Chine,

Vu le décret du 21 avril 1891 ;

Vu les arrêtés des 12 décembre 1885, 27 décembre 1886, 19 février 1889, 24 juin 1889 et 1er octobre 1890, réglementant les droits d'immatriculation à percevoir sur les asiatiques étrangers en Annam et au Tonkin ;

Vu l'article 79 de l'arrêté du 31 décembre 1891, organique des municipalités de Hanoï et de Haïphong, faisant abandons par le Protectorat, au profit de ces budgets spéciaux, des taxes d'immigration ;

Considérant que le tarif actuel de ces taxes est inférieur au tarif fixé primitivement en francs, et qu'il y a lieu d'en effectuer le relèvement ;

Le Conseil du Protectorat entendu ;

Sur la proposition du Secrétaire général, Résident supérieur au Tonkin et du Résident supérieur en Annam,

ARRÈTE :

Article premier. — A partir du 1er juillet 1897, les droits perçus actuellement en Annam et au Tonkin pour l'immatriculation des asiatiques étrangers seront fixés ainsi qu'il suit :

1re catégorie	88 $	00
2e —	30	00
3e —	7	00
4e —	5	00
5e —	1	50

Art. 2. — Les asiatiques étrangers qui, au premier juillet prochain, auront acquitté déjà pour l'année courante, le montant du droit d'immatriculation, calculé d'après le tarif actuellement en vigueur, auront à payer, pour le 2e se-

mestre de l'année, une somme égale à la moitié de la différencepour une année, entre le montant actuel du droit et le nouveau tarif prévu au présent arrêté. Des rôles supplémentaires seront dressés à cet effet au titre de l'exercice courant.

Il sera fait application du nouveau tarif aux asiatiques étrangers qui arriveront pendant le cours du 2ᵉ semestre, savoir :

Pour le Tonkin, dans les conditions déterminées à l'article 1ᵉʳ de l'arrêté du 27 avril 1886 ;

Pour l'Annam dans les conditions déterminées à l'article 16 de l'arrêté du 24 juin 1889 ;

Art. 3. — Sont et demeurent abrogées toutes les dispositions des arrêtés antérieurs en ce qu'elles ont de contraire au présent arrêté.

Art. 4. — Le Secrétaire général, Résident supérieur au Tonkin et le Résident supérieur en Annam sont chargés, chacun en ce qui le concerne, de l'exécution du présent arrêté.

Hanoï, le 1ᵉʳ juin 1897.

PAUL DOUMER.

———

Le Gouverneur général de l'Indo-Chine,

Vu le décret du 21 avril 1891 ;

Vu les arrêtés réglementant, pour le Tonkin, l'impôt d'immatriculation des asiatiques étrangers ;

Vu l'arrêté du 23 novembre 1895, fixant à 0 $ 75 le droit d'enregistrement des laissez-passer et des permis délivrés au Tonkin aux asiatiques étrangers et à 3 $ 00 celui des cartes de circulation ;

Considérant que les droits perçus actuellement en piastres sont inférieurs aux droits primitivement fixés en francs et qu'il y a lieu d'en relever le chiffre ;

Le Conseil du Protectorat entendu ;

Sur la proposition du Secrétaire général, Résident au Tonkin;

ARRÊTE :

Article premier. — Le droit d'enregistrement des laissez-passer délivrés au Tonkin aux asiatiques étrangers se rendant dans une province autre que celle où ils sont immatriculés, fixé à 0 $ 75 par l'article 1er de l'arrêté du 23 novembre 1895, est porté à une piastre (1 $).

Art. 2. — Le droit d'enregistrement de 0 $ 75 sur les permis délivrés aux asiatiques étrangers arrivant au Tonkin, lorsqu'ils déclareront vouloir se rendre dans une province autre que celle où s'est effectuée leur arrivée, est également porté à une piastre.

Art. 3. — Le prix de la carte de circulation prévu à l'article 3 de l'arrêté du 23 novembre 1895, est élevé à quatre piastres (4 $).

Art. 4. — Les dipositions du présent arrêté seront appliquées à compter du 1er juillet 1897.

Art. 5. — Sont et demeurent abrogées toutes les dispositions des arrêtés antérieurs en ce qu'elles ont de contraire au présent arrêté.

Art. 6. — Le Secrétaire général, Résident supérieur au Tonkin, est chargé de l'exécution du présent arrêté.

Hanoï, le 1er juin 1897.

PAUL DOUMER.

————

Le Gouverneur de l'Indo-Chine,

Vu le décret du 21 avril 1891;

Vu l'arrêté du 27 décembre 1886, fixant à 12 fr. le droit d'enregistrement des passeports délivrés au Tonkin, aux asiatiques étrangers;

Considérant qu'il importe d'unifier le mode de perception des divers droits auxquels sont soumis les asiatiques étrangers, en fixant le prix des passeports en piastres.

Le conseil du Protectoret entendu ;

Sur la proposition du Secrétaire général, Résident supérieur au Tonkin, et du Résident supérieur en Annam,

ARRÊTE :

Article premier. — Le prix des passeports prévus à l'article 8 de l'arrêté du 27 décembre 1886 est fixé, à partir du 1er juillet 1897, à six piastres (6 $).

Art. 2. — Sont et demeurent abrogées toutes les dispositions des arrêtés antérieurs en ce qu'elles ont de contraire au présent arrêté.

Art. 3. — Le Secrétaire général, Résident supérieur au Tonkin, est chargé de l'exécution du présent arrêté.

Hanoï, le 1er juin 1897.

PAUL DOUMER.

IMPOT DES BARQUES.

Le Gouverneur général de l'Indo-Chine,

Vu le décret du 21 avril 1891 ;

Vu l'arrêté du 22 février 1889, fixant en piastres les taxes annuelles à percevoir sur les barques de rivière au Tonkin ;

Considérant que par suite de la baisse de la piastre, les dites taxes ne représentent plus en réalité la valeur à laquelle elles avaient été primitivement fixées et qu'il y a lieu d'en effectuer le relèvement ;

Considérant d'autre part, que l'exemption d'impôt accordée à toute barque jaugeant plus de 10 piculs et moins de 50 piculs, a pour résultat d'exonérer une trop grande quantité de barques ;

Le Conseil du Protectorat entendu ;

Sur la proposition du Secrétaire général, Résident supérieur au Tonkin,

ARRÊTE :

Article premier. — Les barques de rivières sont soumises, au Tonkin, à partir du 1er janvier 1898, aux droits annuels de navigation ci-après :

CATÉGORIES	DÉSIGNATION DES EMBARCATIONS	TAXE ANNUELLE
1	Barques de 300 piculs et au-dessus.	20 $ 00
2	— de 150 à 300 piculs.	7 00
3	— de 50 à 150 —	5 00
4	— de 26 à 50 —	2 00
5	— de 10 à 25 —	1 00
	Barques de moins de 10 piculs.	Exemptées
	Ces dernières barques devront être munies d'une carte d'immatriculation, dont le prix est fixé à vingt cents (0 $ 20).	

Art. 2. — Les droits sur les barques des 4e et 5e catégories, nouvellement créées, seront perçus, à partir du 1er juillet 1898, pour le deuxième semestre de l'année 1897.

Art. 3. — Les dispositions de l'arrêté du 22 février 1889, à l'exception de celles concernant les taxes à percevoir, restent applicables aux barques de rivières naviguant au Tonkin.

Art. 4. — Le Secrétaire général, Résident supérieur au Tonkin, est chargé de l'exécution du présent arrêté.

Hanoï, le 1er juin 1897.

PAUL DOUMER.

FIXATION DU MÈTRE ANNAMITE

Le Gouverneur général de l'Indo-Chine,

Vu le décret du 21 avril 1891 ;

Attendu qu'aucun étalon du mètre annamite n'a été adopté pour l'évaluation du mâu en mesures françaises, lors des opérations cadastrales effectuées sur certaines parties du territoire du Tonkin ;

Attendu qu'il y a, d'autre part, intérêt à adopter un mètre annamite uniforme pour toute l'étendue du territoire du Tonkin et qu'il convient de faire diiparaître les divers mètres en usage dans certaines provinces ;

Attendu qu'il résulte de l'enquête à laquelle il a été récemment procédé à ce sujet, que le mètre annamite de 0^m40 c/m français, est celui qui se rapproche le plus du type généralement admis par les indigènes pour les transactions immobilières, que son emploi ne donnera lieu, ainsi que l'a démontré la pratique, à aucune difficulté ;

Sur la proposition du Secrétaire général de l'Indo-Chine, Résident supérieur au Tonkin ;

Le Conseil du Protectorat entendu,

ARRÊTE :

Article premier. — Dans tous les cas où il sera nécessaire d'avoir recours au mètre annamite, pour les transactions, expropriations ou échanges portant sur des terrains, l'étalon de 0^m40 c/m français sera dorénavant seul employé.

Art. 2. — Pour la détermination des cotes immobilières, le mâu sera, en conséquence, décompté à 3.680 mètres carrés, qu'il s'agisse de propriétés particulières ou de biens communaux.

Les Résidents chefs des provinces cadastrées devront

modifier, dans le plus court délai possible, les superficies indiquées par leurs cadastres, ainsi que par leurs rôles d'impôts.

Art. 3. — Un étalon en métal de 0m40, sera déposé à la chancellerie de chaque province ; il fera foi pour toutes contestations ou tous règlements en matière immobilière.

Art. 4. — Toutes dispositions contraires au présent arrêté sont et demeurent abrogées.

Art. 5. — Le Secrétaire général de l'Indo-Chine, Résident supérieur au Tonkin, est chargé de l'éxécution du présent arrêté.

Hanoï, le 2 juin 1897.

PAUL DOUMER.

IMPOT FONCIER EUROPÉEN

Le Gouverneur général de l'Indo-Chine,

Vu le décret du 21 avril 1891 :

Vu les arrêtés des 12 décembre 1885, 18 août 1886, 7 septembre 1886 et 6 mars 1888, réglementant l'impôt à percevoir au Tonkin sur les propriétés appartenant à des européens ou à des asiatiques étrangers ;

Considérant que le tarif de cet impôt est trop élevé, en ce qui concerne les propriétés situées dans le chefs-lieux de province ;

Considérant d'autre part, qu'il existe, pour les terrains ruraux une différence de taxe entre les propriétés appartenant à des européens ou à des asiatiques étrangers et les propriétés appartenant à des indigènes et qu'il convient de la faire disparaître ;

Vu les arrêtés, en date de ce jour, fixant l'assiette et le tarif de l'impôt foncier indigène au Tonkin et déterminant la longueur du mètre annamite au Tonkin ;

19

Sur la proposition du Secrétaire général de l'Indo-Chine, Résident supérieur au Tonkin;

Le Conseil du Protectorat entendu.

ARRÊTE :

Article premier. — A partir du premier janvier 1898, les propriétés immobilières au Tonkin appartenant à des européens ou à des asiatiques étrangers, seront divisées, au point de vue de l'impôt foncier en deux catégories;

Savoir :

1° Les propriétés situées sur les territoires urbains des chefs-lieux de province;

2° Les propriétés rurales.

Première catégorie

Art. 2. — Les propriétés immobilières situées dans l'intérieur des villes chefs-lieux de province, autres que anoï et Haphong, et appartenant à des européens ou à des asiatiques étrangers, seront soumises aux taxes suivantes :

1re classe : constructions en maçonnerie à étage : 25 piastres par hectare et par an;

2e classe : constructions en maçonnerie sans étage : 15 piastres par hectare et par an;

3e classe : constructions en bois ou en paillottes : 8 piastres par hectare et par an;

4e classe : terrains non construits : 5 piastres par hectare et par an.

Deuxième catégorie

Art. 3. — Dans les centres autres que les chefs-lieux de province et sur tout le reste du territoire, les propriétés foncières appartenant à des européens ou à des asiatiques étrangers seront assujetties au tarif ci-après et l'impôt en sera perçu sur rôles spéciaux, par les soins des Résidents, aux mêmes époques que les contributions annamites, savoir :

Rizières

1ᵉʳ classe : 1 piastre 50 cents par mâu et par an ;
2ᵉ — 1 — 10 —
3ᵉ — 0 — 80 —

TERRAINS DIVERS

1ʳᵉ *classe* : 2 piastres par mâu et par an ; dans les terrains de la 1ʳᵉ classe seront compris ceux qui sont propres à la culture du tabac, du bétel, de l'aréquier, du cocotier, de la canne à sucre ;

2ᵉ *classe* : 0$50 cents par mâu et par an ; dans les terrains de la 2ᵉ classe seront compris ceux qui sont propres à la culture du mûrier, du thé, du coton, du jute indigène, de la ramie, du ricin ;

3ᵉ *classe* : 0$30 cents par mâu et par an ; dans les terrains de la 3ᵉ classe seront compris ceux qui sont propres à la culture du maïs, du sésame, des patates, du taro, des haricots, des légumes divers, des arbres frutiers, des joncs à nattes, des arachides, les terrains d'habitation ?

4ᵉ *classe* : 0$10 cents par mâu et par an ; dans les terrains de la 4ᵉ classe seront compris les terrains incultes, les terrains vaseux, les mares et les salines.

Art. 4. — Les taxes pourront être indifféremment perçues à l'hectare ou au mâu.

Le mâu sera, dans ce dernier cas, toujours calculé à raison de 3.600 mètres carrés, le thuoc ou mètre annamite étant pris pour une longueur de 0ᵐ40 centimètres français.

Art. 5. — Seront exemptés d'impôt, jusqu'à nouvelle décision, les terrains affectés à la culture du caféier et aux autres cultures coloniales à introduire dans le pays.

Il en sera de même des terrains cultivés en jute exotique, à la condition que ces terrains aient été classés comme terrains incultes avant d'avoir été cultivés en jute.

Art. 6. — Le classement des propriétés immobilières sera effectué par les soins des Résidents chefs de province.

Les poursuites pour le recouvrement des taxes foncières seront soumises aux règles générales relatives à la perception des impôts directs.

Art. 7. — Sont et demeurent abrogées toutes les dispositions des arrêtés antérieurs, en ce qu'elles ont de contraire à celle du présent arrêté.

Art. 8. — Le Secrétaire général de l'Indo-Chine, Résident supérieur au Tonkin, est chargé de l'exécution du présent arrêté.

Hanoï, le 2 juin 1897.

Le Gouverneur général,
PAUL DOUMER.

IMPOTS INDIRECTS

Sel

Le Gouverneur général de l'Indo-Chine,

Vu le décret du 21 avril 1891 ;

Vu les arrêtés du 28 mai 1892 et du 31 décembre 1893, établissant au Tonkin un droit de consommation sur le sel ;

Vu les arrêtés du 31 décembre 1893 et du 25 mai 1894, établissant en Annam un droit de consommation sur le même produit ;

Sur la proposition du Secrétaire général, Résident supérieur au Tonkin ;

Le Conseil du Protectorat entendu,

ARRÊTE :

TITRE I

De l'exploitation des salines.

Article premier. — Dans toute l'étendue de l'Annam et

du Tonkin, l'exploitation des marais salants et des sables salifères est libre, sous la réserve d'une déclaration faite au plus prochain bureau des Douanes et Régies.

Art. 2. — Toute déclaration est inscrite à sa date, avec numéro d'ordre, par le receveur des Douanes, sur un registre « des sauniers », spécialement ouvert à cet effet.

L'inscription comporte indication des noms et signalement du déclarant, de son domicile, du lieu de la saline, de l'étendue, importance et mode de l'exploitation, du prix du livret de saunier délivré au déclarant et du numéro de la quittance.

Art. 3. — Toutes ces indications sont reproduites à un livret établi sur papier timbré de la Douane et délivré à l'intéressé comme titre justificatif pour l'exercice de son industrie.

Le livret n'est valable que pour an ; il doit être renouvelé à l'expiration de chaque période de douze mois. Il peut être délivré un livret à une commune ou à une collectivité quelconque. Les conditions de prix sont les mêmes. Le détenteur du livret est indiqué nominativement au « livre des sauniers ».

Art. 4. — Le coût du livret est d'une piastre par four dans les exploitations à évaporation artificielle, par mâu ou fraction de mâu dans les exploitations à évaporation naturelle.

Art. 5. — La recherche des exploitations non déclarées appartient exclusivement aux employés des Douanes et Régies.

Le livret de saunier doit leur être représenté à première réquisition.

Art. 6. — Indépendamment du livre des « sauniers », les receveurs des Douanes devront tenir une « matricule des salines » destinée à l'enregistrement de toutes les indications propres à signaler chaque exploitation (localité, nom du propriétaire, superficie, mode d'exploitation, rendement moyen).

TITRE II

Des Entrepôts.

Art. 7. — Il sera établi, à proximité des salines et dans les conditions les plus favorables pour faciliter les transactions et les transports, des magasins de dépôt servant d'entrepôts pour les sels fabriqués.

Art. 8. — Les sauniers devront livrer à l'entrepôt de leur localité la totalité du produit de leur fabrication.

Dans aucun cas, ils n'auront le droit de céder ou vendre directement du sel, quelle que soit sa destination.

Art. 9. — Dès la livraison à l'entrepôt les sels seront payés au fabricant à un prix qui ne pourra être inférieur à la moyenne des deux années précédentes aux saisons correspondantes.

L'Administration se réserve de fixer ces prix moyens qui seront affichés à la porte des entrepôts.

Ce prix ne sera dû que pour les sels propres à la consommation.

Les sels chargés de matières étrangères seront payés à un prix à débattre entre le vendeur et le gérant de l'entrepôt.

Les contestations relatives à l'évaluation du degré de pureté du sel seront réglées administrativement.

Art. 10. — Chaque livraison de sel à l'entrepôt sera enregistrée par le gérant à un « Journal des entrées ». Mention sera faite à chaque article du numéro du livret du vendeur de la quantité de sel livrée et du prix payé.

Art. 11. — Le sel entreposé sera logé en tas réguliers, faciles à cuber.

Pour la transformation en poids, on prendra comme base uniforme une quantité de *seize* piculs par mètre cube de volume.

Art. 12. — Toute vente donnera lieu à la délivrance de

tickets indiquant la date, le nom ou le numéro de l'entrepôt vendeur et la quantité enlevée. En cas de vente pour l'exportation, l'entrepôt délivrera, en outre, une fiche indiquant le montant des droits de consommation à rembourser au port de sortie.

Art. 13. — Toute vente sera immédiatement enregistrée au « Journal des sorties » tenu par le gérant de l'entrepôt.

Art. 14. — Les entrepôts gérés par des personnes étrangères à l'Administration seront exercés par les agents européens des Douanes et Régies, qui auront le droit d'y pénétrer à toute heure de jour et de nuit et d'y procéder à toutes vérifications qu'ils jugeront utiles.

Mention de ces vérifications devra être faite immédiatement aux journaux des entrées et des sorties qui seront arrêtés en toutes lettres et signés par les agents vérificateurs.

TITRE III

*Etablissement, quotité et perception du droit
de consommation.*

Art. 15. — Le droit de consommation est perçu sur toutes les quantités entrées dans les entrepôts, déduction faite d'un déchet de 5 o/o.

Art. 16. — Tous les dix jours, les entreposeurs appartenant à l'Administration fourniront un relevé des quantités entrées et sorties avec balance de l'existant.

Ils prendront en charge la valeur des sels entrés, d'après le prix d'achat majoré du droit de consommation (avec déduction de 5 o/o).

Ils seront déchargés par le versement des sommes payées par les acheteurs.

La balance en quantités devra concorder exactement avec la balance en valeurs.

Au moins une fois par trimestre, les receveurs des Douanes et Régies procéderont à des recensements ino-pinés des entrepôts de l'Administation.

Art. 17. — Tous les dix jours, les entreposeurs étrangers à l'Administration devront faire, à la Recette des Douanes, le versement des droits de consommation afférents aux entrées de la dizaine.

Ces versements seront accompagnés d'un état compara-tif des entrées et des sorties, et de la copie des livrets jour-naux.

Ces entreposeurs seront admis à présenter des traites à l'ordre du Receveur principal de Haïphong, à quatre mois d'échéance, lorsque la somme à payer sera supérieure à 300 francs. Les remises et intérêts de ces traites seront fixées conformément aux prescriptions de l'arrêté du 14 janvier 1897.

Art 18. — La quotité du droit de consommation sera fixée, pour l'Annam et le Tonkin, à trente cents par picul de 60 k. 400.

Art. 19. — La circulation du sel sera libre dans toute l'étendue du territoire en dehors d'une zone de deux myriamètres environ autour des salines.

Dans ce rayon, les agents des Douanes et Régies auront le droit de surveiller tous les transports de sel et d'exiger de tout transporteur, soit la présentation du livret de sau-nier, soit la production du ticket de vente obligatoirement délivré par l'entrepôt, comme il a été dit à l'article 12 ci-dessus.

Art. 20. — Les sels exportés par mer seront exempts du droit de consommation.

A cet effet, des entrepôts d'exportation seront créés auprès des bureaux maritimes de Douane ouverts à l'expor-tation des sels. Les exportateurs devront s'approvisionner exclusivement à ces entrepôts. Ils devront rapporter la preuve que les sels expédiés par eux auront été réellement exportés hors de l'Indo-Chine. Faute de fournir cette preuve, ils seront, hors le cas de force majeure dûment reconnu, passibles d'une amende égale au quintuple du droit de consommation.

Le paiemment du quintuple droit sera garanti par une obligation cautionnée.

Art. 21 — Les sels transportés en cabotage de port à à port de l'Annam et du Tonkin devront être accompagnés des tickets de vente à l'entrepôt sous peine d'être frappés des droits d'importation comme sels étrangers.

TITRE IV

Des pénalités.

Art. 22. — Dans le cas de non déclaration d'une exploitation ou de fausse déclaration sur le nombre des fours ou sur la superficie réelle de la saline, le délinquant sera passible d'une amende de 20 piastres par four, ou par mâu non déclaré.

En cas de récidive l'amende sera doublée. Le délinquant sera passible en outre d'un emprisonnement de cinq jours à un mois.

Art. 23. — Sera passible d'une amende de vingt piastres par picul de sel, tout individu convaincu d'avoir acheté ou vendu directement à la saline une quantité quelconque de cette denrée en dehors des entrepôts officiels. Le sel sera confisqué.

Art. 24. — Seront passibles des mêmes amendes et confiscations tous individus qui, transportant des sels en dedans du rayon de surveillance prévu à l'article 19 ci-dessus, n'auront pas pu représenter les livrets de saunier ou les tickets de vente à l'entrepôt.

Art. 25. — Les procès-verbaux seront rédigés et les poursuites exercées suivant les règles en vigueur pour le service de la Douane.

Art. 26. — Le Secrétaire général de l'Indo-Chine, Résident supérieur au Tonkin et le Résident supérieur en Annam sont chargés, chacun en ce qui le concerne, de l'exécution du présent arrêté.

Fait à Hanoï, le 1er juin 1897.

PAUL DOUMER.

ALCOOL

Le Gouverneur général de l'Indo-chine,

Vu le décret du 21 avril 1891 ;

Vu l'arrêté du 3 mars 1893, sur la fabrication des alcools de riz au Tonkin ;

Vu l'arrêté du 4 mars 1893, sur la répression en matière de fabrication d'alcool de riz ;

Vu l'arrêté du 21 décembre 1895 ;

Vu l'arrêté du 25 décembre 1896 ;

Le conseil du Protectorat entendu ;

Sur la proposition du Secrétaire général de l'Indo-Chine, Résident supérieur au Tonkin,

ARRÊTE :

TITRE PREMIER

De l'exercice du monopole.

Article premier. — La fabrication de l'alcool indigène au Tonkin est autorisée sous les conditions suivantes :

Tout individu, société, village ou association de villages qui désire fabriquer de l'alcool ou autres spiritueux, doit en faire la déclaration au bureau de la Régie ou au bureau du débitant de la province. Il lui est délivré une licence et un livret.

La déclaration contiendra le nombre, la nature et la capacité des alambics. Ces indications seront portées sur la licence du déclarant. Le distillateur inscrira chaque jour sur le livret le produit de sa fabrication.

Art. 2. — Les alcools indigènes fabriqués devront avoir une force alcoolique d'au moins 35 degrés.

Art. 3. — Les licences, livrets et autres titres ou objets concernant le commerce des alcools seront délivrés par la Régie aux prix fixés par cette administration.

Art. 4. — Les distillateurs sont obligés de vendre tout le produit de leurs alambics au débitant de la province, au prix et aux conditions déterminées par les contrats d'exploitation.

Art. 5. — Nul ne pourra débiter de l'alcool sans être muni d'une licence de débitant.

Art. 6. — Cette licence sera délivrée par la Régie au débitant de la province, qui aura seul le droit d'agréer les débitants au détail.

Art. 7. — Chaque débitant sera muni d'un livret sur lequel les quantités achetées seront inscrites. Cette inscription tien lieu de permis de circulation et de justification de l'origine des alcools.

Art. 8. — Toute vente de 1 litre et au dessus faite par le débitant au détail aux particuliers devra donner lieu à la délivrance d'un permis de circulation du modèle prescrit par la Régie. Ce permis, qui sera timbré et daté par le vendeur, servira de justification de l'origine des alcools.

Art. 9. — Les alcools indigènes de toute provenance, importés dans la province, devront être accompagnés d'un permis spécial délivré par le receveur de la Régie du chef-lieu de la province d'origine ou par les receveurs des Douanes pour les alcools importés de l'extérieur ; ils nepourront être vendus qu'au débitant de la province dans les mêmes conditions que ceux fabriqués dans le pays.

TITRE II

De la répression.

Art. 18. — Quiconque, sans y avoir été autorisé, se livrera à la fabrication des alcools de riz ou tous autres spiritueux, sera puni d'un amende de 200 à 1,000 piastres et d'un emprisonnement de 15 jours à trois ans, ou de l'une de ces deux peines seulement.

Les ustensiles servant à la fabrication, les substances en macération, les alcools et leur contenant seront saisis et confisqués au profit de la Régie.

Art. 11. — Les distillateurs qui vendront le produit de leur fabrication à d'autres qu'au débitant de la province, seront punis d'une amende de 200 à 1.000 piastres. La licence pourra leur être retirée.

Art. 12. — Tout individu qui aura débité de l'alcool sans être muni de la licence réglementaire, sera puni d'une amende de 50 à 200 piastres et d'un emprisonnement de 15 jours à trois ans, ou de l'une de ces deux peines seulement.

Art. 13. — Quiconque sera trouvé porteur ou détenteur d'une quantité quelconque d'alcool sans pouvoir justifier de sa provenance légitime, ou de plus d'un litre d'alcool ne titrant pas le degré officiellement prescrit, sera puni d'une amende de 25 à 500 piastres et d'un emprisonnement de 8 jours à trois ans, ou de l'une de ces deux peines seulement.

Les alcools saisis en fraude pourront être confisqués ainsi que les moyens de transport.

Art. 14. — Les autorités des villages seront rendues responsables des condamnations pécuniaires prononcées contre les individus se livrant à la fabrication clandestine de l'alcool, lorsqu'elles n'auront fait, préalablement à la constation de l'infraction, aucun acte pour prévenir le délit ou l'empêcher de se commettre.

Art. 15. — Les mêmes autorités seront rendues responsables du montant des condamnations pécuniaires prononcées ou encourues, lorsque, par suite de refus d'assistance, d'inexécution, de réquisition ou de négligence grave, le délinquant ou les pièces à conviction auront été soustraits à la justice, sans préjudice des poursuites correctionnelles qui pourront être exercées lorsque ces faits revêtiront le caractère du délit d'entrave ou rebellion aux agents dans l'exercice de leurs fonctions.

Art. 16. — Tout distillateur qui sera trouvé détenteur de 3 piculs et demi de riz en fermentation par alambic déclaré pour travail de jour, ou de plus de 7 piculs de la même matière par alambic fonctionnant jour et nuit, sera puni des peines prononcées contre la fabrication clandestine de l'alcool.

Art. 17. — Tout individu, non muni de licence de distillateur, qui sera trouvé détenteur d'une quantité quelconque de riz en fermentation, sera considéré comme fabriquant l'alcool clandestinement et puni des peines prévues pour ce genre de fraude.

TITRE III

De la constatation, des infractions, des perquisitions, visites et procès-verbaux.

Art. 18. — Les infractions aux arrêtés et règlements sur le régime des alcools du Tonkin seront spécialement constatées par les préposés et agents de la Régie ou des débitants provinciaux.

Art. 19. — Les perquisitions et visites domiciliaires, ailleurs que chez les débitants, distillateurs et autres per-

sonnes exercées, ne pourront être faites que par les fonctionnaires, agents et préposés enropéens de la Régie, par
la gendarmerie, les officiers de police judiciaire, généralement par tout agent européen de la force publique, ainsi
que par les autorités indigènes.

Art. 20. — Les agents asiatiques commissionnés et assermentés des Douanes et Régies et des débitants provinciaux
pourront effectuer les mêmes perquisitions avec l'assistanc
des autorités du village, du canton ou autres autorités
indigènes, ou accompagnés des agents de la force publique
mis à leur disposition par l'autorité provinciale.

Les mêmes agents pourront, sans l'assistance d'aucune
des autorités ci-dessus et pourvu qu'ils soient au moins
deux, perquisitionner dans les voitures publiques ou privées,
les chemins de fer, les embarcations de toute espèce, à
l'exclusion des navires, les charrettes, charges, ballots,
bagages et autres colis transportés par terre et par eau.

En cas de saisie, ils dresseront immédiatement un rapport de leurs opérations, lequel servira de base pour la
rédaction du procès-verbal que l'agent européen duquel ils
relèvent a seul qualité pour établir.

Dans ces procès-verbaux, les agents indigènes seront
portés comme saisissants concurremment avec le ou les
agents européens qui les rédigeront et affirmeront dans la
forme et les conditions indiquées ci-après.

Les procès-verbaux rédigés par des agents européens et
ne relatant que des constatations faites par des agents
indigènes, ne seront crus que jusqu'à preuve du contraire.

Art. 21. — Quel que soit le résultat de sa visite ou perquisition, celui qui y aura procédé, devra en dresser procès-verbal et en laisser copie aux parties intéressées.

Le procès-verbal, rédigé en double expédition, sera
transmis sans délai au président du tribunal compétent et
au Directeur de la Régie, le tout à peine de 50 à 100 piastres d'amende et de dommages-intérêts, s'il y a lieu.

Art. 22. — Les fonctionnaires, préposés ou agents, lorsqu'ils opéreront une visite ou une perquisition, devront être porteurs de leur nomination ou commission ou d'une carte délivrée par le Directeur des Douanes ou Régies, certifiant leur qualité et leur identité.

Art. 23. — A défaut d'un signe extérieur révélant leurs fonctions, ils devront exhiber la pièce désignée à l'article précédent aux personnes intéressées; s'ils ne sont porteurs ni de pièces officielles, ni d'un signe extérieur indiquant leurs fonctions, ils ne pourront se livrer à aucune visite ou perquisition contre le gré des particuliers, à peine de tous dommages-intérêts, s'il y a lieu, et de poursuites pour violation de domicile.

Art. 24. — Les procès verbaux énonceront la date et la cause de la saisie, la déclaration qui en aura été faite au prévenu; les noms, qualités et demeure du saisissant; l'espèce, les poids et mesures des objets saisis; la présence de la partie saisie à leur description ou la sommation qui lui aura été faite d'y assister; le nom et la qualité du gardien, s'il y a lieu, le lieu de la rédaction du procès-verbal et l'heure de sa clôture.

Art. 25. — Dans le cas où le motif de la saisie portera sur le faux ou l'altération, des expéditions ou des marques de la Régie, le procès-verbal énoncera le genre de faux, les altérations ou surcharges. Les dites pièces fausses seront signées et paraphées du saisissant et annexées au procès-verbal, qui contiendra la sommation faite à la partie de les parapher et sa réponse.

Art. 26. — Il pourra être donné main-levée sous caution solvable ou en consignant la valeur, des navires, bateaux, barques, voitures, chevaux, équipages ou tous autres objets saisis pour cause de fraude.

Art. 27. — Si le prévenu est présent, le procès-verbal énoncera qu'il en a été donné lecture et copie. En cas d'absence du prévenu, la copie sera affichée dans le jour à la porte de la maison commune du lieu de la saisie. Ces procès-verbaux ou affiches pourront être faits tous les jours indistinctement.

Art. 28. — Les procès-verbaux seront affirmés devant le *juge de paix* ou le magistrat qui en remplira les fonctions, dans les trois jours si la fraude a été constatée au chef-lieu d'un arrondissement et dans les huit jours, si la fraude s'est produite en dehors du chef-lieu. Dans les localités où il n'existe pas de juge de paix, ni de magistrat en remplissant les fonctions, le procès-verbal sera affirmé dans les mêmes conditions devant le tribunal résidentiel.

En cas d'empêchement ou de difficultés résultant de la distance, l'affirmation pourra être faite par écrit selon une formule établie par le service judiciaire.

Art. 29. — Les fonctionnaires, les préposés, les employés assermentés de la Régie et les autorités indigènes pourront, en constatant la fraude et en procédant à la saisie des objets prohibés ou servant à leur fabrication, procéder à l'arrestation et constituer prisonniers les fraudeurs et les colporteurs.

Art. 30. — Lorsque, conformément à l'article précédent, les employés auront arrêté un fraudeur ou colporteur, ils seront tenus de le conduire immédiatement devant le président du tribunal résidentiel ou devant tout autre agent français remplissant les fonctions d'officier de police judiciaire, lequel statuera immédiatement, par une décision motivée, sur la mise en liberté sous caution, si une caution solvable est présentée, ou à défaut, le maintiendra en état d'arrestation aux fins des poursuites que la Régie aura à exercer.

La caution devra être suffisante pour garantir la présentation en justice du prévenu et le paiement de l'amende et des condamnations encourues.

Le prévenu sera admis à consigner lui-même le montant des dites condamnations et amendes.

Art. 31. — Lorsque les agents auront constaté une infraction de la nature de celles prévues ci-dessus, ils pourront,

sur réquisition écrite, remettre le délinquant et les pièces à
conviction entre les mains de la force armée ou des autorités du village dans lequel la fraude aura été constatée,
ou de toute autre autorité indigène, pour être conduits
devant le résident, chef de la province ou tout autre agent
français remplissant les fonctions d'officier de police judiciaire. Les autorités désignées au présent article seront
tenues, sous peine de poursuites correctionnelles, de déférer
sans délai à la réquisition des agents de la Régie.

Art. 32. — Les rébellions et voies de faits contre les employés ou agents seront poursuivies devant les tribunaux,
qui ordonneront l'application des peines prononcées par le
code pénal, indépendamment des amendes, dommages-
intérêts et confiscations qui pourraient être encourues par
les inculpés.

TITRE IV

De la procédure judiciaire.

Art. 33. — Après que le procès-verbal aura été dressé et
les délinquants écroués, s'il y a lieu, si une transaction n'est
pas intervenue entre ces derniers et la Régie, une assignation à fin de condamnation sera donnée.

Elle pourra être donnée par les agents assermentés de la
Régie ou tous autres agents de la force publique désignés
par elle.

Art. 34. — L'assignation à fin de condamnation sera
donnée dans la huitaine, au plus tard, de l'affirmation des
procès-verbaux.

Art. 35. — L'assignation sera donnée pour la plus prochaine audience en tenant compte des délais de distance,
s'il y a lieu. Elle mentionnera les articles dont l'application
est demandée et la somme des dommages-intérêts réclamés
par le débitant de la province.

Art. 36. — La Régie chargée de la poursuite des contraventions et délits, sera représentée devant le tribunal qui connaît de l'affaire, par un fonctionnaire ou agent de cette administration qui sera admis à soutenir ses intérêts et ceux du débitant; il pourra déposer des conclusions écrites, s'il est nécessaire.

Art. 37. — Si le tribunal juge la saisie mal fondée, il pourra condamner la Régie, non seulement aux frais du procès et à ceux de fourrière et de gardiennage, le cas échéant, mais encore à une indemnité proportionnée à la valeur des objets dont le saisi aura été privé, mais cette indemnité ne pourra exeéder 1 0/0 par mois de la valeur desdits objets.

Art. 38. — Si, par l'effet de la saisie et du dépôt dans un lieu à la garde d'un dépositaire qui n'aurait pas été choisi ou indiqué par la saisie, les objets saisis ont dépéri avant leur remise ou l'offre valable de cette remise, la Régie pourra être condamnée à payer la valeur de ces objets ou l'indemnité de leur dépériessment.

Art. 39. — Dans le cas où la saisie n'étant pas déclarée valable, la Régie interjetterait appel du jugement, les navires, bateaux, barques, voitures, chevaux et autres animaux saisis et tous les objets sujets à dépérissement, ne seront remis que sous caution solvable, après estimation de leur valeur.

Art. 40. — L'appel devra être fait dans les délais et conditions prévus et réglés par l'article 203 du Code d'instruction criminelle.

Art. 41. — La déclaration d'appel contiendra assignation à huitaine devant la Cour d'appel, le délai de huit jours sera prorogé d'un jour par chaque deux myriamètres de distance du domicile du défendeur au chef-lieu de la Cour.

Art. 42. — L'irrégularité du procès-verbal portant saisie d'objets prohibés n'empêchera pas les juges de prononcer la peine encourue et la confiscation desdits objets, si le délit se trouve d'ailleurs suffisamment constaté par l'instruction.

Art. 43. — Les propriétaires des marchandises seront responsables du fait de leurs facteurs, agents ou domestiques, en ce qui concerne les droits, confiscations, amendes et dépens.

Art. 44. — La confiscation des objets saisis pourra être poursuivie contre les conducteurs, colporteurs ou détenteurs, sans que la Régie soit obligée de mettre en cause les propriétaires, quand même ils lui seraient indiqués, sauf, si les propriétaires intervenaient ou étaient appelés par ceux sur qui les saisies auraient été faites, à être statué, ainsi que de droit, sur leur intervention ou réclamation.

Art. 45. — Les objets saisis ou confisqués pour fraude, ne pourront être revendiqués par les propriétaires ; le prix, consigné ou non, ne pourra être réclamé par aucun créancier, même privilégié, sauf le recours contre les auteurs de la fraude.

Art. 46. — Les juges ne pourront, sous aucun prétexte, modérer les confiscations ou amendes, ni en ordonner l'emploi au préjudice de la Régie.

Art. 47. — Il ne sera exigé aucun droit d'enregistrement sur les condamnations pécuniaires prononcées au profit de la Régie.

Art. 48. — Les jugements portant condamnation à paiement d'amendes et dommages-intérêts seront exécutés par corps, selon les dispositions des lois et règlements en vigueur dans la colonie. La durée de cette contrainte ne pourra excéder un an.

Art. 49. — Les jugements portant confiscation des objets saisis sur des particuliers inconnus, et par eux abandonnés et non réclamés, ne seront exécutés qu'après le mois de l'affichage desdits jugements à la porte du bureau de la Régie où ont été déposés les objets saisis.

Passé ce délai, aucune demande ou répétition ne sera

valable, et les objets saisis seront vendus au profit de la Régie.

Art. 50. — La Régie pourra toujours transiger sur les condamnations pécuniaires, même quand ces condamnations seront devenues définitives. Elle ne pourra transiger sur les condamnations à l'emprisonnement que lorsqu'elles n'auront point acquis l'autorité de la chose jugée.

TITRE V

Des contraintes.

Art. 51. — La Régie pourra employer, contre les redevables en retard, la voie de contrainte.

Art. 52. — La contrainte sera décernée par le Directeur; elle sera visée et déclarée exécutoire sans frais par le *juge de paix* de la circonscription où est domicilié le redevable ou par le magistrat qui en remplit les fonctions.

Ce magistrat ne pourra refuser de viser la contrainte pour exécution, à peine de répondre des valeurs pour lesquelles elle aura été décernée.

Art. 53. — L'exécution de la contrainte ne pourra être suspendue que par une opposition formée par le redevable. Cette opposition sera portée dans la huitaine devant le tribunal civil de l'arrondissement de l'opposant.

TITRE VI

Dispositions générales.

Art. 54. — La force publique sera tenue de prêter assistance aux préposés de la Régie dans l'exercice de leurs fonctions.

Art. 55. — Toutes saisies du produit des droits faites

entre les mains des préposés de la Régie ou dans celles de ses redevables seront nulles et de nul effet.

Art. 56. — La prescription est acquise à la Régie contre toutes répétitions ou poursuites après un délai révolu d'une année.

Art. 57. — Elle est acquise aux redevables contre la Régie pour les droits qui n'auraient pas été réclamés dans l'espace d'un an à compter de l'époque où ils étaient exigibles.

Art. 58. — Les poursuites pour infractions aux dispositions des arrêtés et règlements sur la Régie seront prescrites par l'absence de toute action pendant un délai de trois années révolues à compter du jour où elles auront été commises, si dans cet intervalle il n'a été fait aucun acte d'instruction ou de poursuite (art. 638 du code d'instruction criminelle).

Art. 59. — Les peines portées par les jugements rendus pour fraude contre la Régie seront prescrites par cinq années révolues à compter du jour où la décision judiciaire aura acquis l'autorité de la chose jugée, conformément à l'article 636 du code d'instruction criminelle.

Art. 60. — Le produit disponible des amendes, transactions et confiscations sera attribué comme suit après le prélèvement s'il y a lieu de la part d'indicateur fixé au douzième de ce produit.

1/8ᵉ au saisissant;

1/8ᵉ au débitant de la province;

3/8ᵉ au fonds commun des agents des Douanes et Régies;

3/8ᵉ au Protectorat.

Art. 61. — Le présent arrêté, qui sera soumis à *l'approbation* du Ministre des Colonies, sera provisoirement exécutoire à compter de sa promulgation.

TITRE VII

Dispositions transitoires.

Art. 62. — Les distillateurs et débitants munis de licences délivrées par la Régie pour l'année 1897 devront être agréés d'office par les débitants provinciaux.

Ils auront le droit d'exercer leur industrie et profession jusqu'au 31 décembre 1897 inclus, conformément au titre régulier qui leur a été délivré.

Toutefois, les distillateurs ne pourront vendre leurs produits qu'au débitant de la province, dans les conditions prévues à l'article 4 du présent arrêté.

De même, les débitants particuliers ne pourront s'approvisionner d'alcool que par l'entremise du débitant de la province (art. 5).

Art. 63. — Au moment de la mise en vigueur du monopole de la vente, les distillateurs et débitants possédant une licence devront vendre leurs approvisionnements au débitant de la province, seul admis à posséder les stocks d'alcool destinés à la vente aux consommateurs.

Le débitant de la province devra aussitôt rétrocéder aux débitants particuliers les quantités d'alcool nécessaires pour leur permettre de continuer le commerce.

Art. 64. — Toutes les contestations relatives au règlement de cette situation transitoire seront jugées administrativement.

Art. 65. — Le Secrétaire général de l'Indo-Chine, Résident supérieur au Tonkin et le Procureur général sont chargés, chacun en ce qui le concerne, de l'exécution du présent arrêté.

Hanoï, le 1er juin 1897.

PAUL DOUMER.

ALLUMETTES.

Le Gouverneur général de l'Indo-Chine,

Vu le décret du 21 avril 1891 ;

Vu l'arrêté du 1er mai 1892, créant un impôt de consommation sur les allumettes chimiques en Annam et au Tonkin ;

Vu l'arrêté du 5 décembre 1892, modifiant le droit de consommation à percevoir sur les allumettes ;

Vu le rapport en date du 23 avril 1897, de M. le Directeur des Douanes, proposant l'établissement d'une taxe unique de consommation sur les allumettes ainsi que le timbrage des boîtes de provenance étrangère ;

Le Conseil du Protectorat entendu ;

Sur la proposition du Secrétaire général, Résident supérieur du Tonkin.

ARRÊTE :

Article premier. — Le droit de consommation sur les allumettes en Annam et au Tonkin, est fixé à 0 $ 015 (un cent et demi) par paquet de dix boîtes de 70 allumettes.

Art. 2. — Indépendamment des droits de Douane et de consommation, les allumettes importées de l'étranger seront frappées d'une taxe de timbre de 0 $ 01 (un cent) par paquet de dix boîtes livré à la consommation.

Chaque boîte devra être revêtue du timbre (ou vignette) de la Douane, les frais d'apposition étant à la charge des importateurs.

Art. 3. — Les importations directes de l'étranger ne pourront se faire que par les ports de Haïphong et de Tourane, où l'Administration prendra les mesures nécessaires pour assurer l'opération du timbrage.

Art. 4. — A partir du 1er août 1897, toutes les boîtes

d'allumettes étrangères non revêtues du timbre seront considérées comme allumettes de contrebande.

Tout vendeur, tout détenteur d'allumettes de contrebande sera passible des peines prévues par les règlemeuts en vigueur sur la répression des contraventions, délits et crimes en matière de Douanes et Régies.

Art. 5. — Sont et demeurent abrogées toutes les dispositions des arrêtés antérieurs en ce qu'elles ont de contraire au présent arrêté.

Art. 6. — Le Secrétaire général, Résident supérieur au Tonkin, le Résident supérieur en Annam sont chargés, chacun en ce qui le concerne, de l'exécution du présent arrêté.

Hanoï, le 1er juin 1897.

PAUL DOUMER.

CANNELLE.

Le Gouverneur général de l'Indo-Chine,

Vu le décret du 21 avril 1891 ;

Vu l'arrêté du 31 décembre 1890, établissant un droit de sortie sur la cannelle ;

Vu l'arrêté du 23 décembre 1894, modifiant les taxes de sortie établies sur la cannelle ;

Vu le rapport du Directeur des Douanes et Régies de l'Annam et du Tonkin ;

Sur la proposition du Résident supérieur de l'Annam ;

Le Conseil de Protectorat entendu,

ARRÊTE :

Article premier. — Le paragraphe 4, de l'arrêté du 23 décembre 1894, est modifié comme suit :

4° *Cannelle* (Annam) : o $ 40 le kilo, o $ 05 de surtaxe mobile applicable par décision spéciale.

Art. 2. — Les taxes ci-dessus seront applicables à partir de ce jour.

Art 3. — Le Résident supérieur de l'Annam est chargé de l'exécution du présent arrêté.

Hanoï, le 1er juin 1897.

PAUL DOUMER.

PAPIER TIMBRÉ.

Le Gouverneur général de l'Indo-Chine,

Vu le décret du 21 avril 1891 ;

Vu les arrêtés des 24 juillet 1892 et 15 mars 1893, réglementant l'emploi et la vente du papier timbré indigène en Annam et au Tonkin ;

Le Conseil du Protectorat entendu ;

Sur la proposition du Secrétaire général, Résident supérieur au Tonkin et du Résident supérieur en Annam,

ARRÊTE :

Article premier. — L'article 2 de l'arrêté susvisé du 24 juillet 1892, fixant le nombre des catégories de feuilles de papier timbré, est modifié ainsi qu'il suit :

Il existe deux feuilles de papier timbré :

1º Pour les requêtes de toute nature adressées aux autorités françaises et indigènes, la feuille de papier timbré du prix de cinq cents (o $ 05), qui remplace la feuille du prix de quatre cents ;

2º Pour tous les actes nécessitant l'emploi du papier timbré, ainsi qu'il est prévu aux arrêtés préscités, la feuille de papier timbré du prix de vingt cents (o $ 20), qui remplace les feuilles de cinq, dix et quinze cents.

Art. 2. — La qualité et le format du papier timbré de o $ 05 seront les mêmes que la qualité et le format du papier de o $ 04 actuellement en usage.

Les feuilles de papier à o $ 04 existant à la date du présent arrêté seront employées comme feuilles de papier à o $ 05, et seront surchargées au moyen de l'apposition du timbre de o $ 05.

Les feuilles de papier de o $ 05, o $ 10 et o $ 15 existant à la même date seront employées comme feuilles de papier à o $ 20, et seront surchargées au moyen de l'apposition du nouveau timbre de o $ 20.

Art. 3. — Les dispositions du présent arrêté entreront en vigueur à partir du 1ᵉʳ juillet 1897.

Art. 4. — Sont et demeurent abrogées toutes les dispositions des arrêtés antérieurs, en ce qu'elles ont de contraire au présent arrêté.

Art. 5. — Le Secrétaire général, Résident supérieur au Tonkin et le Résident supérieur en Annam sont chargés, chacun en ce qui le concerne, de l'exécution du présent arrêré.

Hanoï, le 1ᵉʳ juin 1897.

PAUL DOUMER.

PERMIS DE COUPE

Le Gouverneur général de l'Indo-Chine,

Vu le décret du 21 avril 1891 ;

Vu l'arrêté du 31 août 1890, fixant les redevances à percevoir sur l'exploitation des bois au Tonkin ;

Considérant qu'une augmentation de la redevance perçue sur les produits forestiers est justifiée par la valeur actuelle de ces produits ;

Le Conseil du Protectorat entendu ;

Sur la proposition du Secrétaire général, Résident supérieur au Tonkin,

ARRÊTE :

Article premier. — L'article 5, de l'arrêté du 31 août 1890 susvisé, est modifié ainsi qu'il suit :

« Est fixée à trois piastres (3 $), la taxe à percevoir dans tout le territoire du Tonkin pour la délivrance d'un permis de coupe valable pour un trimestre. »

Art. 2. — Sont et demeurent abrogées toutes les dispositions des arrêtés antérieurs en ce qu'elles ont de contraire au présent arrêté.

Art. 3. — Le Secrétaire général, Résident supérieur au Tonkin, est chargé de l'exécution du présent arrêté.

Hanoï, le 1er juin 1897.

PAUL DOUMER.

INDEMNITÉ COMMUNALE AUX LINH

Le Gouverneur général de l'Indo-Chine,

Vu le décret du 21 avril 1891 ;

Vu l'arrêté du 28 novembre 1891, sur le recrutement indigène ;

Attendu qu'un grand nombre de communes accordent des parts, exagérées de biens communaux aux hommes recrutés sur leur territoire et soit affectés aux régiments de tirailleurs tonkinois, aux brigades de garde indigène, ou aux équipages de la flotte, soit employés dans certains services de l'Administration indigène ;

Attendu qu'il y a, dans ce fait, une cause d'abus, qu'il importe de faire disparaitre ;

Sur la proposition du Secrétaire général de l'Indo-Chine, Résident supérieur du Tonkin ;

Le Conseil du Protectorat entendu,

ARRÊTE :

Article premier. — A partir du 1er juillet 1897, la part de biens communaux ou l'indemnité en espéces, s'il n'existe pas de propriétés communales, attribuée par les communes aux hommes régulièrement recrutés sur leur territoire tirailleurs tonkinois, gardes indigènes, matelots de la flotte, linh-co, linh-lê. linh-tram, ne pourra excéder, par homme recruté, soit une superficie de trois mâu de 3.600 mètres carrés chacun, qu'il s'agisse de rizières (cong-diên), ou de terrains divers (cong-thô), soit une somme de 250 ligatures par an.

Art. 2. — En aucun cas les communes ne pourront allouer cumulativement à leurs hommes recrutés la part de terre et l'indemnité en argent; elles ne pourront leur attribuer que la part de terre ou l'indemnité représentative, suivant les circonstances.

Toutes allocations autres que la part de terre ou sa valeur représentative, sont formellement interdites.

Art. 3. — En cas de disparition d'un ou plusieurs hommes du contingent, la part leur revenant fera purement et simplement retour au village et ne viendra pas en augmentation des parts des hommes recrutés qui restent en service.

Art. 4. — Les engagés volontaires et les rengagés n'auront droit à une part de biens communaux ou à une allocation en espèces, qu'autant qu'ils viendront en déduction du contingent fixé pour leur village par l'Administration. Si le chiffre du contingent est atteint par le recrutement régulier, les engagés volontaires et les rengagés perdront tout droit à l'obtention d'une part de terre ou à l'allocation d'une indemnité en espèces.

Art. 5. — Toutes les dispositions contraires au présent arrêté sont et demeurent abrogées.

Art. 6. — Le Secrétaire général de l'Indo-Chine, Résident supérieur au Tonkin, est chargé de l'exécution du pré-

sent arrêté, qui n'aura pas d'effet rétroactif et ne sera, par
suite, appliqué qu'aux hommes recrutés après le 1er juillet 1897.

Hanoï, le 2 juin 1897.

Le Gouverneur général,
PAUL-DOUMER.

TABLE DES MATIÈRES

A LA MÊME LIBRAIRIE

Beaugency. — Imp. J. Laffray